Erich Mühsam

Jedoch der Mut
ist mein Genosse

edition pace | Band 35

*Regal: Pazifisten & Antimilitaristen
aus jüdischen Familien* 10

Herausgegeben von Peter Bürger

In Kooperation mit dem
Lebenshaus Schwäbische Alb

Erich Mühsam

Jedoch der Mut ist mein Genosse

Texte über Kampf und Revolution

Zusammengestellt
von Peter Bürger

edition pace

FSC
www.fsc.org
MIX
Papier aus ver-
antwortungsvollen
Quellen
Paper from
responsible sources
FSC® C105338

Diese Buchausgabe
folgt der schon erschienenen
Digitalversion des Online-Regals
www.schalom-bibliothek.org

Erich Mühsam

JEDOCH DER MUT IST MEIN GENOSSE
Texte über Kampf und Revolution

Zusammengestellt von Peter Bürger

edition pace (Gründungsreihe) Band 35
Regal: Pazifisten & Antimilitaristen aus jüdischen Familien | 10

Herausgeber, Satz & Gestaltung: Peter Bürger
Umschlagmotiv OTFW 5/2021: Wandmalerei ‚Erich Mühsam‘,
Fritz-Reuter-Allee Berlin | commons.wikimedia.org

Verlag: BoD · Books on Demand GmbH,
Überseering 33, 22297 Hamburg, bod@bod.de
Druck: Libri Plureos GmbH, Friedensallee 273, 22763 Hamburg
ISBN: 978-3-8192-4868-9

Inhalt

REVOLUTION

Kampf-, Marsch- und Spottlieder (Druck 1925)

Erster Teil

REQUIEM

Gedichte für Menschen, die Zukunft schufen

EIN AUFRUF

Kurt Tucholsky | Erich Mühsam

VON EISNER BIS LEVINÉ
DIE ENTSTEHUNG DER BAYERISCHEN RÄTEREPUBLIK.

Persönlicher Rechenschaftsbericht über die
Revolutionsereignisse in München vom
7. November 1918 bis zum 13. April 1919

Bibliographischer Anhang

Wandgemälde in München: Ausschnitt mit
‚Erich Mühsam, Gustav Landauer und Ernst Toller'
(Robot8A: Oktober 2020 | commons.wikimedia.org)

Antimilitarismus und
revolutionärer Militarismus?

Vorbemerkungen des Herausgebers

„Ich weiß von allem Leid, fühl alle Scham
und möchte helfen aller Kreatur.
Der Liebe such ich aus dem Haß die Spur,
dem Menschenglück den Weg aus Not und Gram."

„Des Feinds vergiftete Geschosse
umschwirren meine Seele wild.
Jedoch der Mut ist mein Genosse,
und meine Liebe ist mein Schild."
(ERICH MÜHSAM, 1914: →S. 40 und 41)

In dem hier fortgeführten „Regal: Pazifisten & Antimilitaristen aus jüdischen Familien" liegt bereits ein Band *„Das Große Morden"*[1] vor – mit kraftvollen Voten gegen Militarismus und Krieg aus der Feder von Erich Mühsam (1878-1934, ermordet im KZ). Das Aufbegehren betrachtete er als seine Berufung. In einem Selbstzeugnis des Jahres 1919 heißt es: „Mein Werdegang und meine Lebenstätigkeit wurden bestimmt von dem Widerstand, den ich von Kindheit an den Einflüssen entgegensetzte, die sich mir in Erziehung und Entwicklung im privaten und gesellschaftlichen Leben aufzudrängen suchten. [...] Die Bekämpfung des Staates in seinen wesentlichen Erscheinungsformen, Kapitalismus, Imperialismus, Militarismus, Klassenherrschaft, Zweckjustiz und Unterdrückung in jeder Gestalt, war und ist der Impuls meines öffentlichen Wirkens. [...] Selbstverständlich fand mich die Revolution von der ersten Stunde aktiv auf dem Posten ... Mitglied des Revolutionären Arbeiterrats ... Kampf gegen

---

[1] Erich MÜHSAM: *Das große Morden. Texte gegen Militarismus und Krieg.* Zusammengestellt von Peter Bürger. Herausgegeben in Kooperation mit dem Lebenshaus Schwäbische Alb. (= edition pace I Regal: Pazifisten & Antimilitaristen aus jüdischen Familien 9). Hamburg: BoD 2025. [Kurztitel nachfolgend: MÜHSAM 2025a]

die Konzessionspolitik Kurt Eisners ... Teilnahme an der Ausrufung der bayerischen Räterepublik ... Standgericht: fünfzehn Jahre Festung ..." (→S. 24-25).

Die anfängliche Nähe dieses anarchistischen Schriftstellers zu Tolstois Haltung[2] in der ‚Gewaltfrage' wandelte sich im Zuge von Weltkriegsverlauf, Münchener Revolution und Tuchfühlung mit dem ‚Spartakusprogramm' (mit nachfolgender Phase einer sehr engen Zusammenarbeit mit Vertretern der KPD). Schließlich wünschte Mühsam, dass die Beherrschten ihre Waffen gegen jene richten, die ihnen das Kriegshandwerk aufgedrungen haben:

„... Wir lernten in den Tod zu geh'n,
Nicht achtend unser Blut.
Und wenn sich einst die Waffe kehrt
Auf die, die uns den Kampf gelehrt,
Sie werden uns nicht feige sehn,
Ihr Unterricht war gut." (1916: →S. 90)

„Sie saßen da in Prunk und Pracht
mit vollgestopftem Magen
und zwangen uns, für ihre Macht
einander totzuschlagen. ...
Wir haben nur die Faust erhoben,
da ist der ganze Spuk zerstoben." (1918: →S. 54)

„Noch nicht genug mit dem, was wir erschwitzen:
Der Reiche schickt auf Raub uns in die Welt,
Läßt uns Gewehre laden und Haubitzen
Und bückt sich nicht, wenn unsereiner fällt.
    Er lehrte uns bedienen
    Des Krieges Mordmaschinen.
Jetzt üben wirs für unsrer Kinder Brot!
Ihr Proletarier, folgt der Fahne rot!" (1920: →S. 86)

Unter revolutionärem Vorzeichen – d. h. auch im Zusammenhang der erfahrenen Gewalt- und Mordexzesse der rechten Soldateska –

---

[2] Vgl. MÜHSAM 2025a, S. 17, 25, 230, 232, 240, 253, 293-296, 310, 341; vgl. zu Mühsams Wandlung ebd., S. 29-31 (u. a. zum ‚Zeichen des zerbrochenen Gewehrs').

entstanden viele neue Lieder für den bewaffneten Widerstand. Falls es bei Mühsam in der Folgezeit ein Begehren nach Dichterruhm gab, so wurzelte es in dem Wunsch, wenigstens einige seiner Verse möchten bei jungen Kräften der Revolution den Kampf beflügeln:

> Wirft mich literarischer Troß zum rostigen Eisen –
> ich hab euch entflammt, und so trotz ich der kritischen Säure,
> Genossen der Zukunft!
> Ihr Jugend! Ihr Jüngsten! Euch blas ich zum Sturme die Weise –
> so bleib ich der Eure! (1919: →S. 57)

> „Doch, blieb aus meinem Freiheitsruf ein Reim,
> ein einziger, lebendig bei Rebellen –
> gelang ein Wort mir, Dumpfheit zu erhellen,
> so kehr mein Name gern zum Lethe heim.
> Denn: färbt ein weißes Blütenblatt sich rot
> vom Blute meiner Leidenschaft –
> ein einziges auf dem Feld, wo junge Kraft
> den Sieg erkämpfen soll –, so ist mein Werk nicht tot!"
> (1928: →S. 30-31)

Damit ein vollständigeres Bild vermittelt werden kann, enthält die vorliegende Sammlung – ergänzend zum oben genannten Lesebuch *„Das große Morden"* – vor allem auch solche Texte über Kampf und Revolution, in denen sich die Entfernung vom Pazifismus niedergeschlagen hat: Politische Lyrik (Auswahl | Gedichte 1904 – 1928); *„Kampf-, Marsch- und Spottlieder"* (Druck im Jahr 1925); *„Von Eisner bis Leviné"* (Rechenschaftsbericht über die Revolutionsereignisse in München, 1920 verfasst „zur Aufklärung an die Schöpfer der russischen Sowjetrepublik zu Händen des Genossen Lenin"[3]); *„Mein Gegner Kurt Eisner"* (1929); *„Lügen um Landauer"* (1929).

---

[3] Mühsam veröffentlichte die Schrift unverändert im Jahr 1929, vermerkte aber vorab seine inzwischen gewandelte Einschätzung der ‚Diktatur des Proletariats' nach sowjetischem Verständnis (kommentierte Neuausgabe in Erich MÜHSAM: *Ausgewählte Werke.* Herausgegeben von Christlieb Hirte. Band 2: Publizistik [1902–1919 / 1920-1932], Unpolitische Erinnerungen. Berlin: Volk und Welt 1978, S. 239-325 und 745-759). Das Werk enthält sowohl Selbstrechtfertigungen als auch moderate Kritik am Verhalten der Parteikommunisten während der Münchener Räterepublik. Zum Kreis der ‚KPD-nahen Schriften' gehört u. a. noch die

Zeitlich nachfolgende Zeugnisse der letzten Lebensjahre werden nicht mehr herangezogen. Zumindest genannt sei Mühsam letzte Schrift „*Befreiung der Gesellschaft vom Staat*" (1932). Darin verteidigt der anarchistische Schriftsteller die tötende Gewalt aus politischer Überzeugung – als Handlungsmöglichkeit des Individuums (!) ausdrücklich gegenüber der ‚orthodox-marxistischen' Doktrin, es seien Terror, politische Morde und andere Gewaltakte nur im Einklang mit einer zentralen – planmäßigen – Parteiagenda legitime Kampfmittel.[4] Er bekennt sich gar zu folgender Auffassung: „Die anarchistische Freiheitslehre stellt das Recht der Persönlichkeit viel zu hoch, als daß sie es da, wo eine beleidigte Natur ihrem Gefühl den Ausdruck der Vergeltung [sic] gibt, wo ein freiheitlich gesinnter Mensch der Werbung, der Warnung, der Einschüchterung, des Trotzes wegen oder um ein Kampfzeichen zu geben mit einer aufschreckenden Tat vor die Welt tritt, verleugnen sollte." Kritisiert wird hier also nicht mehr ein Gewaltglaube der autoritären Linken, sondern nur dessen – strategische bzw. kollektivistische – Bindung an die Parteidisziplin. Der Herausgeber des vorliegenden Bandes vermag bei solchen Ausführungen eine Verbindung zu Mühsams frühen Voten zur Gewaltfrage aus der Zeit vor dem Ersten Weltkrieg bzw. bis 1917 nicht mehr erkennen.

Den Abschluss unserer Sammlung bildet eine Textdokumentation mit *Beiträgen über Erich Mühsam* und die Revolutionszeit 1918/19 aus der „*Graswurzelrevolution*" (Monatszeitung für eine gewaltfreie, herrschaftslose Gesellschaft | Texte 2012-2024) und weiteren Quellen. Hier werden auch Lebensabschnitte und Wirkungsfelder Mühsams beleuchtet, die nicht Gegenstand seiner in diesem Band dargebotenen Texte sind.

Die Redaktion der Schalom-Bibliothek ist keine ‚neutrale' bzw. ‚wertfreie Instanz'. Sie votiert vielmehr streitbar für Ungehorsam gegenüber der Kriegsreligion und *gewaltfreien* Widerstand – für je-

---

zuerst 1922 unvollständig veröffentlichte Abhandlung „*Die Einigung des revolutionären Proletariats im Bolschewismus*".

[4] Vgl. den Textauszug in Felix WEMHEUER (Hg.): Linke und Gewalt. Pazifismus, Tyrannenmord, Befreiungskampf. Wien: Promedia-Verlag 2014, S. 83-86 (nachfolgendes Zitat auf S. 86). Die gesamte Schrift Mühsams ist auch zugänglich im Internet (de.wikisource.org). Vgl. weitere Auszüge in: MÜHSAM 2025a, S. 477-488.

nen Weg also, auf dem die Liebhaberinnen des Lebens kein Menschenblut vergießen. Doch kontroverse Positionen, die den jeweiligen Herausgebern nicht liegen, dürfen in Quelleneditionen nicht unter den Tisch fallen. Der Widerspruch begünstigt ja Diskurse auf hohem Niveau, die uns weiterführen.

Natürlich stehen auch historische Fragen an. Sie betreffen etwa Mühsams Beurteilung des ermordeten bayerischen Ministerpräsidenten Kurt Eisner[5] (1867-1919), den er *„Mein Gegner"* nennt (→S. 205-211), oder seine Mitteilungen zur revolutionären Haltung des ermordeten Freundes Gustav Landauer (1870-1919), die in diesem Buch nachzulesen sind[6] (→S. 213-220). Doch der Gewaltdiskurs ist in erster Linie keine geschichtswissenschaftliche Herausforderung, sondern eine *Gegenwartsfrage*.

Die rebellische Jugend in der Zeit vor den ‚neoliberalen Jahrzehnten' rief aus: „Besetzt leerstehende Häuser, nicht andere Länder!" – und schritt im Zuge der Selbsthilfe auch zur Tat. Es folgte eine weithin fügsame Generation, die sich im Dienste der Geldvermehrungsmaschine selbst ‚optimierte'. Die flankierenden Freiheitsparolen – und die zum Teil absurden ‚Freiheitsspielwiesen' – leisten aber nicht mehr lange ihr Dienste. Ein Umbau der ‚liberalen Demokratie' zum autoritären Kapitalismus ist längst im Schwange. Die Militarisierung des öffentlichen Lebens beschleunigt sich Tag für Tag (aber anders als noch im 19. Jahrhundert haben selbst ‚linksliberale Lager' kein Bewusstsein mehr davon, welche Attacken auf freiheitliche Ideale und Errungenschaften daraus zwangsläufig folgen). Ziviler Ungehorsam – ehedem als Lackmustest von Demokratie gewürdigt – wird in einem Ausmaß kriminalisiert, wie wir es ab den Zeiten eines Willy Brandt nicht erlebt haben. Ein Teil der staatlichen Ordnungskräfte übt sich gegenüber den Citoyens in unverschämten

---

[5] Zum bayerischen Ministerpräsidenten Kurt Eisner vgl. jetzt in unserer Reihe drei Bände: Kurt EISNER: *Texte wider die deutsche Kriegstüchtigkeit.* Zusammengestellt von Peter Bürger – mit einem einleitenden Essay von Volker Ullrich. Hamburg 2025; *Kurt Eisner als Revolutionär und Ankläger des deutschen Militarismus.* Ein Lesebuch – eingeleitet durch die Darstellung des Weggefährten Felix Fechenbach. Hamburg 2025; Kurt EISNER: *Revolte für den Frieden.* Nachlese, Erinnerung und Kontroversen – Mit Beiträgen von Helmut Donat und Lothar Wieland. Hamburg 2025.

[6] Zu Gustav Landauer soll im Sommer 2025 ein eigener Band der Schalom-Bibliothek erscheinen.

Tonarten, die von Analphabetismus in Sachen ‚Bürgerrechte' zeugen. Die z. T. äußerst brutalen Repressionen bei öffentlichen Protesten für Ökologie oder Menschenrechte lassen sich nicht mehr leugnen. Eine unmoralische ‚Staatsraison' wird gegen Ankläger des militärischen Massenmordens in Gaza geltend gemacht.

In welche Richtung wird sich nun eine politisierte Jugend bewegen, wenn ihre Ohnmachtserfahrungen auf Heilsversprechen einer *Gegengewalt-Religion* stoßen? Der Gewaltglaube verheißt dem Widerstand – wie schon immer in der Geschichte – ‚Auswege', obwohl er im dritten Jahrtausend unserer Zeitrechnung das ultimative Instrument der Konterrevolution wider eine breite *Revolte für das Leben* bedeutet. Die Herrschenden – ausgestattet mit immer totalitärer ausgerichteten Kontroll- und Waffentechnologien – haben heute weniger denn je Angst vor einer zu tötender Gewalt bereiten Opposition. ‚Lasst es knallen!' Umso schneller kann der Umbau zum Polizeistaat vollzogen werden, da doch die Beherrschten das gewünschte Propagandamaterial selbst liefern. Umso wirkungsvoller auch lassen sich die nonkonformen Szenen ablenken von der Suche nach widerständigen Handlungsmöglichkeiten, die nicht auf irrationalen Konzepten beruhen, und nach Tröstungen, die wirklich stärken. Angst haben die Sachwalter der Macht einzig und allein vor dem Weg einer *aktiven* – intelligenten – *Gewaltfreiheit*, welcher aus gutem Grund überall in Massenkultur oder öffentlichen Diskursen ausgeblendet bleibt (oder – wenn Totschweigen nicht mehr geht – in konzertierten Kampagnen diffamiert wird).

Der Blick auf historische Erfahrungen – individuelle wie gemeinschaftliche – hat vor solchem Hintergrund nichts mit intellektueller Neugierde zu tun, sondern kann ein möglicher Beitrag sein zu Klärungen, die im Hier und Jetzt anstehen. Am Anfang jedes guten Beginnens steht das Erbarmen mit den bedürftigen Wesen – und mit der *eigenen* Bedürftigkeit. So war es bei Erich Mühsam: „Ich möcht die Menschen lehren, / wie man das Leben lebt; / kann selbst mich nicht erwehren / des Leids, das an mir klebt." (1914 →S. 32) – Seine Proexistenz für die Verlorenen in Spelunken und die Getretenen in der Gosse bringt der Dichter selbst mit der Herkunft aus dem Judentum[7] in Verbindung: „Ein Jude zog aus von Nazareth, die Armen

---

[7] Die Frage nach dem *‚jüdischen Selbstverständnis'* Erich Mühsams, der erst 1926

glücklich zu machen" (1910 →S. 39). – „Ich weiß von allem Leid, fühl alle Scham / und möchte helfen aller Kreatur […] und kann doch selber nicht Erlöser sein, / wie jener Jesus, der die ganze Pein / der Welt auf seine schwachen Schultern nahm" (1914: →S. 40). Nicht anders weiß es später ein Wolfgang Bochert (1921-1947): „Ich möchte Leuchtturm sein / in Nacht und Wind – / für Dorsch und Stint, / für jedes Boot – / und ich bin doch selbst / ein Schiff in Not!" Wichtig wäre, die menschliche Bedürftigkeit – als Schatz – mit anderen zu teilen, statt die Armseligkeit etwa durch Macht- und Gewaltphantasien zu übertönen. Ja, Verwundete sind wir – du und *ich*, bisweilen ratlos und untröstlich ob einer Welt voller Wahnsinn. Wie gut wäre es, mit den anderen erst einmal zu verlernen, einander zu verwunden (oder gar totzumachen).

Sodann könnten wir – mit Gustav Landauer und Erich Mühsam – bei Leo Tolstoi[8] in die Schule gehen und verstehen, warum Revolutionären, die dem alten Gewalt- und Machtglauben anhangen, stets nur eine Reproduktion (oder gar Verschlimmerung) der alten Gewalt- und Herrschaftssysteme gelingt. (Rein gar nichts hilft es uns

---

seinen Austritt aus dem ‚israelitischen Kultus' erklärt hat, klammere ich in diesen Vorbemerkungen aus. Vgl. dazu MÜHSAM 2005a, S. 9, 57, 228, 248, 250-251, 254, 261, 268, 300, 316, 481-482; im vorliegenden Band →S. 37, 39, 54, 110, 163, 205, 253 f, 256, 270, 282 (u. a. Bezüge in Gedichten); außerdem Olaf KISTENMACHER: „Zionist kann man sein". Anarchistische Positionen zu Antisemitismus, Zionismus und zum Staat Israel. In: Phase 2. Zeitschrift gegen die Realität Nr. 50 | 2015 [s. https://www.phase-zwei.org/hefte/artikel/zionist-kann-man-sein-62]: *„Auch Erich Mühsam (1878–1934) sprach sich, wie Lazare, Goldman oder Gustav Landauer, als Jude gegen Judenfeindschaft aus. Darüber, dass er seine jüdische Herkunft durchaus emphatisch bejahte, ließ er auch in seinen Tagebüchern keinen Zweifel aufkommen. Dennoch möchte man lieber glauben, dass er seine Ausführungen über ‚Rassenmischung' in einem Eintrag aus dem Jahr 1911 ironisch meinte …"* In diesem Kontext sind auch die testamentarischen Bestimmungen von E. Mühsams Vater zu nennen, der die Ehe mit einer ‚geborenen Jüdin' (!) als eine Möglichkeit aufführte, unter der der Dichtersohn das Erbe antreten könne. – Zudem Michael BRENNER: *Der lange Schatten der Revolution. Juden und Antisemiten in Hitlers München 1918-1923*. Berlin: Jüdischer Verlag im Suhrkamp Verlag 2019, S. 86-96 (eigenes ‚Mühsam-Kapitel'). Nicht eingesehen: Jürgen-Wolfgang GOETTE (Hg.), Erich Mühsam und das Judentum. (= Schriften der Erich-Mühsam-Gesellschaft, Bd. 21). Lübeck 2002.
[8] Vgl. das Portal https://www.tolstoi-friedensbibliothek.de; Leo N. TOLSTOI: *Soziale Sünde und Revolution*. Texte über die moderne Sklaverei, Wege der Befreiung und den Irrweg des Blutvergießens. (= Tolstoi-Friedensbibliothek: Reihe B, Band 7). Norderstedt 2024 (ebenfalls die Bände B01 – B05 dieser Reihe).

weiter, an dieser Stelle den unzweifelhaften – auch moralischen – Unterschied zwischen der Gewalt der Unterdrücker und der Gegengewalt der Unterdrückten immer wieder zu betonen.) Der Terrorist mag sich verzehren lassen vom Leid der ganzen Welt; sobald er die Methode des Totmachens von den Herrschenden übernimmt, macht er sich gemein mit jenen, die die menschengemachten Leiden auf dieser Erde verursachen und mehren. (Nicht unterdrücken lässt sich die Ketzerfrage: Eine vorgebliche Schönheit, die so unversehens in Hässlichkeit umschlägt, war sie vielleicht schon zuvor mehr Trug als Mitgefühl, Mitleiden, Verbundenheit?)

Wer einen Menschen tötet, so weiß die talmudische und koranische Weisheit, tötet die ganze Welt. Der Anarchist wird ob seiner Hochschätzung des Individuums ergänzen: Wer ein menschliches Wesen tötet, tötet ein ganzes Universum, das niemand erzeugen, kaufen oder ‚wiederherstellen‘ kann. Die Erfahrenen wissen schließlich: Wer einen anderen tötet, tötet sich selbst, denn er durchtrennt die Nabelschnur, die uns mit der grundlosen Geltung des Lebens verbindet. Wer wollte schließlich allein schon angesichts der uns bekannten Geschichte des Menschengeschlechts so vermessen sein, den Totmachern, die doch immer gute Gründe oder gute Werke für sich reklamieren, irgendeine Zukunft anvertrauen?

Abgründe des Leids, Widersprüche und Unrecht unverdeckt zu sehen, ohne dem Gefühl der Vergeblichkeit oder andererseits dem Wahn eigener Omnipotenz zu erliegen, das ist bereits nur vorstellbar im Zuge einer geschehenden Stärkung (Tröstung, ‚Erlösung‘). Man kann das Wesen einer wirklichen, d. h. an die Wurzel gehenden Revolte gegen die Welt der Totmacher kaum besser zur Sprache bringen als Gustav Landauer zur vorletzten Jahrhundertwende: *„Wer tötet, der geht in den Tod. Die das Leben schaffen wollen, müssen Neulebendige und von innen her Wiedergeborene sein."*[9] Der Wegweiser am verhangenen Wolkenhimmel ist zuvorderst eine innere – geburtliche – Kraft, die Erich Fromm „Biophilie" nennt: die Liebe zum Leben und zu allem Lebendigen. Allein dieser Fährte dürfen wir folgen, wenn es um Zukünftiges – auch um die Abwehr einer sich abzeichnenden unvorstellbaren Barbarei – gehen soll.

---

[9] Gustav LANDAUER: *Anarchische Gedanken über Anarchismus.* In: Die Zukunft, Jg. 1901/1902, Heft 4 vom 26.10.1901, S. 134-140 (Zitat hier n. www.anarchismus.at).

Eingedenk solcher Überlegungen sollten uns jetzt die die revolutionären Wandlungen Erich Mühsams traurig stimmen. Jene Ankläger, die dem Dichter vorwerfen, zu Beginn des Ersten Weltkrieges dem allgemeinen Patriotismus erlegen zu sein, führen uns in die Irre.[10] Geradezu skrupulös und zeitnah wie nur wenige andere unter den Besten hat Mühsam seine episodische ‚Kriegspsychose‘ und sprachliche Fehlgriffe (Anpassungen) bereut. Mehr Selbstanklage und schnellere Einsicht können selbst die heiligsten Selbstgerechten nicht verlangen. In summa fällt die ‚Bilanz‘ des anarchistischen Kriegsgegners für die ersten Kriegsmonate wohl besser aus als die des ehrenwerten Kurt Eisner, der noch Waffenfinanzierungen irgendwie mit den Schutzrechten der einfachen Soldaten rechtfertigen wollte, als er die Kriegslüge der Regierung längst durchschaute und auch benannte.[11] – Berechtigt ist hingegen die Frage, ob Mühsam, der treffliche Streiter wider Militarismus und Krieg, nicht am Ende sein Dichterhandwerk zu leichtfertig in den Dienst eines *revolutionären Militarismus* gestellt hat:

„War ein Kampf des Lorbeers wert,
spart dem Tod die Spende –
aber nehmt des Toten Schwert!
Führt den Kampf zu Ende!“ (1928: →S. 67)

„Ihr Kameraden im Tod,
hört mein Gebot!
Mein letztes Vermächtnis!
Bald wird vielleicht uns das Henkerbrot
in den Kerker gereicht.
Dann segnet das Blut, das dem Leibe entrinnt!
Es fließt zur Jugend, die Rache sinnt –
und lehrt sie: Gedächtnis!“ (1927: →S. 77)

---

[10] Vgl. die diesbezüglichen Ausführungen und Quellentexte in MÜHSAM 2025a; außerdem Kurt KREILER: Erich Mühsam im Ersten Weltkrieg – Pazifist? Patriot? Anarchist? In: *Erich Mühsam und andere im Spannungsfeld von Pazifismus und Militarismus. Zehnte Erich-Mühsam-Tagung in Malente, 14.-16. Mai 1999.* (= Schriften der Erich-Mühsam-Gesellschaft, 16). Lübeck 2000, S. 7-17.
[11] In Teufels Küche gelangt, wer bei Fragen der politischen Kriegsassistenz solchen oder ähnlichen Argumentationsmustern folgt.

„Genossen, zu den Waffen!
Heraus aus der Fabrik! [...]
Die Handgranat' am Gürtel,
Im Arme das Gewehr [...]
Hier geht der rote Hahn auf,
Dort donnert Dynamit. [...]
Proleten, zu den Waffen
Heraus aus der Fabrik!
Sprung auf, marsch marsch! Es lebe
Die Räterepublik!" (1920: →S. 88-89)

„Was weiß die gekaufte Söldnerbrut
Vom Kampf der geknechteten Masse?
Für Freiheit und Zukunft fließt unser Blut,
Wer fällt, der stirbt seiner Klasse.
Und näher rückt, näher der Weißen Schar.
Schon gehn die Patronen zur Neige.
Den Browning zur Hand! Was Tod und Gefahr!
Schießt her! Ihr seht mich nicht feige!
Hier steht und fällt ein Rotgardist
Der Revolution!" (1923: →S. 96)

(Spott über die Feigheit der Intellektuellen:)
„Aber kommt's zum Bürgerkrieg –
Ja kein Blutvergießen!
Auf den Kolben jeder Flinte
Schreibt mit roter Liebestinte:
Brüder, nur nicht schießen!" (1920: →S. 108)

(Anlässlich des Opfers von Francesco Ferrer:)
„Blut? Was ist Blut? Ein warmer roter Saft,
der Quell des Lebens und der Born der Kraft.
Jedoch das Blut, das für die Freiheit fließt,
das ist der Dünger, draus die Freiheit sprießt,
ist der entweihten Erde Heil und Bad …
– – Ein Kämpfer fiel – – und uns ein Kamerad." (1928: →S. 114)

Ob solcher ‚Liederbücher' bekommt jener Teil der Jugend im linken
Café, der ohne Wissen um die Gewaltgeschichte eines ganzen Kon-
tinents auch lateinamerikanische ‚Revolutionshelden in Militäruni-

form' bewundert, noch immer leuchtende Augen. Wie aber sollte man überhaupt effizienter als mit dem Pathos von ‚Waffengesängen' bei den Jungen den Zugang zu jenen seelischen Energien verschütten, aus denen allein ein *radikaler* Widerstand – die Revolte für das Leben wider die lange Geschichte der rechten bzw. patriarchalen Totmachprojekte – hervorgehen kann?

Erich Mühsam meinte, eingedenk der Erfahrung mit den Noske-Soldaten während der Revolutionszeit in Bayern und mit Blick auf die Einigkeit des zerstrittenen linken Lagers: *„Ein jedes Kampf System ist gut, / das nicht versagt vor den Gewehren!"* (1920: →S. 52). Doch die Methode der tötenden Gewalt versagt ganz sicher als ‚Kampfsystem' vor den hochgerüsteten Apparaten der herrschenden ‚Mächte und Gewalten'. Mit Terror lassen sich Völkermorde nicht verhindern oder beenden, wohl aber begünstigen. In alle Ewigkeit will man Adolf Hitler (oder seine zahllosen ‚Wiedergänger') mit der Atombombe besiegen; solches kann aber seit August 1945 nur, wer wie ‚Hitler' zugleich bereit ist, die Menschheit im Rahmen einer totalen ‚Lösung' als Ganzes auszulöschen. (Dass die Militärdoktrinen schon längst vom vorgeblichen ‚Menschenschutz' ganz offen zur geostrategischen und ökonomischen Interessenssicherung der eigenen Komplexe übergegangen sind, lassen wir hier unkommentiert.)

Das erfahrungsgesättigte Diktum der irischen Friedensnobelpreisträgerin Mairead Corrigan (geb. 1944 Belfast) lautet: *„Violence doesnt work!"* Falls in absehbarer Zeit doch wieder Scharlatane eine linke ‚Gewaltromantik' bewerben möchten, könnte diese Einsicht ganz pragmatisch den Blick auf das Naheliegende lenken, welches eben durch solch hartnäckige ‚Gewaltromantik' den Augen eilends entschwindet. Angesichts gegenwärtiger gesellschaftlicher Umwälzungen kennt die anarchistische Bewegung aus ihrer Geschichte heraus bessere Kampfmethoden als die opferwillige Pflichtethik von ‚Rotarmisten'. Die trefflichen antimilitaristische Satiren Mühsams sollten wieder die Runde machen, nicht seine pathetischen Kampfverse. Vor allem ein *lustvoller Widerstand* kann Sand ins Getriebe der allgegenwärtigen Militarisierung streuen und unter Beweis stellen, dass der Hedonismus der Jungen sich sehr wohl mit dem Moralischen verbinden lässt: *„Glaub mir, ich liebe das Leben*: Ich gehe nicht zu den Soldaten! Ich geselle mich nicht zu den uniformierten Leichen – in den Kriegen der Reichen!"

| pb

Gedenktafel für Erich Mühsam in Berlin-Britz

(OTFW 2010 | commons.wikimedia.org)

Selbstbiographie

(1919 – 1920 – 1927)[1]

I. | AUSZUG AUS EINEM MANUSKRIPT VOM JAHR 1919

Nicht die äußeren Daten eines Lebenslaufs geben das Bild eines Schicksals, sondern die inneren Wandlungen eines Menschen bezeichnen seine Bedeutung für die Mitwelt. Nur im Zusammenhang mit dem Weltgeschehen haben die Begebenheiten im Leben des Einzelnen Interesse für die Gesamtheit. Wessen Privatleben niemals die Zentren des Gesellschaftslebens berührt, dessen Biographie kann für Seelenforscher höchst wichtig sein, die Allgemeinheit geht sie nichts an.

Wäre meine Lyrik als Ausdruck meiner Gesamtpersönlichkeit alles, was ich den Volksgenossen zu bieten hätte, dann hätte ich der Aufforderung, eine Selbstbiographie zu schreiben, in der Weise entsprochen, daß ich den Literaturhistorikern Gelegenheit gegeben hätte, mich zu klassifizieren: Geboren 6. April 1878 in Berlin; Kindheit, Jugend, Gymnasialbesuch in Lübeck; unverständige Lehrer, niemand, der die Besonderheit des Kindes erkannt hätte, infolgedessen: Widerspenstigkeit, Faulheit, Beschäftigung mit fremden Dingen. Frühzeitige Dichtversuche, die weder in der Schule noch im Elternhause Förderung finden, im Gegenteil als Ablenkung von der Pflicht betrachtet werden und deshalb im geheimen geübt werden müssen. Dummejungenstreiche, zuletzt – als Untersekundaner – geheime Berichte über Schulinterna an die sozialdemokratische Zeitung; daher wegen „sozialistischer Umtriebe" Relegation. Ein Jahr Obersekunda in Parchim (Mecklenburg), dann Apothekerlehrling in Lübeck; 1900 Apothekergehilfe an verschiedenen Orten, zuletzt in Berlin. Als freier Schriftsteller Teilnahme an der Neuen Gemeinschaft der Brüder Hart; Bekanntschaft mit vielen öffentlich sichtbaren Persönlichkeiten. Freundschaft mit Gustav Landauer, Peter

---

[1] Textquelle | Erich MÜHSAM: *Sammlung 1898-1928*. Berlin: J. M. Späth-Verlag 1928.

23

Hille, Paul Scheerbart und anderen. Bohemeleben; Reisen in der Schweiz, in Italien, Österreich, Frankreich; schließlich 1909 dauernder Wohnsitz in München; Kabarettätigkeit, Theaterkritik, schriftstellerische Tätigkeit, meist polemisch-essayistisch. Freundschaftlicher Verkehr mit Frank Wedekind und vielen andern Dichtern und Künstlern. Drei Gedichtbände, vier Theaterstücke; 1911–14 Herausgeber der literarisch-revolutionären Monatsschrift „Kain. Zeitschrift für Menschlichkeit", die vom November 1918 bis April 1919 als reines Revolutionsorgan in neuer Folge erschien. Seitdem in den Händen der konterrevolutionären bayerischen Staatsgewalt.

Mit diesen Mitteilungen wäre meine Biographie erschöpft, wenn ich mein Leben allein in meinen literarischen Leistungen charakterisiert sähe. Aber ich betrachte meine schriftstellerische Arbeit, vor allem meine dichterischen Erzeugnisse, nur als das Archiv meiner seelischen Erlebnisse, als Teilausdruck meines Temperaments. Das Temperament eines Menschen ist die Summe der Stimmungen, die Hirn und Herz von den Ausströmungen der Umwelt empfangen. Das meinige ist revolutionär. Mein Werdegang und meine Lebenstätigkeit wurden bestimmt von dem Widerstand, den ich von Kindheit an den Einflüssen entgegensetzte, die sich mir in Erziehung und Entwicklung im privaten und gesellschaftlichen Leben aufzudrängen suchten. Die Abwehr dieser Einflüsse war von jeher der Inhalt meiner Arbeit und meiner Bestrebungen.

Im Staat erkannte ich früh das Instrument zur Konservierung all der Kräfte, aus denen die Unbilligkeit der gesellschaftlichen Einrichtungen erwachsen ist. Die Bekämpfung des Staates in seinen wesentlichen Erscheinungsformen, Kapitalismus, Imperialismus, Militarismus, Klassenherrschaft, Zweckjustiz und Unterdrückung in jeder Gestalt, war und ist der Impuls meines öffentlichen Wirkens. Ich war Anarchist, ehe ich wußte, was Anarchismus ist; ich war Sozialist und Kommunist, als ich anfing, die Ursprünge der Ungerechtigkeit im sozialen Betriebe zu begreifen. Die Klärung meiner Ansichten verdanke ich meinem Freunde Gustav Landauer; er war mein Lehrer, bis ihn die weißen Garden ermordeten, die eine sozialdemokratische Regierung zur Niederzwingung der Revolution nach Bayern gerufen hatte.

Meine revolutionäre Tätigkeit hat mich oft mit den Staatsgewalten in Konflikt gebracht. So stand ich 1910 vor Gericht wegen des

Versuches, das sogenannte Lumpenproletariat zu sozialistischem Bewußtsein heranzuziehen … Während des Krieges stand ich in den Reihen der Opposition gegen die Lenker der deutschen Schicksale … Wegen der Weigerung, eine Arbeit im vaterländischen Hilfsdienst anzunehmen, wurde ich Anfang 1918 nach Traunstein in Zwangsaufenthalt geschickt, wo ich bis zur Auflösung der „Großen Zeit" in Niederlage und Zerfall blieb.

Selbstverständlich fand mich die Revolution von der ersten Stunde aktiv auf dem Posten … Mitglied des Revolutionären Arbeiterrats … Kampf gegen die Konzessionspolitik Kurt Eisners … Teilnahme an der Ausrufung der bayerischen Räterepublik … Standgericht: fünfzehn Jahre Festung …

Erich Mühsam (vordere Reihe, in der Mitte) mit Mitgliedern der Münchner Räteregierung in Festungshaft, 1920 | dhm.de – commons.wikimedia.org

Diese Sätze schrieb ich vor einem Jahre in der Festungsanstalt Ansbach. Inzwischen hat sich in mir nichts, außer mir viel geändert …

Als Ertrag des letzten Jahres sind meinem Lebenslauf nur ein paar Daten hinzuzufügen. Vom März bis zum Mai mußte ich zwei Monate im Ansbacher Landgerichtsgefängnis zubringen, weil ich einen bayerischen Minister beleidigt hatte. Ich benutzte die Abwechslung, um zwei Bücher zu schreiben: Eine Streitschrift *„Die Einigung des revolutionären Proletariats"* und das Bühnenwerk *„Judas. Ein Arbeiterdrama"*. Im ersten habe ich mich um den Nachweis bemüht, daß … sämtlichen Parteiprogrammen die Parole zur kommunistischen Föderation aller wahrhaft revolutionären Korporationen und Individuen gegenüberzustellen sei. Das Drama unternimmt es, „Proletkult" unter dem Gesichtspunkt zu schaffen, der die Schaubühne als revolutionär-agitatorische Anstalt betrachtet wissen will. Der Proletarier soll im Theater keine Symbolik enträtseln und keine Kunstsprache in seine Prosa übersetzen. Der Arbeiterdichter hat weder die Aufgabe, das Proletariat zu sich hinaufzuziehen, noch sich zu ihm herabzulassen. Er ist kein Dichter des Proletariats, sofern er sich nicht selbst als Angehöriger des Proletariats von Natur wegen erkennt. Der Hirnarbeiter ist nichts Besseres als der Handarbeiter. Wer sich selbst den Charakter eines „Intellektuellen" gibt, versucht, sich über das Proletariat zu erhöhen. Ist mir mit *„Judas"* ein Zeitstück gelungen, das Wissen und Gefühl des Proletariats in seiner Sprache und in seinem Gedankenkreis bewegt und von proletarischen Herzen erfaßt wird, so ist das Stück gut, auch wenn alle literarische Kritik es verdammen sollte. Mit gesprochenen Opern, mit Mosaikszenerie, mit expressionistischem Gelall dient das Theater allenfalls dem Modernitätsbedürfnis der Bourgeoisie, aber nicht dem Drang des Proletariats, aus Kunst erhöhtes Erleben zu ziehen. Dieser Drang wird befriedigt durch Verständlichkeit im Wort, durch Abwandlung revolutionärer Probleme in bewegter lebendiger Handlung, durch Antönen an Saiten, die in der Arbeiterseele revolutionär schwingen.

Im Sommer 1920 erschien mein Gedichtbuch *„Brennende Erde. Verse eines Kämpfers"*. Auch diese Gedichte sollen Zeugnis des Geistes sein, der die Kunst nicht aus dem Leben herausheben, sondern dem Leben und seinem besten Teil, der Revolution, dienstbar machen will. Der Zweck heiligt die Kunst! Zweck meiner Kunst ist der gleiche, dem mein Leben gilt: Kampf! Revolution! Gleichheit! Freiheit!

III. | DEZEMBER 1927

In die Zeit, seit ich im Kerker Rechenschaft ablegte über mein Schaffen und Wollen, fällt das Kaspar-Hauser-Erlebnis meiner Rückkehr unter die Menschen, Weihnachten 1924. Ich bemühe mich, in der von der Zäsur des Weltkriegs tief aufgewühlten Welt durch Rede, Schrift und Beispiel auf die revolutionären Ziele hinzuwirken, die aus den vor sieben und acht Jahren geschriebenen Notizen zu erkennen sind. Die Dichtkunst ist nichts als eine meiner Waffen im Kampf.

Erschienen sind seit der Veröffentlichung der *„Brennenden Erde"* unter dem Titel *„Alarm, Manifeste aus zwanzig Jahren"* eine kleine Sammlung politischer Gedichte, Aufsätze und Aufrufe; unter dem Titel *„Revolution"* die „Kampf-, Marsch- und Spottlieder", ferner als Appell gegen die vergiftete Kampfweise der Klassenjustiz die Schrift: *„Gerechtigkeit für Max Holz!"* Seit 1926 gebe ich die anarchistische Monatsschrift *„Fanal"* heraus. Dort sind die grundsätzlichen Bekenntnisse zu suchen, die meine Stellung zu den öffentlichen Problemen der Gegenwart klarlegen.

Die private Gelegenheit des fünfzigsten Geburtstags gibt Anlaß, das Lebenswerk, soweit es ausgesprochen literarischen Charakter angenommen hat, im Überblick vorzulegen.

Erich Mühsam (1878–1934) in der Festungshaftanstalt Ansbach, 1919
(continental press | commons.wikimedia.org)

„Sich fügen heißt Lügen !"

Gedichte eines Kämpfers

GEBRAUCHSANWEISUNG FÜR LITERARHISTORIKER
(1928)

Glaubt ihr mich wert, für künftige Studenten
im Namensalmanach „Wer war's?" vermerkt zu stehn –
ich lächle schon – doch mag's geschehn:
die Manen zehren gern von Ruhmesrenten.
Laßt die Magister literarischer Seminare
der Verse Rhythmen metrisch spalten,
Symbol-Metaphern unters Prisma halten
und Rühmens machen von der Dichterware,
die Zeugnis gibt poetischen Charakters,
wie sie teils griechisch-schlicht, teils in getragner Gotik
serviert wird – wenn auch leider die Erotik
oft recht obszön scheint, daß so leicht nichts Nackters
sich findet in der deutschen Lit'ratur;
dies ist betrüblich – andrerseits
lockt doch auch dieser Muse Formenreiz
und führt bisweilen gar auf ernster Liebe Spur.
Da sieht man, wie aus Herzverdruß
sich des Poeten echte Seufzer ringen,
beziehungsweise, wie Humore schwingen
(zwar häufig bittre) aus der Liebe Ungenuß. – –
So mag, was mein intimes Sein bewegte,
bei Hörern und bei Hörerinnen,
mein Lieb- und Leiden Sympathie gewinnen,
wie auch, daß mir der grelle Mondschein Furcht erregte …
Nun aber räuspern sich die Professoren:
De mortuis nihil nisi bene !
Doch – tief bedauerlich – es geben jene
ein Quantum wieder meines Ruhms verloren:
Der Dichter, von des Tages Eitelkeit verblendet,

hat manchmal sein beachtliches Talent
– kopfschüttelnd rügt es der Privatdozent –
auch an der Gosse Mobinstinkt verschwendet
und hat in solchen trüben Sphären
mit übeln Kampfgesängen Triebe aufgerührt,
die, hätte sie die Hetze nicht verführt,
dem Bürger nie zur Pein geworden wären …
Statt poesievoll alle Menschen zu versöhnen,
schürt er – dies hüllt sein Licht in Schatten –
den Haß des Hungerpöbels auf die Satten,
die Kunst entweihend mit politischen Tönen.
So traf – der Wahrheit sei die Ehre! –
ihn, den wir gern als Zierde des Parnasses nennten
– und ein umflorter Blick streift die Studenten –,
die Strafe der Justiz mit wohlverdienter Schwere.
In den Annalen der politischen historia
wird drum, als Schädling unsres Staats,
der Name aufbewahrt – der eines Herostrats;
ein Warnungsmal: sic transit mundi gloria !
Hingegen wir, wir unpolitischen Ästheten,
wir kennen und verdammen freilich seine Schmach –
doch unser Musenalmanach
vermerke immerhin den lyrischen Poeten …

Soll das der Nachruhm sein, der mir beschieden? –
Es sei: Mein Name gilb in Listen
form- und gemütbegeisterter Seminaristen,
mit einem Schandkreuz angemerkt. – Ich bin's zufrieden.
Sonst sei er ausgelöscht im Weltgedächtnis.
Auch sei, was ich von Mond und Mädchen je gedichtet,
für Dissertationen im Archiv geschichtet:
das Tote ist dem Leben kein Vermächtnis! …
Doch, blieb aus meinem Freiheitsruf ein Reim,
ein einziger, lebendig bei Rebellen –
gelang ein Wort mir, Dumpfheit zu erhellen,
so kehr mein Name gern zum Lethe heim.
Denn: färbt ein weißes Blütenblatt sich rot
vom Blute meiner Leidenschaft –

ein einziges auf dem Feld, wo junge Kraft
den Sieg erkämpfen soll –, so ist mein Werk nicht tot!
Es lebt im Hauche, den es stärkend trug
zum Kampf der Jugend. – – Name nicht, noch Wort –
der Geist, der wirkende lebt fort!
Darf meiner Freiheit wirken, ist's mir Ruhm genug.

D | *,Sammlung 1898-1928', 1928.*

LUMPENLIED
(1912)

Kein Schlips am Hals, kein Geld im Sack.
Wir sind ein schäbiges Lumpenpack,
auf das der Bürger speit.
Der Bürger blank von Stiebellack,
mit Ordenszacken auf dem Frack,
der Bürger mit dem Chapeau claque,
fromm und voll Redlichkeit.

Der Bürger speit und hat auch recht.
Er hat Geschmeide gold und echt. –
Wir haben Schnaps im Bauch.
Wer Schnaps im Bauch hat, ist bezecht,
und wer bezecht ist, der erfrecht
zu Dingen sich, die jener schlecht
und niedrig findet auch.

Der Bürger kann gesittet sein,
er lernte Bibel und Latein. –
Wir lernen nur den Neid.
Wer Porter trinkt und Schampus-Wein,
lustwandelt fein im Sonnenschein,
der bürstet sich, wenn unserein
ihn anrührt mit dem Kleid.

Wo hat der Bürger alles her:
den Geldsack und das Schießgewehr?
Er stiehlt es grad wie wir.
Bloß macht man uns das Stehlen schwer.
Doch er kriegt mehr als sein Begehr.
Er schröpft dazu die Taschen leer
von allem Arbeitstier.

Oh, wär ich doch ein reicher Mann,
der ohne Mühe stehlen kann,
gepriesen und geehrt.
Träf ich euch auf der Straße dann,
ihr Strohkumpane, Fritz, Johann,
ihr Lumpenvolk, ich spie euch an. –
Das seid ihr Hunde wert !

D | *Wüste – Krater – Wolken*, 1914.

WENN GOTT MICH SO VERSTÄNDE
(1914)

Wenn Gott mich so verstände,
wie ich sein Werk versteh,
er gab in meine Hände
den Segen für das Weh.

Ich seh auf Feld und Weide
das Glück der Welt gedeihn.
Für mich wächst kein Getreide,
am Rebenstock kein Wein.

Ich möcht die Menschen lehren,
wie man das Leben lebt;
kann selbst mich nicht erwehren
des Leids, das an mir klebt.

Ich bete zu den Frauen:
seid schön, seid stark, seid frei!
An meiner Liebe schauen
die Herrlichsten vorbei.

Wär mir der Blick verschlossen
und kennt die Schönheit nicht –
ich stände hell umflossen
von Sonne und von Licht.

Gott ist gerecht und weise.
Stimmt an: Halleluja!
Zu Gottes Ehr und Preise
bin ich, der Dichter, da.
D | *Wüste – Krater – Wolken*, 1914.

DIE RATTE
(1905)

Eine dicke dunkelbraune Ratte
nagt des Nachts an meinem Rückenmark,
und an meine Glieder hängt sich eine matte
dumpfe Schwere.
Wüßt ich nur, wie ich der Ratte wehre!
Wären meine schlaffen Sehnen stark!
Doch umsonst: all meine beste Habe,
alles, was ich war und was ich hatte,
nagt sie, knabbert sie in sich hinein. –
Trägt man mich dereinst zu Grabe,
senkt mich kraftlos, saftlos in das Erdreich ein,
folgt, ich wett, als erste dem Gebein
trauervoll und dankbar eine satte
dicke dunkelbraune Ratte.
D | *Der Krater*, 1909.

DER ANARCHISTERICH
(1906)

War einst ein Anarchisterich,
der hatt' den Attentatterich.
Er schmiss mit Bomben um sich rum;
es knallte nur so: bum bum bum.
Einst kam der Anarchisterich
an einen Schlosshof fürstelich,
und unter'm Rock verborgen fein
trug er ein Bombombombelein.

Nach Haus kam Serenissimus,
sprach: Omnia nos wissimus,
und sprach viel weise Worte noch,
dass alles rings nach Weisheit roch.
Jedoch der Anarchisterich
mit seiner Bombe seitwärts schlich
und schmiss sie Serenissimo
unter den Rokkokopopo.

Und rings war alles bass entsetzt,
Durchlaucht hat sich vor Schreck gesetzt,
indes der Anarchisterich
durch eine Seitenthür entwich.
Nur einer sprang beherzt herbei,
zu helfen, was zu helfen sei.
Doch sprach er bleich: Volk höre nur,
's ist 'ne Bomb – onniére nur.

Rings aber lag man auf dem Knie
und heulte, jammerte und schrie
und betete: Du lieber Gott,
schlag' doch die Anarchisten tot!
Drum merk dir, Anarchisterich,
heil' dich vom Attentatterich.
Kommst du zum Hofe fürstelich,
geht's fürder dir für-fürchterlich.

D | *Die Canaille* (Beilage: Wochenzeitschrift „Der freie Arbeiter"), Februar 1906.

ERZIEHUNG
(1909)

Der Vater zu dem Sohne spricht:
Zum Herz- und Seelengleichgewicht,
zur inneren Zufriedenheit
und äußeren Behaglichkeit
und zur geregelten Verdauung
bedarf es einer Weltanschauung.
Mein Sohn, du bist nun alt genug.
Das Leben macht den Menschen klug,
die Klugheit macht den Menschen reich,
der Reichtum macht uns Herrschern gleich,
und herrschen juckt uns in den Knöcheln
vom Kindesbein bis zum Verröcheln.
Und sprichst du: Vater, es ist schwer.
Wo nehm ich Geld und Reichtum her?
So merk: Sei deines Nächsten Gast!
Pump von ihm, was du nötig hast.
Sei's selbst sein letzter Kerzenstumpen –
besinn dich nicht, auch den zu pumpen.
Vom Pumpen lebt die ganze Welt.
Glück ist und Ruhm auf Pump gestellt.
Der Reiche pumpt den Armen aus,
vom Armen pumpt auch noch die Laus,
und drängst du dich nicht früh zur Krippe,
das Fell zieht man dir vom Gerippe.
Drum pump, mein Sohn, und pumpe dreist!
Pump anderer Ehr, pump anderer Geist.
Was andere schufen, nenne dein!
Was andere haben, steck dir ein!
Greif zu, greif zu! Gott wird's dir lohnen.
Hoch wirst du ob der Menschheit thronen!

D | *Der Krater*, 1909.

O MITMENSCH, WILLST DU SICHER SEIN
[1928]

O Mitmensch, willst du sicher sein
in deinem Treiben und Getue,
so schau in Nachbars Kämmerlein,
in Nachbars Bett, in Nachbars Truhe.
Und wie er's hält und wie er's macht,
richt deinen Wandel ein desgleichen,
auf daß der Nachbar in der Nacht
getrost darf in dein Zimmer schleichen.
So wirst du in der Sympathie
der Zeitgenossen wohl bestehen,
und niemand braucht als Schweinevieh
und Lumpen scheel dich anzusehen.
Nur das Besondere mißfällt,
das Eigne und Originale.
Ein kluger Mitmensch aber hält
sich allezeit an das Normale.

D | *Sammlung 1898-1928*, 1928.

ICH MÖCHTE GOTT SEIN …
(1904)

Ich möchte Gott sein und Gebete hören
und meinen Schutz versagen können
und Menschenherzen zunichte brennen
und Seelenopfer begehren.
Und möchte Erde, Welt und All vernichten
und Trümmerhaufen über Trümmer schichten.
Dann müßte ein Neues entstehn –
und das ließ ich wieder vergehn.

D | *Die Wüste*, 1904.

HEILIGE NACHT
(Dezember 1923)

Geboren ward zu Bethlehem
ein Kindlein aus dem Stamme Sem.
Und ist es auch schon lange her,
seit's in der Krippe lag,
so freun sich doch die Menschen sehr
bis auf den heutigen Tag.
Minister und Agrarier,
Bourgeois und Proletarier –
es feiert jeder Arier
zu gleicher Zeit und überall
die Christgeburt im Rindviehstall.
(Das Volk allein, dem es geschah,
das feiert lieber Chanukah.)

D | *,Sammlung 1898-1928',* 1928.

LEBENSREGEL
(1911)

An allen Früchten unbedenklich lecken;
vor Gott und Teufel nie die Waffen strecken;
Künftiges mißachten, Früheres nicht bereuen;
den Augenblick nicht deuten und nicht scheuen;
dem Leben zuschaun; andrer Glück nicht neiden;
stets Spielkind sein, neugierig noch im Leiden;
am eigenen Schicksal unbeteiligt sein –
das heißt genießen und geheiligt sein.

D | *Wüste – Krater – Wolken,* 1914.

EWIGES DIESSEITS
(1926)

Löscht die Lichter aus auf den Altären!
Nicht in Kirchen und in Synagogen
sucht den Gott, noch hinter Himmelsschleiern.
Wo der Perlschaum quirlt auf Meereswogen,
wo der Wind kämmt über blonden Ähren
und im Bergschnee mögt ihr Andacht feiern.

Besser noch: am eignen Feuerherde,
in der Einung mit dem nackten Weibe
laßt euch heilige Weihe überkommen.
Wenn die Seele eins wird mit dem Leibe
und die Stunde zeitlos auf der Erde,
dann erzeugt ihr Gott in euch, ihr Frommen!

Alles keimt zugleich und blüht und schwindet.
Wenn ihr Wein trinkt, sollt ihr schon die Reben
für die neue Ernte reifen wissen.
Diesseits, irdisch ist das ewige Leben!
Was den Menschen an die Menschheit bindet,
wird von keinem Tode je zerrissen.

D | *Sammlung 1898-1928*, 1928.

WENN MICH DEREINST IN FERNEN EWIGKEITEN
(1909)

Wenn mich dereinst in fernen Ewigkeiten,
in einem andern, fremden, neuen Leben,
wo ich von mir und Menschheit nichts mehr weiß,
und nichts von fernen, längst vergangenen Zeiten – –
wenn dann aus dunkler, schwerer Sehnsucht leis
die Schatten dieses Daseins mich umschweben; – –

dann soll wie eine Ahnung diese Stunde
in meine Träume steigen, wo zur Nacht
ich Ewigkeit erfuhr aus Gottes Munde – –
wo ich gedichtet, was ich nie gedacht.

D | *Der Krater*, 1909.

GOLGATHA
(1910)

Gebeugte Menschen mit stumpfem Blick
hocken in dumpfen Spelunken –
den Neid im Auge, die Not im Genick,
von elendem Fusel trunken.
Da tönt eine Stimme von außen herein:
„Kopf hoch! Ihr seid nicht verloren.
Ich füll eure Becher mit goldenem Wein.
Auch euch ist der Heiland geboren.
Heraus ins Freie und folgt mir nach,
wo Schätze liegen!"
Die Stimme des Mannes, der also sprach,
hat plötzlich geschwiegen.
Ein Scherge führt ihn gefesselt fort.
Den Menschen aber da drinnen
klingt seiner Rede lockendes Wort
wie ferner Traum in den Sinnen.
Sie senken den Kopf auf des Tisches Brett
und trinken mit heiserem Lachen …
Ein Jude zog aus von Nazareth,
die Armen glücklich zu machen.

D | *Wüste – Krater – Wolken*, 1914.

Ich weiß von allem Leid …
(1914)

Ich weiß von allem Leid, fühl alle Scham
und möchte helfen aller Kreatur.
Der Liebe such ich aus dem Haß die Spur,
dem Menschenglück den Weg aus Not und Gram.
Den Trostbedürftigen geb ich Wort und Rat,
den Haltbedürftigen reich ich meine Hand.
Doch keiner war noch, der mein Wort verstand,
und keiner, der die Hand ergriffen hat.
Ich weiß vom Leide nur, fühl nur die Scham –
und kann doch selber nicht Erlöser sein,
wie jener Jesus, der die ganze Pein
der Welt auf seine schwachen Schultern nahm.

D | *Wüste – Krater – Wolken*, 1914.

Ich wollt das Lied des Herzens nicht verschweigen
(1914)

Ich wollt das Lied des Herzens nicht verschweigen.
Ich wollt es jubelnd zu den Menschen schmettern,
die bleich am Baume der Erkenntnis klettern,
das Glück vermutend in den kahlen Zweigen.

Ich wollt sie rufen zu den breiten Küsten,
an die des Meeres Wellen silbern schlagen.
Ich wollt sie lehren leichte Schultern tragen
und freien Sinn in übermüt'gen Brüsten.

Ich stoß ins Horn. Noch einmal. – Doch ich staune:
die Menschen lachen, die ich wecken wollte,
als ob ein Mißton in die Lüfte rollte. –
Es muß ein Sandkorn sein in der Posaune.

D | *Wüste – Krater – Wolken*, 1914.

Noch geb ich nicht den Sieg verloren
(1914)

Noch geb ich nicht den Sieg verloren.
Mein Blut drängt vor durch Rauch und Schlacht,
steht auch die ganze Welt verschworen
mit Satans ganzer Höllenmacht.

Des Feinds vergiftete Geschosse
umschwirren meine Seele wild.
Jedoch der Mut ist mein Genosse,
und meine Liebe ist mein Schild.

Und ruht der Kampf in fernen Stunden
und Friede kehrt ins Herz mir ein,
dann werden meine heiligen Wunden
das Mal beglückter Menschheit sein.

D | *Wüste – Krater – Wolken*, 1914.

Testament
(1912)

Nein, ich will nicht eher zu Grabe,
eh ich nicht auch die letzten Sprossen
irdischen Glückes erstiegen habe,
eh ich das Leben nicht ganz genossen;

eh ich nicht alle Frauen umschlungen,
die mich durch meine Träume begleiten,
eh ich nicht alle Lieder gesungen,
die sich in meinem Herzen bereiten;

eh ich nicht alle Werke gestaltet,
die sich dem schaffenden Geist entbinden,
eh ich der Führerpflicht nicht gewaltet,
daß die Menschen ihr Wegziel finden;

eh ich nicht fröhliche Augen sehe,
die von Erhebung und Stolz verjüngt sind,
eh ich nicht über Äcker gehe,
die statt mit Tränen mit Freude gedüngt sind.

Nimmt der Erlöser dann und Vernichter
von meinen Tagen die lastenden Ketten,
sollt ihr den seligsten Menschen und Dichter
tief in befreites Erdreich betten.

D | *Wüste – Krater – Wolken*, 1914.

GESICHTE
[1928]

Es raschelt gleich dem Geistern einer Fledermaus
im Nachtwind, der gefallnes Laub bestattet –
und in den Lüften wispern totumschattet
des Nebels Stimmen: Not und Haß und Graus
verkünden Blut.

Es kreist der Erde höllenträchtiger Bauch,
sich platzend zu befrei'n von mörderischen Wehen,
zu löschen nicht – nein, zu entflammen rote Glut. –
Spritz aus, gedunsener Schlauch,
spritz aus die Tat! Die Welt verdurstet nach Geschehen …
Gespenster ziehn. Ich wittre in die Zukunft schreiten
Herolde mächtiger Begebenheiten.

D | *‚Sammlung 1898-1928‘*, 1928.

Erich Mühsam, 1878–1934 – Bild: gemeinfrei

NACH ALL DEN NÄCHTEN, DIE VOLL STERNEN HINGEN
(1914)

Nach all den Nächten, die voll Sternen hingen,
nun diese dumpfe, trübe, nasse Nacht,
als wär die Arbeit aller Zeit vollbracht
und niemals wieder Hoffnung auf Gelingen.

Wohin die Schritte weisen, da das Ziel
ertrank im nebeligen Grau der Wege?
Ich such nur noch, wo ich mich niederlege,
den stillen Platz. Verloren ist das Spiel.

Ich höre vieler Menschen Schritte tasten –
verirrte Menschen, einsam, müd und arm –
und keiner weiß, wie wohl ihm wär und warm,
wenn wir einander bei den Händen faßten.

D | *Wüste – Krater – Wolken*, 1914.

EWIGE WIEDERKUNFT
(1923)

Der Urgeist schüttelt die Menschheit um
im Becher der Ewigkeit
und freut sich am Individuum,
wie's hochtaucht zu seiner Zeit.
Denn es lebt der Mensch in Lust oder Qual
und stirbt stets nur bis zum nächsten Mal.
Der Mensch, der da lebt, mag die Welt verbessern
nach der Sehnsucht zu größt und zu kleinst,
mag Krater löschen und Wüsten bewässern
für die Wiederkunft dermaleinst.
Des Zeitmeers wogendes Auf und Nieder
trägt alles fort und bringt's anders wieder.

Der Urgeist blickt durchs Kaleidoskop,
ob er alte Bekannte seh –
und richtig: da wandelt Buddha als Pop
und Plato doziert im Kaffee;
Aspasia tut, was sie immer tat;
auch Cicero ist wieder Advokat.
Es springt als Reporter Cornelius Nepos;
Napoleon flucht als Sergeant.
Vergil übersetzt sein eigenes Epos,
Gymnasialschüler unter Kant.
Kopernikus aber und Tizian liegen
mit Strampeln und Schreien in Kinderwiegen.

Der Urgeist lächelt und sinnt und nickt
und freut sich am bunten Spiel,
bis er den Freund seines Herzens erblickt –
der gibt seinem Augenmerk Ziel.
Fest steht er da: kein Meteor,
der, einmal geglüht, den Glanz verlor.
Und träumend hört er: Zum Gruß, mein Lieber!
Was hilft dir dein Zorn und dein Wahn?
Bist doch noch der gleiche Kohldampfschieber
wie dein Vater und wie dein Ahn.
Spürst du die Erde nicht unter dir gären?
Zeit ist es! Zeit, deine Zeit zu gebären!

Schon brennt das Feuer; entfach es hell!
Blas zum Sturm an den Wind, der dir weht!
Mein Kain! Mein ewiger Rebell!
Einst Sklave und heut Prolet!
Als Spartakus kamst du, als Sansculott –
Aufruhr dein Leben und Freiheit dein Gott!
Auf, Proletar, raff die Kräfte zusammen!
Unsterblichkeit leuchtet dir rot.
Der Urgeist selbst schürt des Kampfes Flammen –
und fällst du: was gilt dir der Tod!
Du kehrst ja zurück zur freien Erde,
zu Liebe und Glück. – Jetzt sprich dein: Werde!
D | *Sammlung 1898-1928'*, 1928.

HYBRIS
(1923)

Ihr Herrn der Welt, preist nicht zu laut
das Werk eurer raffenden Fäuste.
Noch ist das Blutgefäll nicht gestaut,
das eure Gier entschleußte;
das ihr aus dem Leibe des Volkes speist,
bereit, ihn leer zu laugen
von allem Saft, der das Herz noch umkreist
und das Hirn belebt und die Augen.

Ihr Herrn der Welt! Wer noch atmet und fühlt,
der haßt auch noch unter Schlägen,
haßt noch, wenn sein Blut in den Pressen spült,
die euch den Wucherzins prägen.
Denkt an den Krieg, da der Haß sich ermannt,
da der Welthaß euch gellt in den Ohren; –
und ob ihr auch alle Schlachten gewannt,
der Krieg – der Krieg ging verloren.

Ihr Herrn der Welt, preist nicht zu laut
den Sieg eurer Peitschen und Riemen.
Ihr sätet Haß in des Volkes Haut,
und Rache wächst aus den Striemen!
Das Blut, das euch die Schwungräder schmiert –
die Rache läßt es gerinnen –
und das Volk, ob es alle Schlachten verliert,
den Krieg – den Krieg wird's gewinnen!

D | *Sammlung 1898-1928*, 1928.

Predigt
(1924)

Ich sage nicht, du darfst nicht hassen,
noch sag ich, daß du hassen mußt.
Der Herzschlag in bewegter Brust
läßt sich nicht in Gebote fassen.
Auch Liebe horcht nicht auf Befehle:
Du liebst. – Verständest du mich denn,
wenn ich der Liebe Namen nenn,
ein fremdes Wort in deiner Seele? –
Ich weiß dich lieben. Meine Stimme
braucht dir nicht sänftigend zu sein.
Du kennst Erbarmen und Verzeihn
und suchst im Guten nicht das Schlimme …
Doch fälsch die Liebe nicht zur Schwäche!
Dem Argen stelle dich nicht blind!
Wo Niedertracht und Lügen sind,
da ficht! Da rotte aus! Da räche! – –
Nicht will ich dich zum Hasser machen
(und sprech auch nicht: hab keinen Haß!),
doch will ich dir ohn Unterlaß
der Leidenschaften Glut entfachen.
Nicht alles Heil entströmt der Milde;
zwar: Liebe ist ein reicher Born,
doch lästre nicht ihr Salz, den Zorn …
Stark forme deine Welt zum Bilde!

D | *Alarm. Manifeste aus 20 Jahren*, 1925.

KEIN HIMMEL HILFT
[1928]

Das Elend grollt. Es hungert, und es friert
das Volk – besiegt im Krieg, besiegt im Hoffen;
und Not, die täglich neue Not gebiert,
besiegt den letzten Mut, den letzten Stolz.
In tiefster Seele auf den Tod getroffen,
schleicht winselnd in die Kirchen Mann und Weib,
kniet betend nieder vor dem Schmerzensleib
und weint sein Leid zum Kreuz empor aus Holz.
Der Priester mahnt: Mit Glauben und Geduld
mögt ihr euch fromm dem ewigen Geist verbünden,
der die Gebete lohnt, so ihr die Sünden,
die ihr in irdischen Nöten büßen müßt,
in Reue abschwört. Leidet für die Schuld,
in dieser Welt in Frevelmut begangen.
Im Jenseits, wenn ihr Gottes Füße küßt,
sollt ihr zu lichter Seligkeit gelangen …
Und dumpf und warnend ruft vom steilen Turm
die Glocke den getretnen Menschenwurm.
– –
Auf, Menschen, wer vor Jenseitgöttern kniet!
Springt auf die Füße! Reckt den Kopf! Die Arme!
Kein Himmel hilft euch. – Werft das Hemd, das hären
den Staub des Leids in seine Falten zieht,
dem Staube zu, der muffig aus Altären
zu Gott empordampft, daß er sich erbarme! –
Sehr irdisch ist die Not, die euch bedrückt;
sehr irdisch sind die Ketten, die euch fesseln.
Ihr tragt das Kreuz; ihr tragt den Kranz aus Nesseln;
ihr schwankt nach Golgatha, gepeitscht, gebückt; –
und die euch peitschen, die ans Kreuz euch schlagen,
sie sind's, die euch von Schuld und Demut sagen …
Ja, Volk, bereue! Nicht, was du getan –:
bereue, was du sträflich unterlassen!
Doch übe deine Reu mit gradem Rücken.
Lehr deine Hände, nach dem Glück zu fassen;

entwöhn dein Herz dem gottergebnen Wahn
und laß es sich an Licht und Lust entzücken.
Nicht Demut sei dein Streben, sondern Mut!
Nicht winseln sollst du, sondern dich erlösen!
Wer Welt und Leben wahrhaft liebt, ist gut.
Der irdische Mensch nur macht sich frei vom Bösen.
Kampf macht dich frei! – Hörst du das Elend grollen?
So zwingst du es:
Frei denken! Und frei wollen!

D | *,Sammlung 1898-1928'*, 1928.

WUNDERGLAUBE
(1926)

Hat euch der Rechenkünste Trug
des Kinderwahnes Glut geraubt? –
So sei's des Rechnens jetzt genug!
Glaubt wieder an das Wunder – glaubt!
Glaubt an das Wunder eures Muts;
glaubt an den heißen Wunderborn
des leidenschaftentflammten Bluts;
glaubt eurer Kraft; glaubt euerm Zorn!
Entzündet in euch selbst das Licht
des Wunders, das kein Zweifel staubt!
Ihr seid die Tat – ihr das Gericht –
ihr seid das Wunder! – Glaubt nur – glaubt!

D | *,Sammlung 1898-1928'*, 1928.

KAIN

Zeitschrift für Menschlichkeit  Herausgeber: Erich Mühsam.

Erscheint jeden Dienstag. Verantwortlich für Redaktion und Verlag: Erich Mühsam, München, Georgenstraße 105 IV, Telephon 33626. / Druck von Max Steinebach, München, Baaderstraße 1 und 1a. Geschäftsstelle München, Baaderstraße 1a, Telephon 26355. / Einzelnummer 20 Pfennig, vierteljährlicher Bezugspreis Mk. 2.50. Zu beziehen durch alle Buchhandlungen und Postämter. // Straßenvertrieb in München: J. Pfalner, Zeitungs-Zentrale, Färbergraben 27—28, Telephon 21054; Franz Kirmaier, Haupt-Zeitungsverlag, Schäfflerstraße 11, Telephon 21442. Anzeigenpreis die 6 mal gespaltene Nonpareillezeile 60 Pfennig, bei Wiederholung Rabatt.

Nummer 2. Dienstag, den 17. Dezember 1918. 5. Jahrgang.

(1924)

Ihr habt euch geplagt, und euch plagte die Not,
und Plage war, was das Leben euch bot.
Ihr littet, ihr fluchtet, ihr hofftet, ihr sannt,
bis ihr den Grund zu begreifen begannt,
bis ihr gelernt, warum Weib, warum Kind
bei all euerm Fleiße so elend sind.
Und ihr fragtet ins Herz euch: muß das so sein?
und ihr wußtet die Antwort: die Antwort hieß: Nein!
Und Lehrer und Weise brachten euch Rat.
Ihr erkanntet euch selbst: Wir Proletariat!
Und Kampflust gebar sich aus Hunger und Groll.
Ihr spürtet, wie euch der Muskel schwoll;
und ihr schriet in die Welt mit gewaltigem Ton:
Ihr Fürsten seid Mörder! Herunter vom Thron!
Ihr Priester, herab von den Kanzeln! Ihr logt!
Heraus aus der Werkstatt, du Sklavenvogt!
Wir waren Knechte die längste Zeit;
die Stunde ist da, wo das Volk sich befreit.
Die Kette zerreißt, die den Willen uns band.
Uns Brot und Maschinen! Uns Freiheit und Land!
Doch ihr plagtet euch weiter, euch plagte die Not,
und dem Herrn blieb das Land, die Maschine, das Brot.
Noch immer darben euch Weib und Kind,
und ihr wißt doch, warum sie so elend sind.
Noch nie war der Jammer so groß und das Leid,
und ihr wißt doch, daß ihr die Stärkeren seid;
und ihr wißt doch, ihr Volk, ihr Proletariat:
die Zukunft der Menschheit harrt eurer Tat! –
Wo blieb eure Tat? Oh, fragt euch laut:
habt ihr stets nur den eigenen Kräften getraut?
Nein, nein, ihr bautet auf flüchtigen Sand,
ihr gabt euer Schicksal in fremde Hand.
Ihr habt nicht gekämpft, ihr habt nur gewählt
und habt voll Stolz eure Stimmen gezählt –
und statt euch von jedem Herrn zu befrein,

nahmt Herren ihr an aus den eigenen Reihn –
und wähltet und priest eurer Stimmen Zahl
und ließet die Taten dem Kapital …
Oh, zählt nicht länger, wie viele ihr seid –
zerreißt die Ketten! Zerbrecht das Leid!
Im Sturmesbrausen der Revolution
ist Ein Mann stärker als eine Million!
Der Ruf ertönt: Auf, Proletariat!
Millionenmal Einer! Zum Sturm! Zur Tat!

D | *Alarm. Manifeste aus 20 Jahren*, 1925.

STREIT UND KAMPF
(1920)

Nicht nötig ist's, nach Schritt und Takt
gehorsam vorwärts zu marschieren.
Doch wenn der Hahn der Flinte knackt,
dann miteinander zugepackt
und nicht den Nebenmann verlieren!

Schlagt zwanzig Freiheitstheorien
euch gegenseitig um die Ohren
und singt nach hundert Melodien –
doch gilt es in den Kampf zu ziehen,
dann sei der gleiche Eid geschworen!

Aktionsprogramm, Parteistatut,
Richtlinien und Verhaltungslehren –
schöpft nur aus allen Quellen Mut!
Ein jedes Kampf System ist gut,
das nicht versagt vor den Gewehren!

Darum solang kein Feind euch droht,
verschont einander nicht mit Glossen.

Doch weckt euch einst der Ruf der Not,
dann weh das einige Banner rot
voran den einigen Genossen!

D | *Alarm. Manifeste aus 20 Jahren*, 1925.

DICHTER UND KÄMPFER
(1913)

Unrühmlich ist es, jung zu sterben.
Mein Tod wär sträflicher Verrat.
Ich bin der Freiheit ein Soldat
und muß ihr neue Kämpfer werben.

Und kann ich selbst die Schlacht nicht lenken,
seh selbst nicht mehr das bunte Jahr,
so soll doch meine Bundesschar
im Siege meines Rufs gedenken.

Drum will ich Mensch sein, um zu dichten,
will wecken, die voll Sehnsucht sind,
daß ich im Grab den Frieden find
des Schlafes nach erfüllten Pflichten.

D | *Wüste – Krater – Wolken*, 1914.

REBELLENLIED
(Dezember 1918)

Sie hatten uns mit Zwang und Lügen
in ihre Stöcke eingeschraubt.
Sie hatten gnädig uns erlaubt,

in ihrem Joch ihr Land zu pflügen.
Sie saßen da in Prunk und Pracht
mit vollgestopftem Magen
und zwangen uns, für ihre Macht
einander totzuschlagen.
Doch wir, noch stolz auf unsere Fesseln,
verbeugten uns vor ihren Sesseln.

Sie kochten ihre Larvenschminke
aus unserm Blut und unserm Schweiß.
Sie traten uns vor Bauch und Steiß,
und wir gehorchten ihrem Winke.
Sie fühlten sich unendlich wohl,
sie schreckte kein Gewitter.
Jedoch ihr Postament war hohl,
ihr Kronenschmuck war Flitter.
Wir haben nur die Faust erhoben,
da ist der ganze Spuk zerstoben.

Es rasseln zwanzig Fürstenkronen.
Die erste Arbeit ist geschafft.
Doch, Kameraden, nicht erschlafft,
soll unser Werk die Mühe lohnen!
Noch füllen wir den Pfeffersack,
auf ihr Geheiß, den Reichen;
noch drückt das Unternehmerpack
den Sporn uns in die Weichen.
Noch darf die Welt uns Sklaven heißen –
noch gibt es Ketten zu zerreißen.

Vier Jahre hat die Welt der Knechte
ihr Blut verspritzt fürs Kapital.
Jetzt steht sie auf, zum erstenmal
für eigne Freiheit, eigne Rechte.
Germane, Römer, Jud und Ruß
in einem Bund zusammen –
der Völker brüderlicher Kuß
löscht alle Kriegesflammen.

Jetzt gilt's die Freiheit aufzustellen. –
Die rote Fahne hoch, Rebellen!

D | *Brennende Erde* 1920.

TRUTZLIED
(März 1919)

Nennt uns nur höhnisch Weltbeglücker,
weil wir das Joch der Unterdrücker
nicht länger dulden und die Schmach.
Lacht nur der neuen Ideale,
leert auf die alten die Pokale –
Wir geben nicht nach!

Legt nur die Stirn in ernste Falten,
schreckt auf im Bette ungehalten
und scheuert euch die Augen wach.
Flucht auf die unerwünschte Störung,
reißt's Fenster auf und schreit: Empörung!
Wir geben nicht nach!

Setzt euch nur auf die Geldkassette,
daß Gott die arme Seele rette
aus Not, Gefahr und Ungemach –
und ruft nach euern guten Geistern,
nach Polizei und Kerkermeistern –
Wir geben nicht nach!

Daß den Verrat der Teufel hole,
langt nur die Repetierpistole
samt den Patronen aus dem Fach,
und schmückt den Hut mit der Kokarde
der geldsacktreuen weißen Garde –
Wir geben nicht nach!

Laßt Volkes Blut in Strömen fließen,
laßt uns erhängen und erschießen,
setzt uns den roten Hahn aufs Dach.
Laßt Mörser und Haubitzen wüten,
um euer Diebesgut zu hüten –
Wir geben nicht nach!

Laßt euer Höllenwerkzeug toben!
Die Sehnsucht selbst hat sich erhoben
des Volks, das seine Ketten brach.
Freiheit und Recht stehn auf der Schanze.
Sieg oder Tod – jetzt geht's ums Ganze! –
Wir geben nicht nach!

D | *Brennende Erde* 1920.

RECHTFERTIGUNG
(Dezember 1919)

Ich hab euch wenig schmachtende Psalmen gesungen,
noch predigt ich euch wie der Pfarrer im frommen Vereine,
Genossen der Arbeit!
Doch ist euch mein Lied durch die Haut in die Seelen gedrungen,
dann tat ich das Meine.

Mein Sang tönt nicht nach letzter ästhetischer Mode.
Nie hat er die Reime von Herzen und Schmerzen vermieden,
Genossen des Schicksals!
Doch siedet er euch das Blut auf dem Marsche zum Tode,
so bin ich zufrieden.

Virtuosen und Troubadoure laßt lispelnd schalmeien.
Ich weiß es: euch flattert kein Haar bei dem sanften Geraune,
Genossen der Kampfstatt!
Ihr lauscht auf den Schall, der euch weckt, die Welt zu befreien;
drum blas ich Posaune.

Wirft mich literarischer Troß zum rostigen Eisen –
ich hab euch entflammt, und so trotz ich der kritischen Säure,
Genossen der Zukunft!
Ihr Jugend! Ihr Jüngsten! Euch blas ich zum Sturme die Weise –
so bleib ich der Eure !

D | *Brennende Erde* 1920.

BÜRGERS ALPDRUCK
(1920)

Was sinnst du, Bürger, bleich und welk?
Hält dich ein Spuk zum Narren?
Nachtschlafend hörst du im Gebälk
den Totenkäfer scharren.
Er wühlt und bohrt, gräbt und rumort,
und seine Beine tasten
um Säcke und um Kasten.

Horch, Bürger, horch! Der Käfer läuft.
Er kratzt ans Hauptbuch eilig.
Nichts, was du schwitzend aufgehäuft,
ist seinen Fühlern heilig.
Der Käfer rennt. Der Bürger flennt.
In bangen Angstgedanken
fühlt er die Erde wanken.

Ja, Bürger, ja – die Erde bebt.
Es wackelt deine Habe.
Was du geliebt, was du erstrebt,
das rasselt jetzt zu Grabe.
Aus Dur wird Moll, aus Haben Soll.
Erst fallen die Devisen,
dann fällst du selbst zu diesen.

KAIN

Zeitschrift für Menschlichkeit  Herausgeber: Erich Mühsam.

Erscheint jeden Dienstag. Verantwortlich für Redaktion und Verlag Erich Mühsam, München, Georgenstraße 103 IV, Telephon 33626. / Druck von Max Steinebach, München, Baaderstraße 1 und 1a. Geschäftsstelle: München, Baaderstraße 1a, Telephon 26355. / Einzelnummer 20 Pfennig, vierteljährlicher Bezugspreis Mk. 2.50. Zu beziehen durch alle Buchhandlungen und Postämter. / Straßenvertrieb in München: J. Pfalner, Zeitungs-Zentrale, Färbergraben 27—28, Telephon 21054; Franz Kikmaur, Haupt-Zeitungsverlag, Schäfflerstraße 11, Telephon 21442. Anzeigenpreis die 6 mal gespaltene Nonpareillezeile 60 Pfennig, bei Wiederholung Rabatt.

Nummer 7.　　　　　Mittwoch, den 5. März 1919.　　　　　5. Jahrgang.

Verzweifelt schießt die Bürgerwehr
das Volk zu Brei und Klumpen.
Ein Toter produziert nichts mehr,
und nichts langt nicht zum Pumpen.
Wo kein Kredit, da kein Profit.
Wo kein Profit, da enden
Weltlust und Dividenden.

Hörst, Bürger, du den Totenwurm?
Er fährt durch Holz und Steine,
und sein Geraschel weckt zum Sturm
des Leichenvolks Gebeine.
Ein Totentanz macht Schlußbilanz
und schickt dich in die Binsen
samt Kapital und Zinsen.

D | *Sammlung 1898-1928*, 1928.

DAS VOLK DER DENKER
(1924)

Du armes Volk! Von aller Welt betrogen,
besiegt im Kampf, im Sehnen selbst besiegt,
sinnst du, das Hirn mit Wissen vollgesogen,
der Frage nach, woran dein Unglück liegt.
Und schon gelingt dir trefflich zu erklären,
warum bei so beschaffner Produktion
des einen Teil der Schweiß ist und die Schwären,
des andern Teil Theater, Sport und Spon.
Materialistisch weißt du zu begründen
der Wirtschaftsform Naturnotwendigkeit
und widerlegst den Wahn von Schuld und Sünden
als Narrenglauben der Vergangenheit.
Wie scheint der Mahner dir naiv und komisch,
der an die Seele pocht: Wach auf! Hab Kraft!

Du rechnest, wann historisch-ökonomisch
die Stunde reift auf Grund der Wissenschaft.
Du lachst des Spruchs, Tat wachse nur aus Wollen,
der manchmal noch in wirren Köpfen spukt.
Du siehst am Faden die Entwicklung rollen,
erkennst dich selbst als deiner Zeit Produkt.
Du lerntest längst nach Phasen zu begreifen
den Aufstieg der Geschichte und Kultur
und lehnst es ab, in Träumerei zu schweifen:
Kleinbürger-Utopien hemmen nur.
Du kennst die Welt, durchdenkst sie dialektisch;
empirisch ist dein Tun, dein Sinn real!
Sind deine Kinder skrofulös und hektisch –
du weißt Bescheid: so wirkt das Kapital.
Und stehn sie hungrig vor des Reichen Türen,
der dich, Rebell! – vertrieb aus der Fabrik.
Du senkst den Kopf in Bücher und Broschüren
zum Studium der sozialen Republik.
Und liest: die Erde gäbe allen reichlich,
gehörte sie nur allen; – und du liest:
der schnöden Gegenwart folgt unausweichlich
die Zukunft, die ein freies Volk genießt.
Die Zukunft kommt! Von selbst und ungerufen!
Im stolzen Trost schwelgt deine Phantasie.
Nur eine Serie von Entwicklungsstufen
steht noch bevor. – So lehrt's die Theorie.
Du liest und lernst. Den Rücken krumm gebogen,
durchwühlst du Heft um Heft und Band um Band.
O armes Volk! Von aller Welt betrogen,
betrügst du selbst dich um dein Sehnsuchtsland.

D | *Alarm. Manifeste aus 20 Jahren*, 1925.

Lob der Tat
(für Friedrich Adler[1])
Mai 1917

Jammern und um Hilfe schreien
schafft nicht Heil noch Rat.
Eins nur kann die Welt befreien,
Eines nur! die Tat.

Arbeit, Sehnsucht lag vernichtet,
und die Menschheit schlief.
Einer hat sie aufgerichtet,
eh sein Volk ihn rief.
Einer, den der Tod nicht schreckte,
traute seiner Hand.
Eines Mannes Ratschluß weckte
Welt und Volk und Land.
Dieser Starke wog nicht lange
Leben und Geschick.

Erst des Henkers hanfnem Strange
beugte er sein Genick.
Wenn ein Adler aus der Wolke
er einst niederschwebt,
wird er sehn, ob in dem Volke
noch sein Beispiel lebt.
Heilige Gelübde seien
Früchte seiner Saat!
Eins nur kann die Welt befreien,
Eines nur: die Tat!

D | Brennende Erde, 1920.

---

[1] (Vgl. Erich Mühsams Tagebucheintrag vom 22.10.1916: „Gestern mittag hat in
Wien in einem Restaurant Dr. Friedrich Adler [1879-1960; österreichischer Links-
sozialist] den österreichischen Ministerpräsidenten Grafen Stürgkh erschossen.
Der erste Akt demonstrativer Selbsthilfe, begangen in dem Lande, von dem alles
Unglück seinen Ausgang nahm, an einem Manne, der repräsentativ und verantwortlich ist und dem ein großer Teil der Schuld an der Balkanpolitik Österreichs
zufällt …")

RUF AUS DER NOT
(Oktober 1919)

Marat! Bakunin! Steigt aus eurer Gruft empor!
Wacht auf, schaut um euch, staunt, empört euch, lebt und helft!
Oh, unerhört in aller Menschheit Freiheitskampf,
seht sterben in Verrat des deutschen Volkes Glück!
Marat! Bakunin! Gebt mir Geist von euerm Geist!
Sie, die euch liebt, die euerm roten Blut entstammt,
des Volks Revolution, der ich mich angelobt,
sie windet ekelnd sich im Arm des geilen Feinds,
der sie will Mutter machen seiner Lügenbrut.
Es ist derselbe, der das Volk zum Krieg betrog,
es lüstern machte auf den Ruhm des Brudermords,
es heucheln lehrte für der eignen Knechte Gier;
der, selber mit der Freiheit Maske überlarvt,
der Freiheit Stimme süßlich nachäfft und ihr Kleid,
das rote Kleid, um seine Gier und Blöße warf.
Wohl wehrten wir des Erzverräters Anschlag ab.
Doch er, bewahrt im Pupurtuch des Freiheitskleids,
zog aus dem Pfuhl, in den ergrimmt das Volk sie stieß,
die Wehr, die rostige, mit allem Mord und Gift,
mit Feuer, Eisen, Höllenunrat, Kot und Tod,
die der gestürzten Mächte morschen Thron geschützt;
zog die gestürzten Mächte selber aus dem Pfuhl,
schirrt vor den angemaßten Wagen ihr Gespann
und ward – ihr strenger Herr? Ach nein, ihr Kutscher nur,
der sie zu neuen Siegen und Triumphen fährt …
Marat! Bakunin! Seht den ungeheuren Spaß!
Das schauerliche Zerrbild seht der Rebellion!
Der ausgefahrne Karrn der deutschen Herrlichkeit,
da rumpelt er, die Achsen neu mit Blut geölt,
die alte Firma modisch schwarzrotgold lackiert,
im Innern, würdig auf verschlißnem Polstersitz,
die viribus-unitis-Bärte aufgewichst,
die aus dem Totenreich erstandnen Herrn des Lands.
Die Augenbraue zuckt, die Hand am Schwertgriff winkt,
und der Lakaienschwarm teilt die Befehle aus

im Namen demokratischer Gerechtigkeit.
Und hinterher – gigantischer Gespensterzug! –
der trübe Abhub der geschlagenen Armee,
verwildert, heimatlos geworden, rückverirrt,
Kriegshasardeure, Abenteurer, Landsknechtsvolk,
in Jahren Kriegs an Willkür, Raub und Mord gewöhnt,
der Kameradentreue schon im Felde fremd
und nur dem Satz gerecht: Der Nächste ist dein Feind,
und wo du deinen Fuß hinsetzt, ist Kriegsgebiet,
wo man, wie das in Belgien und in Polen war,
des Armen letzte Milchgeiß überm Feuer brät …
So ziehn sie jetzt im Vaterland den Obern nach,
die Ärmellöcher ihres grauen Rocks geflickt
mit Eicheln, Rautenzeug und Edelweiß aus Blech,
den Kopf im überstülpten Stahlhelm breitgedrückt,
hinschreitend wie die Polizei der Nemesis.
Und dieser Zug, verstärkt vom Bürgermob
und Bengeln, die der Schule überdrüssig sind
und Lorbeeren suchen wollen auf dem Schlachtgefild
der Ruh und Ordnung und des Aktienkapitals.
Und Kriegsgeschirr, Kanonen, Munitionsgefährt
und starke Pferde, die der Bauer brauchen könnt,
und Minenwerfer, Mitrailleusen, Blechmusik,
Feldküchen, Gasgebläse, Fahnen allerlei
sind Lichter auf dem kriegerischen Friedensbild. –
Vorn aber auf dem Kutschbock seht ihr selber ihn,
den deutschen Alba, Henker seines eignen Volks,
umwickelt mit der Freiheit roter Tunika,
gehorsam Proletarierleichen säend rings …
Marat! Bakunin! Steigt aus eurer Gruft empor
und ruft die stummen Manen derer auch herbei,
die, schon gefällt vom Giftschwert schnöden Volksverrats,
uns Führer waren, Liebknecht, Rosa Luxemburg,
Landauer, meinen Lehrer und geliebten Freund,
die vielen, die gemordet sind, auch Leviné,
der heldisch fiel im Trugschein der Gesetzlichkeit;
sie alle ruft herbei, die Tausende des Volks,
die bei euch ruhn in der Geschichte Pantheon,

zu stärken uns zur Sammlung und zur großen Tat,
den Spuk zu bannen, zu erwecken Volk und Land,
herabzureißen jene von dem Führersitz,
die tiefer, ewiger Verachtung würdig sind
und deren Name nie ein Lied entweihen mag.
Er mag zerstäuben in der Asche all des Brands,
den wir entzünden als des Unrechts ruhmlos Grab,
in dessen Sold sie ihren Volksverrat begehn.
Entkleiden wollen wir sie ihres roten Schmucks.
Von der Verräterfratze reißen wollen wir
die lächelnde Verführermaske des Betrugs …
Marat! Bakunin! Gebt von eurer Leidenschaft
uns, denen dieses Volks Revolution vertraut,
daß wir die Freiheit aus dem Arm des Trugs befrein,
die nie geschwängert werde von dem Eitersaft,
aus dem der Künftigen Glück sich nicht gebären kann.
Befruchtet, Tote, uns mit Kraft und Zorn und Haß,
das Werk zu tun, das, wenn ihr Rechenschaft verlangt,
so leuchtend über aller Zukunft Wegen strahlt,
daß ihr es selbst als Krönung eures Werks erkennt.

D | *Brennende Erde* 1920.

VOR DER VERGELTUNG
[1928]

Habt ihr es vergessen? Wir wissen es noch,
wie ihr beugtet vor uns den Nacken,
wie eure Hoffart sich winselnd verkroch,
erwartend den Tritt unserer Hacken.
Weh uns, uns Siegern – wir traten nicht zu.
Wir glaubten den Schwüren der Treue.
Wir scheuten den Blutsaum an unserm Schuh,
wir schonten geheuchelte Reue.
Und staunend, noch zweifelnd, wagtet ihr zag

64

– und es glückte – den Blick zu erheben.
Da saht ihr, unser Vertrauen war echt,
die Freude, die auf unsern Zügen lag,
war die Lust, zu formen ein neues Geschlecht,
ein freies, ein glückliches Leben.
Jetzt mischtet ihr im verborgenen Gift
aus altverstaubten Phiolen,
berieft euch auf tote Satzungsschrift
und tratet uns unter die Sohlen.
Ihr schontet uns nicht, ihr tratet zu
und tratet und tretet noch heute.
Durch Blutmeere watet euer Schuh,
doch eure Rache kennt keine Ruh,
und eure Rache will Beute …
Ihr habt es vergessen, wir wissen es noch,
wie ihr eure Nacken gebogen,
wie eure Hoffart sich winselnd verkroch
und wie eure Schwüre gelogen.
Wir wissen es noch und vergessen es nie –
und wissen, die Stunde kommt wieder;
wir beugen euch wieder unter das Knie –
und glaubt uns, die Eide, die ihr schwört,
wir haben sie einmal gläubig gehört –
sie zwingen uns nicht mehr nieder.
Wir haben gelernt. Wir wissen Bescheid.
Ihr lehrtet uns Not und Haß und Leid
und die Kraft, den Willen zu straffen.
Schon dämmert der Morgen im Nebeldampf.
Der Mittag bringt den Entscheidungskampf.
Auf Leben und Tod – zu den Waffen!

D | *‚Sammlung 1898-1928‘*, 1928.

DER TOTE
[1928]

War's ein Traum? Ist's wahr? – Was macht's!
Bilder ziehn und fliegen.
Einen Toten sah ich nachts
auf der Bahre liegen.
Schlug die Augen nicht mehr auf,
hielt den Mund geschlossen
und ließ doch den Worten Lauf,
die im Kreis zerflossen:
Schreiner, füge mir den Sarg
aus sechs starken Brettern.
Wer das Herz in Schlummer barg,
trotzt nicht mehr den Wettern.
Wer am Wege niederfiel,
müde und verlitten,
braucht, daß er ihn leit zum Ziel,
keinen Gott zu bitten.
Wem die Sonne nicht mehr scheint,
kann die Liebe missen.
Wieviel Trauer um ihn weint,
braucht er nicht zu wissen.
Himmel – Hölle, Dunkel – Licht,
heitrer oder trüber –
Tote unterscheiden nicht.
Lust und Leid: vorüber!
Schreiner, richte mir die Truh
aus sechs starken Brettern.
In den Grabblock meißle du,
Steinmetz, diese Lettern:
Menschen, laßt die Toten ruhn,
euer ist das Leben.
Jeder hat genug zu tun,
Arm und Blick zu heben.
Laßt die Toten! Sie sind frei
im durchnäßten Sande.
Euch entringt der Sklaverei!

Euch der Not und Schande!
War ein Kampf des Lorbeers wert,
spart dem Tod die Spende –
aber nehmt des Toten Schwert!
Führt den Kampf zu Ende!
Kämpft, o kämpft, und nützt die Zeit
zu der Menschheit Glücke!
Fällt ein Mann, so steht bereit:
Vorwärts! Schließt die Lücke!
Wollt ihr denen Gutes tun,
die der Tod getroffen,
Menschen, laßt die Toten ruhn
und erfüllt ihr Hoffen!

D | *,Sammlung 1898-1928', 1928.*

FANAL
(1926)

Ihr treibt das Rad; ihr wirkt die Zeit;
das Feuer flammt: Jetzt! und Hier!
Euch mahnt das Feuer; macht euch bereit!
Erkennt eure Kraft! Seid Ihr!

Euch flammt das Feuer! Euch blüht das Land!
Erkennt! Seht! Hört! und Wißt!
Doch ihr verdingt euer Hirn, eure Hand –
und zweifelt, was Euer ist.

Kein Fragen, kein Rechnen befreit den Geist.
Das Feuer flammt: Tat ist Pflicht!
Wenn ihr eure Ketten nicht zerreißt –
von selber brechen sie nicht!

D | *Monatszeitschrift „Fanal", Oktober 1926.*

DER GEFANGENE
(August 1919)

Ich hab's mein Lebtag nicht gelernt,
mich fremdem Zwang zu fügen.
Jetzt haben sie mich einkasernt,
von Heim und Weib und Werk entfernt.
Doch ob sie mich erschlügen:
Sich fügen heißt lügen!

Ich soll? Ich muß? – Doch will ich nicht
nach jener Herrn Vergnügen.
Ich tu nicht, was ein Fronvogt spricht.
Rebellen kennen beßre Pflicht,
als sich ins Joch zu fügen.
Sich fügen heißt lügen!

Der Staat, der mir die Freiheit nahm,
der folgt, mich zu betrügen,
mir in den Kerker ohne Scham.
Ich soll dem Paragraphenkram
mich noch in Fesseln fügen.
Sich fügen heißt lügen!

Stellt doch den Frevler an die Wand!
So kann's euch wohl genügen.
Denn eher dorre meine Hand,
eh ich in Sklavenunverstand
der Geißel mich sollt fügen.
Sich fügen heißt lügen!

Doch bricht die Kette einst entzwei,
darf ich in vollen Zügen
die Sonne atmen – Tyrannei!
Dann ruf ich's in das Volk: Sei frei!
Verlern es, dich zu fügen!
Sich fügen heißt lügen!

D | *Brennende Erde* 1920.

GESCHONTE KRAFT
[1928]

Ihr Toren meint, der Kämpfer und Verächter
sei müde und besiegt ins Knie gesunken,
verlöscht sei seines Zornes heller Funken
vom rohen Fußtritt der Gesetzespächter.

Wahr ist's: er ballt die Fäuste nicht dem Wächter;
speit keinen Schimpf: ihr Mörder, ihr Halunken!
Und blößt nicht seinen Rücken martertrunken
den Geißelhieben unter Hohngelächter.

Ein stiller Mann. Und doch: ihr Toren irrt.
Er braucht sich seinen Mut nicht zu befeuern,
indem er laut mit seinen Ketten klirrt.

Im Gegenteil: bemüht, den Klang zu dämpfen,
wird ihm sein Eisen das Gelenk nicht scheuern,
und stark erhält er seinen Arm zum Kämpfen.

D | *Sammlung 1898-1928'*, 1928.

EINZELHAFT
[1928]

Menschen, die heiße Herzen nicht kennen,
wittern Gefahr von ihrem Schlag
und sinnen, ihr Sehnen auszubrennen,
auf neue Qualen an jedem Tag.
Die Tür mit Schlössern und Bolzen verriegelt,
ein Spähloch darin, durch das Haß mich bewacht,
die Füße gehemmt, die Stimme versiegelt,
Stickluft und Fliegen bei Tag und Nacht.
Und draußen ein Rasseln und Klirren und Poltern:

Das mahnt, daß des Feindes Trachten nicht ruht.
Ein Froschhirn bastelt an Seelenfoltern
und dringt mit keiner doch bis ans Blut …
Strengt euch nicht an, ihr armen Beamten!
Niemals schlägt mir ins Herz euer Blitz.
Vergeudet ihr doch mit euern gesamten
Peinigungen nur Tintenwitz.
Glaubt ihr, ihr könntet die Liebe verwunden,
trennt ihr mit List die Frau vom Mann?
Herzen bleiben immer verbunden,
auch wenn die Lippe nicht küssen kann.
Glaubt ihr, umschlossen von kalkigen Mauern
dorre mir Geist und Seele ein?
Ach, ihr wißt nichts von heiligen Schauern;
der sie kennt, ist niemals allein.
Kommt nur heran mit Martern und Plagen!
Nehmt mir das Lager und kürzt mir die Kost!
Heißes Herz kann Hunger ertragen,
heißes Herz erfriert nicht im Frost.
Arme Teufel, ihr Bürokraten,
tötet mich doch, befiehlt's eure Pflicht!
Ihr könnt den Leib des Rebellen braten,
das Herz und die Seele versengt ihr ihm nicht!

D | *,Sammlung 1898-1928'*, 1928.

GEFÄNGNIS
(1912)

Auf dem Meere tanzt die Welle
nach der Freiheit Windmusik.
Raum zum Tanz hat meine Zelle
siebzehn Meter im Kubik.

Aus den blauen Himmeln zittert
Sehnsucht, die die Herzen stillt.

Meine Luke ist vergittert
und ihr dickes Glas gerillt.

Liebe tupft mit bleichen leisen
Fingern an ein Bett ihr Mal.
Meine Pforte ist aus Eisen,
meine Pritsche hart und schmal.

Tausend Rätsel, tausend Fragen
machen manchen Menschen dumm.
Ich hab eine nur zu tragen:
Warum sitz ich hier? Warum?

Hinterm Auge wohnt die Träne,
und sie weint zu ihrer Zeit.
Eingesperrt sind meine Pläne
namens der Gerechtigkeit.

Wie ein Flaggstock sind Entwürfe,
den ein Wind vom Dache warf.
Denn man meint oft, daß man dürfe,
was man schließlich doch nicht darf.

D | *Wüste – Krater – Wolken*, 1914.

HERZ IN NOT
[1925]

Geht's nun also auf die Fahrt?
Nahn die düstern Rappen?
Knochenfinger rütteln hart
an den Herzensklappen.
Wehr dich, Herz! Es ist der Haß
rachegieriger Büttel,
der dich schlägt. Sei nicht von Glas!
Trotze ihrem Knüttel.

Herz im Leibe, hageldicht
fallen Hasses Hiebe.
Herz der Seele, duld es nicht!
Dir gehört die Liebe!
Herz der Seele, mach es quitt
mit der Kraft des Guten,
was das Herz im Leibe litt,
ohne zu verbluten.
Und muß doch gestorben sein,
stirbt das Herz im Leibe.
Herz der Seele, groß und rein,
lebe weiter, bleibe!
Bleibe, wo die Freiheit ringt
aus gekränktem Hoffen.
Bleibe, wo die Zukunft singt.
Halt die Seelen offen!
Ob das Herz im Leibe birst –
Herz der Seele, wache! –
Und mit meiner Liebe wirst
du zu meiner Rache!

D | *Alarm. Manifeste aus 20 Jahren*, 1925.

IN DER ZELLE
(1924)

Scheu glitt ein Tag vorbei – wie gestern heut.
Ein leerer rascher Tropfen sank ins Jahr.
Und wenn sich aus der Nacht geballtem Nichts
der letzte Schatten in den Morgen streut –
du freust dich kaum am kalten Kuß des Lichts.
Und morgen wird es sein, wie's heut und gestern war.

Gefängnis: Leben ohne Gegenwart,
ganz ausgefüllt von der Vergangenheit

und von der Hoffnung ihrer Wiederkehr.
Du fragst nicht, ob du weich ruhst oder hart,
ob deine Schüssel voll ist oder leer.
Betrogen um den Augenblick verrinnt die Zeit.

Du wirst nicht älter und du bleibst nicht jung.
Gewöhnung weckt dich, bettet dich zur Ruh.
Dein Fragewort heißt niemals: Wie? – Nur: Wann?
Doch Wann ist Zukunft, Wann ist Forderung.
Weh dir, wenn dich Gewöhnung töten kann.
Verlern das Warten nicht. Bleib immer Du! Bleib Du!

D | *,Sammlung 1898-1928',* 1928.

ZUVERSICHT
[1928]

Mag auch der Kerkerketten Bleigewicht
den Körper manchmal an den Boden zwingen –
Genossen, Mut! Die stärkste Kette bricht
und mit ihr jede Not; – nur eine nicht:
die Mattigkeit geknickter Seelenschwingen.
Spürt ihr die Sonne durch die Nebel dringen?
Ihr Strahlenbohrer schweißt das Kerkertor.
Gebt acht – die Fesseln lockern sich, Genossen!
Dem Auge kommt das Blickfeld weiter vor;
entwöhntes Klingen rauscht vertraut ans Ohr.
Die Zukunft, von Vergangenem umflossen,
strafft unsre Seelenfittiche: Empor!

D | *,Sammlung 1898-1928',* 1928.

Wenn morgens über Gras und Moor
sich weißlich-trüb der Nebel bauscht,
unfroher Wind mit müdem Stoß
im dürren Laub des Herbstes rauscht;
wenn eiterig der fahle Tau
von welken Blütenresten tränt,
des Äthers dichtverquollenes Grau
dem neuen Tag entgegengähnt –
und du, gefangen Jahr um Jahr,
gräbst deinen Blick in Dunst und Nichts:
da wühlt die Hand dir wohl im Haar,
und hinter deinen Augen sticht's.
Du starrst und suchst gedankenleer
nach etwas, was du einst gedacht,
bis endlich, wie aus Fernen, schwer
das Wissen um dein Selbst erwacht.
Du musterst kalt das Eisennetz,
das dich in deinen Kerker bannt;
in dir erhebt sich das Gesetz,
zu dem dein Wille sich ermannt:
Treu sein dem Werk und treu der Pflicht,
der Liebe treu, die nach dir bangt;
treu sein dir selbst, ob Nacht – ob Licht,
dem Leben treu, das dich verlangt! …
Aus jedem Morgen wird ein Tag,
und wie die Sonne einmal doch
durch Dunst und Schleier drängen mag,
so bleibt auch dir die Hoffnung noch. –
Im Nebel dort schläft Zukunftsland.
Du drehst den Kopf zurück und blickst
an der gekalkten Zellenwand
zu deines Weibes Bild. Und nickst.

D | *Sammlung 1898-1928'*, 1928.

Ich sah der Menschen Angstgehetz;
ich hört der Sklaven Frongekeuch.
Da rief ich laut: Brecht das Gesetz!
Zersprengt den Staat! Habt Mut zu euch!
Was gilt Gesetz?! Was gilt der Staat?!
Der Mensch sei frei! Frei sei das Recht!

Der freie Mensch folgt eignem Rat:
Sprengt das Gesetz! Den Staat zerbrecht! –
Da blickten Augen kühn und klar,
und viel Bedrückte liefen zu:
Die Freiheit lebe! Du sprichst wahr!
Von Staat und Zwang befrei uns du! –

Nicht ich! Ihr müßt euch selbst befrein.
Zerreißt den Gurt, der euch beengt!
Kein andrer darf euch Führer sein.
Brecht das Gesetz! Den Staat zersprengt! –
Nein, du bist klug, und wir sind dumm.
Führ uns zur Freiheit, die du schaust! –

Schon zogen sie die Rücken krumm:
O sieh, schon ballt der Staat die Faust! …
Roh griff die Faust mir ins Genick
des Staats: verletzt sei das Gesetz!
Man stieß mich fort. – Da fiel mein Blick
auf Frongekeuch und Angstgehetz.

Im Sklaventrott zog meine Schar
und schrie mir nach: Mach dein Geschwätz,
du Schwindler, an dir selber wahr!
Jetzt lehrt der Staat dich das Gesetz! – –

Ihr Toren! Schlagt mir Arm und Bein
in Ketten, und im Grabverlies

bleibt doch die beste Freiheit mein:
die Freiheit, die ich euch verhieß.

Man schnürt den Leib; man quält das Blut.
Den Geist zwingt nicht Gesetz noch Staat.
Frei, sie zu brechen, bleibt mein Mut –
und freier Mut gebiert die Tat!

D | *,Sammlung 1898-1928'*, 1928.

VERMÄCHTNIS
(1927)

Ihr Kameraden der Not,
hört mein Gebot!
Hört mein Vermächtnis!
Es kommt die Zeit, da das Feuer loht,
da die Welt sich befreit,
da das Leben in lockenden Sprachen spricht.
Vergeßt eure Not, eure Leiden nicht!
Ich lehr euch: Gedächtnis!

Ihr Kameraden der Haft,
schont eure Kraft!
Bändigt die Sorgen!
Was Wut und Scham eurer Leidenschaft,
euerm Willensdrang nahm,
was Leids sich im Herzen euch häufen mag:
es wird alles gebraucht für den kommenden Tag.
Spart's auf für das Morgen!

Ihr Kameraden der Nacht,
steht auf der Wacht!
Lernt von den Bütteln!

Was Haß euch lehrt und mißbrauchte Macht,
sei gepflegt und vermehrt.
Ein Altar aus verwartetem Ekel und Groll,
von der Liebe entbehrten Küssen voll –
wer will daran rütteln?!

Ihr Kameraden im Tod,
hört mein Gebot!
Mein letztes Vermächtnis!
Bald wird vielleicht uns das Henkerbrot
in den Kerker gereicht.
Dann segnet das Blut, das dem Leibe entrinnt!
Es fließt zur Jugend, die Rache sinnt –
und lehrt sie: Gedächtnis!

D | *,Sammlung 1898-1928', 1928.*

KAIN

Zeitschrift für Menschlichkeit  Herausgeber: Erich Mühsam.

Erscheint jeden Dienstag. Verantwortlich für Redaktion und Verlag: Erich Mühsam, München, Georgenstraße 105 IV, Telephon 33626. / Druck von Max Steinebach München, Baaderstraße 1 und 1a. Geschäftsstelle: München, Baaderstraße 1a. Telephon 26355. / Einzelnummer 20 Pfennig, vierteljährlicher Bezugspreis Mk. 2.50 Zu beziehen durch alle Buchhandlungen. / Straßenvertrieb in München: J. Pfalner, Zeitungs-Zentrale Färbergraben 27—28, Telephon 21054; Franz Kirmayr, Haupt-Zeitungsverlag, Schäfflerstraße 11, Telephon 21442. / Anzeigenpreis die 6 mal gespaltene Nonpareillezeile 40 Pfennig, bei Wiederholung Rabatt.

Nummer 1. Dienstag, den 10. Dezember 1918. 5. Jahrgang.

Revolution

Kampf-, Marsch- und Spottlieder

(Druck 1925)[2]

Dem großen Revolutionär
Max Hölz
in brüderlicher Verbundenheit gewidmet

VORWORT

Seit meiner Entlassung aus der bayerischen Festungshaft (20. Dez. 1924) ist mehrfach die Anregung an mich herangetreten, durch Herausgabe meiner singbaren revolutionären Gedichte dem Bedürfnis des kämpferischen deutschen Proletariats nach Liedern für den Marsch, für proletarische Feiern und für geselliges Beisammensein Nahrung zuzuführen. Daß dieses Bedürfnis jetzt unzweifelhaft in stärkerem Maße empfunden wird als je zuvor in den langen Jahrzehnten der vorrevolutionären deutschen Arbeiterbewegung, beurteile ich als ein erfreuliches Zeichen der Belebung des revolutionären Temperaments. In der Revolutionszeit hat es in fast verhängnisvollem Maße an volkstümlichen Kampfliedern gefehlt. Man hörte nur die alte abgedroschene, der Situation in keiner Weise entsprechende sozialdemokratische Arbeitermarseillaise und höchstens hie und da einmal das schöne Arbeiterlied von John Most *„Wer schafft das Gold zu Tage?"* Die Internationale war bis zum Frühjahr 1919 fast nur in den dem Spartakusbund nahestehenden Jugendverbänden bekannt.

Spottlieder, wie sie in der Revolution 1848 massenhaft entstanden und der Wut des Volkes gegen seine Bedrücker charakteristi-

---

[2] Textquelle | Erich MÜHSAM: *Revolution. Kampf-, Marsch- und Spottlieder.* Berlin: Verlag „Der Freie Arbeiter" 1925. [56 Seiten]

schen Ausdruck gaben, fehlten vollständig, Die patriotischen und nationalistischen Kriegsanstifter haben es immer gewußt, daß Musik und Gesang das wirksamste Stimulans zur Lebendighaltung von Entschlossenheit und Kampfgeist ist.

Was die wenigen revolutionären deutschen Dichter in Friedenszeit, während des Krieges, in und nach der Revolution an Kampf- und Marschliedern geschrieben haben, entsprach zum allergeringsten Teil dem Geschmack und der Denkart der kampffrohen Massen. Die Lieder, die sich in den letzten Jahren besonders bei der revolutionären Jugend einführen konnten, sind zu ihrem besten Teil naiv und volksliedhaft aus Arbeiterkreisen selbst heraus gewachsen. In welcher Weise das geschieht, konnte ich an einem Beispiel aus meiner eignen Produktion deutlich beobachten. Die jugendlichen Kameraden vom roten Frontkämpferbund in Berlin singen auf ihren Marschen ein Lied, das ähnlich wie jener geschmacklose Kriegsgesang, der uns 1914 mit seinem *„Gloria Victoria"* die Ohren vollgellte, ein Konglomerat von allen möglichen bekannteren oder unbekannteren Liederfetzen darstellt. Einer dieser Fetzen ist wörtlich meinem *Max Hölz*-Lied entnommen, wird aber nach einer ganz anderen Melodie gesungen und steht in ganz andern Zusammenhang als meine Vorlage. Ich fühle mich durch die Benutzung meines Textes nicht etwa bestohlen oder geschädigt, sondern im Gegenteil geehrt und in meiner Absicht bestätigt, dem Gefühl des revolutionären Proletariats entsprechende Empfindungen ausgedrückt zu haben. Die vorliegende Sammlung enthält das *Max Hölz*-Lied in seiner ursprünglichen Fassung; es soll mir aber recht sein, wenn dieser und jeder andere Text des Bändchens von den Arbeitern so benutzt wird, wie es ihrem Geschmack und ihrem Temperament gefällt.

Die Mehrzahl der hier gebotenen Kampf- und Spottlieder verdanken ihre Entstehung den fünf Jahren und acht Monaten, die mich die bayrische Reaktion in ihren Justizfängen hielt. Während der ganzen Zeit meiner Gefangenschaft haben mir meine Genossen von der Union Kommunistischer Anarchisten Deutschlands das Leben dadurch ganz wesentlich erleichtert, daß sie mir über allen Druck und Bruch der Zeit hinweg allmonatlich ein Taschengeld zuwiesen, mit dem ich meine kleinen Bedürfnisse an Briefporto, Schreibmaterial usw. dauernd befriedigen konnte. Ich kann meinen Dank für diese Solidarität nicht anders zum Ausdruck bringen, als daß ich jetzt, wo mich die goldene Sonne der deutschen Barmatfreiheit wieder bescheint, einen Teil meiner Arbeit den anarchistischen Genossen zu Gute kommen lasse, die weiterhin in Zuchthäusern und Gefängnissen die Segnungen der deutschen Republik auskosten müssen. Ich stelle deswegen den vollen Überschuß dieser Liedersammlung zur Verfügung des Inhaftiertenfonds der Union Kommunistischer Anarchisten Deutschlands. Mich leitet dabei die Überzeugung, daß, ebenso wie ich in Vortragen und sonstiger agitatorischer Tätigkeit bestrebt bin, allen proletarischen Revolutionären in den Kerkern ohne Unterschied der politischen Richtung und Organisation zu helfen, der Inhaftiertenfonds der Anarchisten, sofern seine Mittel es ihm erlauben, seine Unterstützung den Inhaftierten jeder revolutionären Bewegung und ihren Angehörigen zu Teil werden lassen wird.

Die Widmung an der Spitze des Bändchens soll die Solidarität mit allen eingekerkerten Genossen symbolisieren. Der Name Max Holz, des tapferen Revolutionärs, den die neudeutsche Bourgeoisie für das ganze Leben im Zuchthaus festhalten möchte, umschließt die Namen aller seiner zeitlich verurteilten Leidensgenossen. Der Gruß an Max Holz ist zugleich ein Gruß an Alois Lindner, Karl Plättner und an die 7000 Namenlosen, die unsre bis jetzt noch niedergeschlagene Revolution hinter Käfiggittern büßen müssen.

Auf – die Zuchthäuser! Das sei die erste Pflicht des gemeinsamen Kampfes aller revolutionären Proletarier. Zum größeren und letzten Kampf sollen uns Max Holz und die politischen Gefangenen begleiten. In den Kämpf aber wollen wir mit Gesang marschieren.

Charlottenburg im April 1925

Erich Mühsam

RÄTE-MARSEILLAISE
Nach bekannter Melodie

Wie lange, Völker, wollt ihr säumen?
Der Tag steigt auf, es sinkt die Nacht.
Wollt ewig ihr von Freiheit träumen,
Da schon die Freiheit selbst erwacht?
Vernehmt die Rufe aus dem Osten!
Vereinigt euch zu Kampf und Tat!
Die Stunde der Befreiung naht!
Laßt nicht den Stahl des Willens rosten!
    Auf Völker, in den Kampf!
    Zeigt euch der Bruder wert!
    Die Freiheit ist das Feldgeschrei,
    Die Räte sind das Schwert!

Der Reiche bangt um seine Renten.
Er kauft der Wähler große Zahl,
Und das Geschwätz in Parlamenten
Beschützt sein heiliges Kapital.
Verlorne Mühe auszujäten,
Was fruchtbar aus dem Boden schießt!
Schweig, Reicher, still! Das Volk beschließt,
Das freie Volk in seinen Räten!
    Auf Völker, in den Kampf!
    Zeigt euch der Brüder wert!
    Die Freiheit ist das Feldgeschrei,
    Die Räte sind das Schwert!

Auf, Arbeitsmann, Soldat und Bauer!
Schafft Räte aus den eignen Reih'n!
Und stoßt damit die morsche Mauer
Jahrhundertalter Knechtschaft ein!
Längst steht der Russe auf dem Walle.
Ihm folgt der tapfere Magyar.
Wie lange säumst du, Proletar?

Wie lange säumt ihr Völker alle?
  Auf Völker, in den Kampf!
  Zeigt euch der Brüder wert!
  Die Freiheit ist das Feldgeschrei,
  Die Räte sind das Schwert!

Es gilt den letzten Hieb zu führen.
Zu brechen gilt's den Herrscherwahn.
Laßt uns die Glut des Kampfes schüren.
Dem Sozialismus freie Bahn!
Was einst die Lehrer uns verkündet:
In Trümmer sinkt die alte Welt.
Auf ihrer Räte Recht gestellt,
So stehn die Völker frei verbündet!
  Auf Völker, in den Kampf!
  Zeigt euch der Brüder wert!
  Die Freiheit ist das Feldgeschrei,
  Die Räte sind das Schwert!

Das Lied entstand im März 1919 unter dem überwältigenden Eindruck der Ausrufung der Räte-Republik in Ungarn. Um den Charakter seiner Ursprungszeit mit ihren großen historischen Ereignissen nicht zu verwischen, ist die heute vielleicht fremdartig anmutende dritte Strophe unverändert stellen gelassen worden. Die Räte-Marseillaise wurde in bayrischen Festungsanstalten von den verurteilten Rotgardisten außerordentlich viel gesungen, bis zuerst dieses Lied im weiteren Verlauf alle revolutionären Lieder verboten wurden.

DIE INTERNATIONALE
(Nach dem französischen Original)

Erwacht, im Erdenrund ihr Knechte!
Erwacht aus Hunger, Qual und Fron!
Im Erdkern grollen eure Rechte,
Zum Endkampf auf, zur Rebellion!
Räumet auf mit eisernem Besen!

Sklaven all, erwacht! erwacht!
Sind wir bis heute nichts gewesen,
Jetzt wollen wir die ganze Macht!
    Leuchtend glühn die Fanale!
    Zum Kampf! Der Würfel fällt!
    Die Internationale
    Erstürmt, befreit die Welt!

Wir brauchen keines Gotts Verzeihen,
Wir brauchen keines Kaisers Rat.
Das Volk muß selber sich befreien.
Sei einig, Proletariat!
Mag der Reiche selber Diebe greifen,
Mag er selber Kerker baun!
Laßt uns die eignen Äxte schleifen.
Das Eisen glüht, jetzt laßt's uns haun!
    Leuchtend glühn die Fanale!
    Zum Kampf! Der Würfel fällt!
    Die Internationale
    Erstürmt, befreit die Welt!

Vom Staat und vom Gesetz betrogen,
In Steuerfesseln eingeschnürt,
So wird uns Gleichheit vorgelogen
Vom Reichen, der kein Elend spürt.
Lang genug ertrugen wir die Knechtung.
Länger fügen wir uns nicht.
Erkämpft statt Pflichten bei Entrechtung
Das gleiche Recht bei gleicher Pflicht!
    Leuchtend glühn die Fanale!
    Zum Kampf! Der Würfel fällt!
    Die Internationale
    Erstürmt, befreit die Welt!

Laßt los die Hebel der Maschinen!
Zum Streik heraus aus der Fabrik!
Dem Werk der Zukunft laßt uns dienen,
Der freien Räterepublik!

Nieder mit der Vaterländer Grenzen!
Nieder mit dem Völkerkrieg!
Der Freiheit Morgenfarben glänzen.
Die rote Fahne führt zum Sieg!
    Leuchtend glühn die Fanale!
    Zum Kampf! Der Würfel fällt!
    Die Internationale
    Erstürmt, befreit die Welt!

Übersetzt in der Festung Ansbach im Januar 1920.
    Die neue Übertragung schien angesichts der sprachlich vielfach ganz unzulänglichen Formulierung des in Deutschland zumeist gesungenen Textes notwendig. Leider gelang es nicht, den vorliegenden Versuch rechtzeitig aus dem Gefängnis herauszuschmuggeln, um ihm die Aufnahme in revolutionäre Liederbücher zu sichern und damit die Verdrängung des offiziellen Textes zu bewirken. Die Übertragung hält sich in den ersten drei Strophen eng an den französischen Wortlaut. Die vierte Strophe, die sich im Original mit der Kritik der Monarchien beschäftigt und zum Sturz der Könige aufruft, wurde als für Deutschland überholt gestrichen und durch einen neuen Text des Verfassers ersetzt.

ROTGARDISTEN-MARSCH
Melodie: Ich bin ein Preuße

Rot wallt das Blut und rot durchglüht uns Liebe.
In roten Flammen zuckt der Horizont.
Der roten Fahne nach aus dem Betriebe!
Als rote Kämpfer formen wir die Front.
    Mit Arbeitsrock und Flinte,
    Am Arm die rote Binde –
Genossen, marsch! Wir fürchten nicht den Tod.
Ihr Proletarier, folgt der Fahne rot!

Nicht ziehn wir aus, um Völker zu bekriegen.
Dem ganzen Erdball unsre Bruderhand!

Ein jedes Volk hilft allen Völkern siegen,
Bezwingt's den Feind in seinem eignen Land:
    Den Feind, der uns betrogen,
    Das Mark uns ausgesogen.
Jetzt brechen wir des Feindes Machtgebot.
Ihr Proletarier, folgt der Fahne rot!

Wir müssen darbend schuften für den Reichen
Und selbst ihn panzern gegen uns in Erz.
Wenn unsre Kinder hungrig uns umschleichen,
Ihn schert es nicht, und bricht auch uns das Herz.
    Er frißt des Armen Schweine;
    Er säuft des Armen Weine.
Her mit dem Raub! Hier leiden andre Not.
Ihr Proletarier, folgt der Fahne rot!

Noch nicht genug mit dem, was wir erschwitzen:
Der Reiche schickt auf Raub uns in die Welt,
Läßt uns Gewehre laden und Haubitzen
Und bückt sich nicht, wenn unsereiner fällt.
    Er lehrte uns bedienen
    Des Krieges Mordmaschinen.
Jetzt üben wirs für unsrer Kinder Brot!
Ihr Proletarier, folgt der Fahne rot!

Für Recht und Freiheit stehn wir auf dem Plane.
Die Fesseln fort und vorwärts, Proletar!
Die Trommel wirbelt. Hoch die rote Fahne!
Zum Teufel mit des Reichen feiler Schar!
    Und ist das Pack geschlagen!
    Dann wird das Glück uns tagen.
Für Weib und Kinder raucht fortan der Schlot.
Ihr Proletarier, folgt der Fahne rot!

Verfaßt in der Festung Ansbach im Januar 1920.

KAIN

Zeitschrift für Menschlichkeit  Herausgeber: Erich Mühsam.

Erscheint jeden Dienstag. Verantwortlich für Redaktion und Verlag: Erich Mühsam, München, Georgenstraße 103 IV, Telephon 33626. / Druck von Max Steinebach, München, Baaderstraße 1 und 1a. Geschäftsstelle: München, Baaderstraße 1a, Telephon 26355. / Einzelnummer 30 Pfennig, vierteljährlicher Bezugspreis Mk. 2.50. Zu beziehen durch alle Buchhandlungen und Postämter. Straßenvertrieb in München: J. Pfalzer, Zeitungs-Zentrale, Färbergraben 27—28, Telephon 21055; Franz Kirmaur, Haupt-Zeitungsverlag, Schäfflerstraße 11, Telephon 21442. Anzeigenpreis die 4 mal gespaltene Nonpareillezeile 60 Pfennig, bei Wiederholung Rabatt

Nummer 6.   Samstag, den 15. Februar 1919   5. Jahrgang.

MAX HOLZ – MARSCH
Melodie: Was blasen die Trompeten.

Genossen, zu den Waffen!
Heraus aus der Fabrik!
Sprung auf, marsch marsch! Es lebe
Die Räterepublik!
Es leb der Kommunismus,
Es lebe die Tat!
Es lebe wer sein Leben gibt
Fürs Proletariat!
    Doch unser Sieg ist nah:
    Max Holz ist wieder da!
    Er hält die rote Fahne hoch und schwingt sie: Hurra!

Die Handgranat' am Gürtel,
Im Arme das Gewehr,
So stürmt Max Hölzens Garde
Durchs Sachsenland daher.
Der Bürger knickt zusammen.
Er sperrt den Geldschrank auf.
Holz präsentiert die Rechnung
Mit dem Pistolenlauf.
    Denn unser Sieg ist nah:
    Max Holz ist wieder da!
    Er hält die rote Fahne hoch und schwingt sie: Hurra!

Hier geht der rote Hahn auf,
Dort donnert Dynamit.
Der Bürger macht die Hosen voll
Und schwitzt um den Profit.
Die Sipo soll ihm helfen,
Der Reichswehrgeneral;
Die Sozibonzen zetern
Fürs heilge Kapital,
    Doch unser Sieg ist nah:
    Max Holz ist wieder da!
    Er hält die rote Fahne hoch und schwingt sie: Hurra!

Der Bürger schnaubt nach Rache.
Sein Geldsack ist noch stark,
Wer Hölzens Kopf zerschmettert,
Kriegt hunderttausend Mark.
Ihr Mörder und ihr Spitzel,
Zerstört die rote Saat!
Es kämpft für seine Freiheit
Das Proletariat.
    Doch unser Sieg ist nah:
    Max Holz ist wieder da!
    Er hält die rote Fahne hoch und schwingt sie: Hurra!

Und muß denn gestorben sein,
Genossen, wohlan!
Wer für die Freiheit kämpfte,
Hat wohl daran getan,
Proleten, zu den Waffen
Heraus aus der Fabrik!
Sprung auf, marsch marsch! Es lebe
Die Räterepublik!
    Ja, unser Sieg ist nah:
    Max Holz ist wieder da!
    Er hält die rote Fahne hoch und schwingt sie: Hurra!

Dieses Lied, das in der Festung Niederschönenfeld im April 1920 gedichtet wurde, fiel der Verwaltung der Anstalt bei einer von Beamten der Münchener politischen Polizei vorgenommenen Durchsuchung der Zelle eines Mitgefangenen in die Hände. Der Verfasser, der sich ohnehin gerade in Einzelhaft befand, wurde mit der Verschärfung der Einzelhaft durch Hofentzug und hartes Lager bestraft. Er mußte eine volle Woche ohne Bettzeug, Decken und Kissen im nackten Holzgestell schlafen, während der er die kahle Absonderungszelle keine Minute verlassen konnte. Das bayerische Justizministerium gab im Herbst 1920 seine berüchtigte Denkschrift über die Erfahrungen im Festungsstrafvollzug heraus, welche neben haarsträubenden Unwahrheiten als Beweis für die sittliche Verworfenheit der proletarischen politischen Gefangenen auch das Hölzlied enthielt. Die gesamte reaktionäre Presse Bayerns mit Einschluß der socialdemokratischen erhielt Auszüge aus der Denkschrift zum Vorabdruck zugestellt. So ist der bayerischen Justizverwaltung also die Verbreitung des Max Hölz-Marsches auf Staatskosten und seine Vermittlung an einen ausgedehnteren, überdies bürgerlichen Leserkreis zu danken, als sie dem Verfasser, selbst wenn er die Hinaussendung auf illegalem Weg versucht hätte, jemals möglich gewesen wäre. Er hält es für seine Pflicht, dem damaligen bayerischen Justizminister und Ministerpräsidenten Grafen Lerchenfeld für die Bemühung um die Popularisierung des Liedes seine Verbindlichkeit auszudrücken.

SOLDATENLIED

Wir lernten in der Schlacht zu steh'n
Bei Sturm und Höllenglut.
Wir lernten in den Tod zu geh'n,
Nicht achtend unser Blut.
Und wenn sich einst die Waffe kehrt
Auf die, die uns den Kampf gelehrt,
Sie werden uns nicht feige sehn,
Ihr Unterricht war gut.

Wir töten, wie man uns befahl,
Mit Blei und Dynamit,
Für Vaterland und Kapital,
für Kaiser und Profit.
Doch wenn erfüllt die Tage sind,
Dann stehn wir auf für Weib und Kind
Und kämpfen, bis durch Dunst und Qual
Die lichte Sonne sieht.

Soldaten! Ruft's von Front zu Front:
Es ruhe das Gewehr!
Wer für die Reichen bluten konnt',
Kann für die Seinen mehr.
Ihr drüben! Auf zur gleichen Pflicht!
Vergeßt den Freund im Feinde nicht!

In Flammen ruft der Horizont
Nach Hause jedes Heer.

Lebt wohl, Ihr Brüder! Unsre Hand,
Daß ferner Friede sei!
Nie wieder reiß das Völkerband,
In rohem Krieg entzwei.
Sieg allen in der Heimatschlacht!
Dann sinken Grenzen, stürzt die Macht,
Und alle Welt ist Vaterland,
Und alle Welt ist frei!

Das 1916 entstandene Lied wird neuerdings manchmal von Arbeitern nach der etwas variierten Melodie des bekannten Andreas Hofer-Liedes (nach dem auch Mosts Arbeiterlied gesungen wird) zu singen versucht. Eine eigene Melodie für das Soldatenlied zu finden, wäre für revolutionäre Komponisten vielleicht eine Aufgabe.

AN DIE SOLDATEN

Sauft, Soldaten!
Daß das Blut
Heißer durch die Adern rinnt!
Saufen macht zum Sterben Mut.
Sauft! Die Zeit der Heldentaten
Fordert saftige Teufelsbraten.
Sauft! Der heilige Krieg beginnt.

Sauft und betet!
Gott erhört
Liebevoll der Gläubigen Ruf.
Wünscht, daß er den Feind zerstört!
Wenn ihr über Leichen tretet,
Dankt dem Herrn, zu dem ihr flehtet,
Daß er euch zu Mördern schuf.

Feindeskissen
Bettet weich.
Wo des Feindes Witwe weint.
Ist des Siegers Himmelreich.
Fremde Weiber – Leckerbissen –
Schnaps, Gebet und kein Gewissen –
Krieg ist Krieg und Feind ist Feind.

Tapfrer Krieger,
Der vergißt,
Daß ein Herz im Leibe schlägt,
Daß er Mensch gewesen ist,
Eh er Kämpfer war und Sieger.
Edler Held, der gleich dem Tiger
Blutige Beute heimwärts trägt.

Heldenscharen
Kehrt ihr heim,
Fielt ihr nicht von Feindeshand.
In der Brust den Todeskeim,
Krüppel mit gebleichten Haaren,
Sucht, wo eure Stätten waren
Im zerwühlten Vaterland.

Qual und Lasten
Sind der Dank.
Weib und Kind in bittrer Not.
Euer Heldentum versank.
Darben lernt ihr nun und fasten.
Bettelnd mit dem Leierkasten
Winselt ihr ums Gnadenbrot.

1912 geschrieben. Noch nicht vertont.

Wir rüsten zum Kampf, zur letzten Wehr,
Wir Volk, wir Freien, wir Jungen!
Herbei aus der Schule, der Werkstatt, dem Heer!
Wir dulden die Herrschaft der Junker nicht mehr,
Die uns ins Elend gezwungen.
Die Fackeln leuchten himmelan:
Dem Volk, der Jugend freie Bahn!

Sie haben uns lange genug genarrt,
verführt, geplündert, bestohlen.
Wir haben's gelitten – und litten zu hart.
Jetzt gilt's, aus den Händen der Gegenwart
den Preis der Zukunft zu holen.
Der März bricht an. Es birst das Eis.
Die Freiheit ist des Kampfes Preis.

Uns ängstet kein Feind im Nachbarland.
Wir ziehen nicht aus zum Erobern.
Die Völker der Erde sind herzensverwandt.
Den Brüdern drüben die Bruderhand,
Die Fäuste den Junkern und Obern!
Das eigne Land ist zu befrein –
die Jungen sollen Führer sein!

Für Freiheit und Volk! – Zum Kampf, wer jung
Und stark der Zukunft ergeben!
Die Waffe des Volks ist der stürmende Schwung
Der unverbrauchten Begeisterung.
Die Jugend hoch und das Leben!
Zur letzten Wehr! Bald sind wir frei.
Los von der Junkertyrannei!

*Das während des Krieges (1917) zur Befeuerung des revolutionären Geistes der
Jugend geschriebene Lied hat noch keine Melodie. Während der Drucklegung
hat der Genosse Fritz Goldstern das Lied der Jungen vertont. Möge es noch
nachträglich bei den kämpferischen Jugend-Organisationen des Proletariats
Eingang finden.*

Freiheit! mahnt es aus den Grüften,
Die der Vorzeit Kämpfer decken.
Freiheit! lockt es aus den Lüften,
Die der Zukunft Stürme wecken.
Daß aus Ahnung Freiheit werde,
Haltet, Künftige, euch bereit.
Reinigt die entweihte Erde –
helft ans Licht der neuen Zeit!

Freie Menschen sollen wohnen,
Wo gequälte Sklaven schleichen,
Menschen, die aus allen Zonen
Gruß und Trunk einander reichen.
Von Gesetzen nicht gebunden,
Ohne Herrn und ohne Staat –
Frei nur kann die Welt gesunden,
Künftige, durch eure Tat!

Jugend, sammle deine Scharen,
Kämpfend Zukunft zu erstreiten.
Wer das Leben will erfahren,
Lasse sich vom Tod begleiten.
Künftige! Im heiligen Ahnen
Lechzt die Welt nach Glück und Licht.
Mahnend wehn die schwarzen Fahnen:
Freiheit ist der Jugend Pflicht!

Die Vertonung dieses ersten nach 68 Monaten Haft in der Freiheit (März 1925) verfaßten Liedes ist soeben durch den Genossen P. H. Ortmann, Düsseldorf, erfolgt. Es soll die anarchistischen Jugendgenossen bei ihren Märschen und Kampfübungen der schwarzen Fahne begleiten und anfeuern.

*Gewidmet den Schülern der tapferen Jugendbildnerinnen
Elsbeth Rupertus und Gertrud Metzner*

Wir wollen nicht verdrießlich sein,
Ist auch nicht alles so bestellt,
Wie's uns gefällt.
Wir wachsen ja, um zu befrein
Dereinst mit Herz und Kopf und Hand
Das Volk, die Menschen und das Land,
Die ganze liebe Welt.

Wir wachsen in die Welt hinein.
Wir sind ja froh und sind so jung.
Nur noch ein Sprung,
Dann sind auch wir nicht mehr zu klein.
Und fehlt uns heute noch die Kraft,
Wir haben schon, was sie erschafft:
Mut und Begeisterung.

Wir lachen in den Sonnenschein,
Gehn ohne Hut, mit leichtem Schuh
Der Freude zu.
Wir wandern über Dorn und Stein.
Ach, in der Stadt ist's kalt und arm.
Du machst die Erde reich und warm,
Du helle Sonne, du!

Kühn treten wir ins Leben ein,
Wolln offnen Auges um uns schaun.
Von keinem Zaun
Soll unser Blick gefesselt sein.
Mit uns wächst Freude, Glück und Recht.
Wir sind erwählt, ein froh Geschlecht,
Die neue Welt zu baun.

*Der letzte dichterische Ertrag der Festungszeit in Niederschönenfeld
vom November 1924. Komposition erwünscht.*

DER TOD DES ROTGARDISTEN

Alte Melodie

Das war in München am ersten Mai,
Da gings um Leben und Sterben.
Die Weißen tobten; es krachte das Blei,
Granaten spien Tod und Verderben.
Beim Stachuskiosk am Maschinengewehr
Ein Rotgardist schoß in die Runde.
Die Kugeln pfiffen rings um ihn her.
Er blutet aus mancher Wunde:
Schießt her! Ich diene bis zum Tod
Der Revolution!

Was weiß die gekaufte Söldnerbrut
Vom Kampf der geknechteten Masse?
Für Freiheit und Zukunft fließt unser Blut,
Wer fällt, der stirbt seiner Klasse.
Und näher rückt, näher der Weißen Schar.
Schon gehn die Patronen zur Neige.
Den Browning zur Hand! Was Tod und Gefahr!
Schießt her! Ihr seht mich nicht feige!
Hier steht und fällt ein Rotgardist
Der Revolution!

Am Karlsplatz schlagen Granaten ein.
Die Kirchenfenster zersplittern.
Der Rote Soldat steht blutend allein.
Er empfängt den Feind ohne Zittern.
Da streckt ihn ein Kolbenschlag rücklings hin,
Und sterbend droht er den Weißen:
Ihr könnt, ob ich selbst auch verloren bin,
Den Glauben mir nicht entreißen:
Ich sterbe, doch am Leben bleibt
Die Revolution!

Im Sommer 1923 traten einige Niederschönenfelder Mitgefangene an den Autor heran mit der Bitte, ein altes Reiterlied, dessen patriotischer und süßlich-sentimentaler Text ihnen beim Singen mißfiel, umzudichten. Das vorliegende Lied hält sich ziemlich nah an die alte Vorlage. Der behandelte Todeskampf des Münchener Rotgardisten wurde dem Verfasser jedoch von den Festungskameraden als Augenzeugen ganz so erzählt wie er hier behandelt ist.

WIEGENLIED

Still, mein armes Söhnchen, sei still.
Weine mich nicht um mein bißchen Verstand.
Weißt ja noch nichts vom Vaterland,
Daß es dein Leben einst haben will.
Sollst fürs Vaterland stechen und schießen,
Sollst dein Blut in den Acker gießen,
Wenn es der Kaiser befiehlt und will. –
Still, mein Söhnchen, sei still!

Trink, mein Söhnchen, von meiner Brust.
Trink, dann wirst du ein starker Held,
Ziehst mit den andern hinaus ins Feld.
Vater hat auch hinaus gemußt.
Vater ward wider Willen und Hoffen
Von einer Kugel ins Herz getroffen.
Aus ist nun seine und meine Lust. –
Trink von der Mutter Brust!

Freu dich, goldiges Söhnchen, und lach.
Bist du ein Mann einst, kräftig und groß,
Wirst du das Lachen von selber los.
Fröhlich bleibt nur, wer krank ist und schwach.
Vater war lustig. Ich hab ihn verloren,
Hab dann dich unter Schmerzen geboren –
Hörst drum ewig mein bitteres Ach!
Freu dich, Söhnchen, und lach!

Schlaf, mein süßes Söhnchen, o schlaf.
Weißt ja noch nichts von Unheil und Not,
Weißt nichts von Vaters Heldentod,
Als ihn die bleierne Kugel traf.
Früh genug wird der Krieg und der Schrecken
Dich zum ewigen Schlummer erwecken …
Friede, behüt meines Kindes Schlaf! –
Schlaf, mein Söhnchen, o schlaf …

Geschrieben 1915 | Noch nicht mit Autorisation komponiert.

GESANG DER ARBEITER
Melodie: Choral „Lobe den Herrn"

Völker, erhebt euch und kämpft für die ewigen Rechte!
Kämpft und erobert die Freiheit dem Menschengeschlechte!
Reif ist die Zeit. Völker, erhebt euch zum Streit!
Duldet nicht Herren noch Knechte.

Brüder der Arbeit, vereint eure Kräfte zum Bunde!
Einigkeit richtet die Macht der Tyrannen zugrunde.
Stürzt sie in Nacht! Sammelt die eigene Macht!
Arbeiter, nützet die Stunde!

Schließt, Proletarier, ihr den Verband der Nationen!
Jeder für alle, so sprengt ihr die Liga der Drohnen.
Baut euch die Welt, die keine Zwietracht zerschellt!
Lasset den Frieden drin wohnen.

Machet ein Ende dem Krieg und dem Raub und dem Grauen!
Gleichheit den Völkern, den Rassen, den Männern und Frauen!
Gleichheit versöhnt. Arbeit, durch Gleichheit verschönt,
Wird euch die Freiheit erbauen.

*Ein Versuch, die eindrucksvolle Kirchenmusik der proletarischen Kampf-
idee dienstbar zu machen. Festung Ansbach, im Mai 1920.*

Komposition von Hans Münnich

Die Augen auf! Erwachen
Aus Druck und Zwang und Staat!
Ihr Armen und ihr Schwachen,
Besinnt euch auf die Tat!
Die ihr dem Herrn den Spaten führt,
Die Häuser baut, das Feuer schürt, –
Sehnt ihr Euch nicht nach Brot und Land?
Den eignen Spaten in die Hand!
Fort mit der Fessel, die euch band!

In Reihen, Kameraden!
Die ihr die Arbeit haßt,
Mit der man euch beladen, –
Werft von euch eure Last!
Werft sie, wohin sie fallen mag!
Schafft selbst euch euern Arbeitstag!
Pfeift auf des Herren Dienstgebot!
Nicht ihm – euch selbst backt euer Brot!
Nicht ihm – euch selbst helft aus der Not!

Ans Werk! Die Kinder schreien
Nach Brot und Bett und Kleid!
Ans Werk, sie zu befreien
Aus ihrem Weh und Leid!
Ans Werk, ihr Männer und ihr Frauen!
Den Kindern gilt's die Welt zu bauen!
Mensch, fühl dich Mensch und sei kein Hund!
Freiheit auf freiem Ackergrund!
Dem Volk den Boden! Schließt den Bund!

*Geschrieben im Jahre 1909 als Marschlied für den kurz vorher
von Gustav Landauer ins Leben gerufenen Sozialistischen Bund.*

FREIHEIT UND LAND

Es schwillt die Kraft.
Der Arm greift aus.
Die Sense schwingt sich übers Feld.
Der Schweiß quillt aus der Stirn heraus.
Doch nicht erlahmt die starke Hand
Des Arbeitsmanns. Es denkt der Held:
Freiheit und Land!

In Schwaden liegt das Korn gemäht.
Der es geackert, fährt es heim.
Noch einmal schweift sein Auge, späht,
Wo hoch und stolz die Ähre stand.
Noch einmal formt der Mund den Reim:
Freiheit und Land!

Die Sonne überstrahlt die Flur,
Die sich nach neuem Samen sehnt.
Zum Menschen flüstert die Natur,
Zum Menschen, der die Garben band,
Dem Sehnsucht alle Muskeln dehnt:
Freiheit und Land!

1910 entstanden; noch nicht vertont.

KAMPFLIED

Auf, Männer, wer den Hammer schwingt:
Nur fest den Griff umschlossen!
Den Blick aufs Ziel – der Hieb gelingt.
Schlagt zu! Schlagt zu, Genossen!
Zeit ist's – der Hammer macht es kund.
Trefft, Männer! Rammt den Pfahl in Grund!

Auf, Männer, Frauen, Mädchen – auf!
Auf, Kinder, Krüppel, Greise!
Ein jeder lenkt der Erde Lauf,
Der wirkt – auf seine Weise.
Wer hilft, wer heilt, wer Liebes tut
Im guten Kampf, kämpft selber gut.

Auf, Jugend, Waffen in die Hand
Und in die Herzen Freude!
Den Menschen Freiheit, Saat dem Land,
Der Sehnsucht das Gebäude!
O Jugend, starke Jugend – flieg
In deinen Kampf, zu deinem Sieg!

Auf, Arbeitsvolk, aus Sklavenfron!
Mach deiner Pein ein Ende!
Die Zeit ist da. Dein Werk, dein Lohn:
Die Freiheit deiner Hände!
Auf, Arbeitsvolk – für Glück und Brot –
Aus grauer Nacht ins Morgenrot!

Festung Niederschönenfeld im Oktober 1923.
Komposition erwünscht.

KAIN

Zeitschrift für Menschlichkeit  Herausgeber: Erich Mühsam.

Erscheint jeden Dienstag. Verantwortlich für Redaktion und Verlag: Erich Mühsam, München, Georgenstraße 105 IV, Telephon 33626. / Druck von Max Steinebach, München, Baaderstraße 1 und 1a. Geschäftsstelle: München, Baaderstraße 1a, Telephon 26355. / Einzelnummer 20 Pfennig, vierteljährlicher Bezugspreis Mk. 2.50. Zu beziehen durch alle Buchhandlungen und Postämter. / Straßenvertrieb in München: 1. Pfälner, Zeitungs-Zentrale, Färbergraben 27—28, Telephon 21051; Franz Kirmaur, Haupt-Zeitungsverlag, Schäfflerstraße 11, Telephon 21442. Anzeigenpreis die 6 mal gespaltene Nonpareillezeile 60 Pfennig, bei Wiederholung Rabatt.

Nummer 9. Samstag, den 25. April 1919. 5. Jahrgang.

.....und das Licht scheinet in der Finsternis

Z w e i t e r   T e i l

DAS NEUE DEUTSCHLAND
Melodie: Preisend mit viel schönen Reden

Sich empfehlend den Genossen
Für die nächste Reichtagswahl,
Saßen viele deutsche Sozi
Jüngst bei Sklarz im Speisesaal.

Grinsend rief der dicke Ebert
Von dem Präsidentensitz:
„An mein Volk! Du hältst die Schnauze!"
Und gleich schrie man: „Bravo, Fritz!"

Scheidemann, der mit der Glatze,
Sprach in überlegnem Ton:
„Ich erwürgt' zwar nicht die Feinde,
Doch die Revolution!"

Dann erhob sich Parvus-Helphand
Und begehrt' das höchste Lob,
Weil im ganzen Land kein Schieber
Soviel in die Tasche schob.

Erhard Auer sprach aus München:
„Ich bin meines Siegs gewiß.
Mir bestätigt Lindners Kugel,
Daß ich Bayerns Volk beschiß."

Aber plötzlich ward es stille.
Noske ballte seine Faust,
Und es rollten seine Augen,
Daß es den Genossen graust,

Und rief: „Euch lobt der Bürger,
Denn ihr meint's ja alle gut.

Aber hier, seht meine Hände:
Jeder Finger trieft von Blut.

Ruhe, Sicherheit und Ordnung
Tun dem Kapitale not.
Fünfzehntausend Proletarier
Schlugen meine Garden tot."

Stürmisch schrieen: „Prosit Noske!"
Ebert, Parvus, Scheidemann.
Bauer, David, Landsberg, Heine
Stießen mit dem Sektglas an.

„Heil Dir, Justav, Held und Sieger,
Dir verneigen wir uns stumm.
Wir betrügen unser Volk nur,
Aber Du, Du bringst es um!"

Verfaßt in der Festungsanstalt Ansbach im Dezember 1919.

O SCHNEPPENHORST, O SCHNEPPENHORST …
Melodie: O Tannenbaum, 0 Tannenbaum

O Schneppenhorst, o Schneppenhorst,
Du Militärminister!
Wie gleichst Du dem Chamäleon:
Du strahlst in jedem Farbenton.
O Schneppenhorst, o Schneppenhorst,
Da staunen die Philister.

O Schneppenhorst, o Schneppenhorst,
Wie kühn sind deine Eide!
Du schwörst im Eifer des Gefechts
Bald rechts, bald links, bald links, bald rechts.
O Schneppenhorst, o Schneppenhorst,
Du Bürgers Augenweide.

O Schneppenhorst, o Schneppenhorst,
Du Vaterlands-Befreier!
Du schlägst mit Lieberich den Nutt,
Mit Epp und Möhl das Volk kaputt.
O Schneppenhorst, o Schneppenhorst,
Dein Lob singt jeder Bayer.

O Schneppenhorst, o Schneppenhorst,
Ein Gruß der Hochverräter.
Aus Ebrach, Straubing, Oberhaus,
Tönt liebevoll dein Ruhm heraus.
O Schneppenhorst. o Schneppenhorst,
Den Dank erhältst du später.

Verfaßt in der Festungsabteilung des Zuchthauses Ebrach im Hochsommer 1919. Schneppenhorst war sozialdemokratischer Militärminister unter dem Ministerpräsidenten Hoffmann. Er beteiligte sich als solcher an den Vorbereitungen zur Ausrufung der Räte-Republik. Von Landauer zur Rede gestellt, ob es ihm, in dem das bayerische Proletariat einen zweiten Noske sah, mit seiner Wandlung ernst sei, beteuerte er, er setze seinen Kopf zum Pfande, daß er das ihm unterstellte Militär für die Räte-Republik gewinnen werde. Nach Proklamierung der Räte-Republik wendete er sich sofort wieder der Gegenseite zu, rief die Freikorps des Generals Epp und die dem General Möhl unterstellten Nosketruppen nach Bayern und wurde so einer der Hauptschuldigen am Weißen Schrecken. In einem Standgerichtsprozeß in Würzburg bestritt er unter Eid, jemals mit den Räte-Republikanern gemeinsame Sache gemacht zu haben. Gegen den Münchner Redakteur Nutt, der Schneppenhorst Meineid vorwarf, strengte der Staatsanwalt Lieberich Klage an. Obwohl zahlreiche Zeugen, darunter der Verfasser, in dem Prozeß gegen Nutt unter Eid die oben wiedergegebene Erklärung des Militär-Ministers für die Räte-Republik bezeugten, wurde Nutt verurteilt. Mehrere Jahre später bekundete Schneppenhorst in einem Aufruhr-Verfahren gegen Hakenkreuzler unter Eid Belastendes gegen die Nationalisten. Hier hat er wahrscheinlich die Wahrheit gesagt: er wurde nämlich wegen dieser Bekundung, die als fahrlässiger Falscheid angesehen wurde, zu sechs Monaten Gefängnis verurteilt.

DER REVOLUZZER

Der deutschen Sozialdemokratie gewidmet

War einmal ein Revoluzzer,
Im Zivilstand Lampenputzer;
Ging im Revoluzzerschritt
Mit den Revoluzzern mit.

Und er schrie: „Ich revolüzze!"
Und die Revoluzzermütze
Schob er auf das linke Ohr,
Kam sich höchst gefährlich vor.

Doch die Revoluzzer schritten
Mitten in der Straßen Mitten,
Wo er sonsten unverdrutzt
Alle Gaslaternen putzt.

Sie vom Boden zu entfernen,
Rupfte man die Gaslaternen
Aus dem Straßenpflaster aus,
Zwecks des Barrikadenbaus.

Aber unser Revoluzzer
Schrie: „Ich bin der Lampenputzer
Dieses guten Leuchtelichts.
Bitte, bitte, tut ihm nichts!

Wenn wir ihn' das Licht ausdrehen,
Kann kein Bürger nichts mehr sehen.
Laßt die Lampen stehn, ich bitt! –
Denn sonst spiel ich nicht mehr mit!"

Doch die Revoluzzer lachten,
Und die Gaslaternen krachten,
Und der Lampenputzer schlich
Fort und weinte bitterlich.

Dann ist er zu Haus geblieben
Und hat dort ein Buch geschrieben:
Nämlich, wie man revoluzzt
Und dabei doch Lampen putzt.

Das 1907 entstandene Spottlied ist vielfach gedruckt und mehrfach ohne Autorisation komponiert worden. Die Vertonung von Marc Henry, dem künstlerischen Leiter der Münchener „Elf Scharfrichter", ist durch die ausgezeichnete Interpretation durch Maria Delvard in häufigen Kabarett-Vorträgen am bekanntesten geworden. Ob diese oder eine andere Musik dem „Revoluzzer" schließlich Eingang in revoluzionäre Sängerkreise zu schaffen vermag, bleibt abzuwarten.

GESANG DER INTELLEKTUELLEN
Melodie: Gaudeamus igitur

Rr–r–revolution
Macht man nur mit Liebe.
Weist den Hetzer von der Schwelle.
Nur der Intellektuelle
Kennt das Weltgetriebe.

Unsre Überlegenheit
Wird euch trefflich führen.
Wählt nur uns in eure Räte,
Dann wird Liebe früh und späte
Eure Seelen rühren.

Lieb den Bürger, Proletar,
Denn dein Bruder ist er.
Und verdienst du ihm Millionen,
Mag dich das Bewußtsein lohnen:
Ihr seid ja Geschwister.

Sammelt euch zum Klassenkampf
Hinter unserm Schilde.

Läßt der Bourgeois euch erhängen,
Mit der Künste Zauberklängen
Stimmen wir ihn milde.

Aber kommt's zum Bürgerkrieg –
Ja kein Blutvergießen!
Auf den Kolben jeder Flinte
Schreibt mit roter Liebestinte:
Brüder, nur nicht schießen!

Folgt dem geistigen Führerrat
Zu des Werkes Krönung.
Einerseits die rote Fahne,
Andrerseits die Buttersahne
Lieblicher Versöhnung.

Rr–r–revolution
Macht die Herzen schwellen.
Laßt die Freiheit uns errichten
Mit den lyrischen Gedichten
Der Intellektuellen.

Entstanden in der Festungshaftanstalt Niederschönenfeld
im November 1920

REPUBLIKANISCHE NATIONALHYMNE
Melodie: Im Grunewald ist Holzauktion.

Das Vaterland, das Vaterland ist Republik,
Und Deutschland über alles bläst die Blechmusik.
Ebert ist Präsident,
Thront auf dem Postament,
Ebert wärmt den Herrschersitz.
Ebert ist Präsident,
Kreuzhimmelsakrament!
Vivat hoch der dicke Fritz!

Die Fahne für die Republik ist schwarz-rot-gold,
Und wem sein Leben lieb ist, trägt sie eingerollt.
Links weht die Fahne rot,
Rechts mit dem Schnabel droht
Schwarz-weiß-rot der Zollernaar.
Links weht die Fahne rot,
Schockdonnerschwerenot!
Noske, hau den Proletar!

Die Staatsmacht geht, die Staatsmacht geht vom Volke aus,
Und demokratisch wird regiert im Reichstagshaus.
Wer soll Minister sein?
Knobelt es aus, Partein!
Rin in die Koalition!
Wer soll Minister sein?
Heut ja und morgen nein –
Stinnes schmeißt die Kiste schon.

Die Reichswehr schützt, die Reichswehr schützt das Vaterland.
Wer streikt und revoluzzt, den stellt sie an die Wand
Orgesch und Schupo auch
Haun mit dem Gummischlauch,
Schirmen Börse und Fabrik.
Orgesch und Schupo auch
Schießen in Volkes Bauch.
Freie deutsche Republik!

Die einige deutsche Republik ist souverän.
Was Bayern ihr erlauben will, das darf geschehn.
Ludendorff, Hitler, Kahr,
Ehrhards und Roßbachs Schar
Wachen – jeden Junker freut's.
Ludendorff, Hitler, Kahr,
Treu, bieder, fromm und wahr
Pflanzen auf das Hakenkreuz.

Vorm Staatsgesetz, vorm Staatsgesetz ist jeder gleich,
Auch Meinungsfreiheit ist verbürgt für Arm und Reich.

Klug ist, wers Maul gut hält
Und hat den Sack voll Geld,
Weil man sonst nicht sicher ist.
Klug ist, wers Maul gut hält –
Prost Niederschönenfeld!
Schieb und sei kein Kommunist!

Herr Poincaré, Herr Poincaré die Rechnung zückt.
Da fragt sichs, wie der Deutsche sich vorm Zahlen drückt.
Stahlhelm und Wiking brüllt:
Wer den Vertrag erfüllt,
Dem gehts so wie Rathenau,
Stahlhelm und Wiking brüllt!
Feme murkst schwarzverhüllt
Welsches Schwein und Judensau.

Doch wer die Republik beschimpft, wer putscht und hetzt
Für den ist schon ein Staatsgerichtshof eingesetzt.
Kämpfst du im deutschen Staat
Fürs Proletariat,
Wird das Zuchthaus aufgemacht.
Kämpfst du im deutschen Staat,
Für die Revanchetat,
Drückst du dich nach Bayern sacht.

Im deutschen Reich ist jeder Bürger Milliardär,
Die Reichsbank spuckt bei Tag und Nacht Trillionen her.
Film, Auto, Jazzband, Sekt,
Und in der Goss' verreckt
Forscher, Veteran, Prolet.
Film, Auto, Jazzband, Sekt –
Pest, Tod und Teufel bleckt.
Nur die Republik besteht.

Das Vaterland, das Vaterland ist Republik.
Der Stinnes machts Geschäft und auch die Politik.
Scheidemann, Müller, Wells:
Sockel des Reichsgestells,

Wenn der Stinnes sie ernennt.
Scheidemann, Müller, Wells
Oben auf erznem Fels
Ebert Fritz, der Präsident!

Die Tatsache, daß der Inhalt der Republikanischen Nationalhymne durch den physischen Tod der Herren Stinnes und Ebert sowie durch die sogenannte „Stabilisierung" der Währung stellenweise überholt scheint, hat dem Verfasser keine Veranlassung gegeben, Änderungen oder Streichungen an dem im Oktober 1923 in Niederschönenfeld entstandenen Liede vorzunehmen. Er ist der Ansicht, daß die Vorzüge der deutschen Republik, wie er sie in der „Nationalhymne" der Nachwelt zu überliefern bemüht war in voller Üppigkeit fortbestehen, und er glaubt nach wie vor, mit der Schaffung dieses Gesanges eine oft empfundene Lücke ausgefüllt zu haben.

———

KAIN

Zeitschrift für Menschlichkeit  Herausgeber: Erich Mühsam.

Erscheint jeden Dienstag. Verantwortlich für Redaktion und Verlag: Erich Mühsam, München, Georgenstraße 105 IV, Telephon 33626. / Druck von Max Steinebach, München, Baaderstraße 1 und 1a. Geschäftsstelle: München, Baaderstraße 1a, Telephon 26355. / Einzelnummer 20 Pfennig, vierteljährlicher Bezugspreis Mk. 2. Zu beziehen durch alle Buchhandlungen und Postämter. / Straßenvertrieb in München: 1. Pfanner, Zeitungs-Zentrale, Farbergraben 27–29, Telephon 21054; fr. Kirmayr, Haupt-Zeitungsverlag, Schafflerstraße 11, Telephon 21442. Anzeigenpreis die 6 mal gespaltene Nonpareillezeile 60 Pfennig, bei Wiederholung Rab.

Nummer 8.   Freitag, den 28. März 1919.   5. Jahrgang

Requiem

Gedichte für Menschen, die Zukunft schufen

Ich lade euch zum Requiem

Ich lade euch zum Requiem
Ich lade euch zum Requiem
vors Ehrenmal der Totenmauer.
Aus Liebe, Schmerz, Empörung, Trauer
wand ich ein Blumendiadem.

Zerpflückt nicht, so ihr Menschen seid,
den Kranz, den ich gebunden habe,
und denkt daran: am frischen Grabe,
unkritisch, weint das frische Leid.

Das Heut erkennt das Gestern nicht,
trotz Ruhmeskranz und Seelenmessen. –
Wer Zukunft schuf, bleibt unvergessen.
Erst die Geschichte hält Gericht.

D | *,Sammlung 1898-1928',* 1928.

Francesco Ferrer[1]
ermordet am 13. Oktober 1909

Vorbei. Die Flintensalve hat gekracht.
Das Blutgericht hat seinen Mord vollbracht.
Auguren lächeln feist und abgefeimt.
Mit Blut ward eines Königs Thron geleimt …

---

[1] [Spanischer libertärer Pädagoge, hingerichtet nach anarchistischen Aufständen in Barcelona.]

Blut? Was ist Blut? Ein warmer roter Saft,
der Quell des Lebens und der Born der Kraft.
Jedoch das Blut, das für die Freiheit fließt,
das ist der Dünger, draus die Freiheit sprießt,
ist der entweihten Erde Heil und Bad …
– – Ein Kämpfer fiel – – und uns ein Kamerad.

Francesco Ferrer! Nun dein Blut verdorrt,
wird es lebend'ger sein als vor dem Mord.
Dem Volk, für das dein reiches Leben fiel,
dein rotes Herzblut leuchtet ihm zum Ziel.
Du sankst in Staub; jedoch dein Schatten lebt,
aus dem die Rache drohend sich erhebt.

Blut wider Blut! Dein bleichendes Gebein
wird deinem Wollen der Vollstrecker sein …
Doch ihr, ihr Mörder! Feige Pfaffenbrut!
Selbstmörder, ihr! Auf euch kommt Ferrers Blut!
Ihr gabt dem Spaniervolke das Signal,
zu enden die jahrhundertlange Qual!
Die Salve, die in Ferrers Herz gekracht –
nicht ihm – euch hat sie den Garaus gemacht.
Nicht lange freut ihr euch der Schurkentat.
Mit Freiheitsblut leimt ihr nicht Thron noch Staat!
Wir aber halten Ferrers Namen fest
auf jener Tafel, die uns hoffen läßt.
Wir betten ihn in jene Heldengruft,
aus der's den Völkern ewige Mahnung ruft:
Das Heldenblut, das für die Freiheit fließt,
das ist der Dünger, draus die Freiheit sprießt!

D | *,Sammlung 1898-1928', 1928.*

Peter Kropotkin
zum 70. Geburtstage, am 9. Dezember 1912
(gestorben 1921)

Wehe dem Menschen, der niemals die Nöte
mordenden Unrechts fluchend erkannt!
Wehe dem Reichen, dem niemals die Röte
schmerzlicher Scham die Stirne gebrannt!
Weh dem Zufriedenen! Einstmals aus warmen
Decken schreckt ihn die Wahrheit empor!
Aber dreimal wehe dem Armen,
der den Glauben ans Glück verlor!
Durch der Menschen gräßliches Irren,
durch ihres Blutes schäumenden Fluß,
durch der Ketten kreischendes Klirren
schreitet der Freiheit trotziger Fuß.
Tausend tückische Widerstände
stellen sich drohend in ihre Bahn,
aber Millionen fleißige Hände
führen sie sicher durch Trug und Wahn.
Laßt uns die rührigen Hände segnen
und die Herzen, die groß und still,
furchtlos und stark dem Unrecht begegnen,
das die Freiheit vernichten will.
Wir grüßen dich, der du mit junger Kraft
ein langes Leben für die Freiheit strittst.
Wir danken deiner rüstigen Leidenschaft,
da du des Greisenalters Saal betrittst.
Wir wünschen dir die unverbrauchte Glut,
das tapfere Herz, das lang noch jung und heiter
dein Leben wärme und den starken Mut
als unser Führer und als Wegbereiter.
Wir segnen dich. Wie das begierige Land
den Regen segnet, der ihm Kraft gegeben,
aus der sich alle Saat und Frucht entband – –
Befruchtete: so segnen wir dein Leben.
Wir lohnen dir, indem wir, was du schufst,
zusammenfügen zu gewaltigem Bau,

auf daß, wenn du zum Abschied einst uns rufst,
dein Blick noch deines Werks Erfüllung schau …
Freudig wird der Mann den Spaten führen.
Selig wird die Frau ihr Kind erwarten.
Glück und Eintracht hinter allen Türen,
Spiel und Blütenduft in jedem Garten.
Flinten wird man häufen in Museen,
denn sie haben aufgehört zu dröhnen.
In den Gottestempeln und Moscheen
wird das Wort des Volkes stolz ertönen.
Um des Geistes letzte tiefste Fragen
werden ernste Menschen ernsthaft kämpfen,
und den Lärm des Kampfs und seine Klagen
wird die Achtung voreinander dämpfen.

D | *,Sammlung 1898-1928'*, 1928.

GUSTAV LANDAUER

ermordet am 2. Mai 1919.
Zur Gedächtnisfeier in München am 2. Mai 1920

Ihr seid gekommen, einen Toten ehren,
zu laden seinen abgeschiednen Geist,
wo Kunst und Andacht ewige Welten preist,
als Gast der Herzen bei euch einzukehren.
Doch erst schafft Raum im Herzen! Wißt zuvor,
wen ihr erwartet. – Hingegossenes Blut
ist noch kein Grund, in weihevollem Chor
die Musen und die Genien zu bemühen.
Mord weckt Verzweiflung, Trauer, Jammer, Wut –
doch Kunst ist Freude, Leben, Quellen, Blühen.
Prüft, ob die Tränen, die vom Herzen drängen,
sich mischen mit dem Strom von Feierklängen!

Seht ihr ihn noch im Geiste, der euch rief?
Das Auge dem Gewissen hingegeben,
und seiner Stimme Klang prophetisch rief,
sprach er von Frieden, Liebe, Freiheit, Leben

und rief zur Schönheit und zur Kunst die Schar,
zur Andacht und zu freudigem Genießen.
Die Borne alles Glückes aufzuschließen,
das war die Sehnsucht, die sein Leben war.

Ein Träumer also, der vom Guten schwärmte?
Der gern die helle Sonne scheinen sah?
Sich gern an ihren bunten Strahlen wärmte? …
O wartet noch, Musik und Poesie!
Noch ist der Geist des toten Freunds nicht nah –
und wer ihn *so* begreift, dem naht er nie.
Wohl mahnt er euch: Macht euch die Erde schön!
Wohl zeigt er euch die Tempel auf den Höhn!
Doch mächtig scholl sein Ruf im Vorwärtsschreiten:
Wer Glück und Freiheit will, muß sie *erstreiten*! – –

Ihr seid gekommen, einen Toten ehren,
der, als er lebte, Glück und Freiheit dachte;
der, als er starb, den Leib zum Opfer brachte
für seinen Glauben und für seine Lehren …
Macht weit die Herzen! Macht die Seelen weit!
Kunst ist *ein* Weg, die Lehren zu empfangen,
für die man ihn erschlug. – Macht euch bereit,
durch Andacht seinen Glauben zu erlangen:
Den Glauben an die Menschheit, an das Recht,
das jedem seinen Teil vom Ganzen gibt,
das nicht nach Namen fragt und nach Geschlecht,
das nie am Rand des flüchtigen Zufalls streift,
das jeden hütet, weil es jeden liebt –
das Recht, das sich im Namen *Volk* begreift!
Dem ganzen Volk sein ganzes Recht zu bringen,
rief er's zum Kampfe auf, es zu erringen.

Zum Kampfe rief er! Denn nur Kampf macht frei.
Kampf war sein Werk, Kampf seines Zornes Schwert.
Kampf war sein Leben. – Kampf! Nicht Schwärmerei.
Nur wer den Kämpfer ehrt, weiß, *wen* er ehrt! …
So fiel er auch im Kampf. Doch mit ihm fiel

die Liebe nicht, die ihn zum Kampf befeuert.
Er gab sie uns – und in der Kunst erneuert,
grüßt euch die Liebe: seines Kampfes Ziel.

Die Liebe lebt, und in ihr lebt sein Geist,
den wir zur Feier heut zu Gaste rufen,
wo Kunst und Andacht ewige Welten preist …
Als Gebender, als Spender tret er ein!
Der Liebeskämpfer soll empfangen sein
von Genien an des Freiheitstempels Stufen,
und Genien leiten ihn durch Tempelsäulen
in unsre Mitte. Die sein Blut vergossen,
sie hatten keine Flinten, keine Keulen,
zu töten ihn im Herzen der Genossen.

So grüße ihn die Kunst. Durch ihre Pforte
laß ihn ein jeder in sein Herz gelangen
und lausche: was es spricht, sind *seine* Worte.
Der Mann des Volks – er kommt als Gebender.
Seid ihr bereit, die Gaben zu empfangen,
so wird er bei euch sein: – ein *Lebender*!

D | *,Sammlung 1898-1928'*, 1928.

AUGUST HAGEMEISTER[2]
[USPD, KPD]
gestorben in der Festungsanstalt Niederschönenfeld
am 16. Januar 1923

Nicht unterm Knattertakt der Mitrailleuse,
bei roten Fahnen nicht, noch Hufgestampf –
dein Blut floß nicht ins Straßenschlachtgetöse.
Du starbst im Stuhl, und doch: Du fielst im Kampf.

---

[2] [Zu ihm vgl. auch Erich MÜHSAM: *Die hygienischen Verhältnisse in den deutschen Strafanstalten. Der Tod des bayerischen Landtagsabgeordneten August Hagemeister in der Festungshaftanstalt Niederschönenfeld am 16. Januar 1923.* In: Der sozialistische Arzt, 1. Jg. (1925), Heft 2–3 (Juli), S. 20.]

Der Kerker stieß dich zu den Schatten jener,
die in der Menschheit düsterm Totentanz
endlos den Reigen ziehn der Nazarener,
der Weltbefreier mit dem Dornenkranz.

So fällte dich der Tod, um dich zu krönen.
Schon lauscht das Volk. – Dem Lebenden so taub,
hört's des Verstummten Worte brausend tönen. –
Das Volk wacht auf und segnet deinen Staub.

D | *Alarm*. Manifeste aus 20 Jahren, 1925.

KARL LIEBKNECHT – ROSA LUXEMBURG
ermordet am 15. Januar 1919

Zieht euch die Kappen tiefer ins Gesicht,
wenn ihr an diesem trüben Wintertage
zur Arbeit schleicht.
Wie, Proletarier? Quälen euch die Sorgen,
ob ihr mit euerm Lohn die Woche reicht
und ob man mit der kargen Tüte nicht
euch die Papiere in die Hände schiebt?
Ihr seid es ja gewöhnt zu sehn,
wie Frau und Kinder hungern, die ihr liebt.
Vielleicht
steht morgen der Betrieb schon still.
Wenn es der Fabrikant so will,
wenn er euch nicht mehr braucht,
weil eurer Arbeitskraft Gewinnst
sich ihm nicht mehr nach Wunsch verzinst,
dann stellt euch mit Millionen Arbeitslosen
auch ihr in Frost und Not,
betrogen um der Kinder Brot,
vor Kirchentüren, winselnd um Almosen
und bis zum Knöchel watend in die Pfützen.
Vielleicht
schmeißt irgendwer euch einen Bettel in die Mützen.

Zieht euch die Kappen tiefer ins Gesicht.
An diesem Wintertag sind's sieben Jahre –
da schlug man euer Hoffen auf die Bahre.
Vergeßt es nicht!
Karl Liebknecht, Rosa Luxemburg – sie wußten:
Freiheit und Glück wächst nur aus starker Tat!
Sie starben für das Proletariat …
Doch, sollen sie darum gestorben sein
und alle, die nach ihnen sterben mußten –
darum schlöss' Tausende das Zuchthaus ein,
daß, Proletarier, ihr nach sieben Jahren,
dem Wucher mehr als je verknechtet,
als Paria der Republik entrechtet,
hilflose Sklavenscharen
den Mördern eurer Helden dienstbar seid?
Nein! Streift die Kappen hoch aus dem Gesicht!
Laßt Licht,
laßt Hoffnung in den Blick! Faßt Mut!
Schaut vor euch und ergebt euch nicht dem Leid!
Schwört euern Toten, die für euch gefallen,
schwört bei der Besten ungerächtem Blut –
und laßt zum Eid die roten Fahnen wallen:
Die Revolution, sie ist nicht verloren.
Das Elend mahnt uns, uns zu befrei'n.
Die Stunde ist nah – wir haben geschworen –:

Ihr Toten, wir woll'n eure Rächer sein!

D | *,Sammlung 1898-1928',* 1928.

Ein Aufruf

(August 1920)[1]

Kurt Tucholsky | *Erich Mühsam*

Aus der Festungshaftanstalt Ansbach schreibt mir Erich Mühsam:

„Sie fragen mich an, ob Sie für uns (wir sind hier in Ansbach fünf Festungsgefangene, in ganz Bayern noch etwa hundertundzwanzig) – von der Amnestie werden wir ja ausdrücklich ausgenommen – etwas tun können. Es gibt in allen Anstalten besonders bedürftige Genossen, denen mit Likör, Tabak, Zigarren, Zigaretten, Eßwaren jeder Art und Geld geholfen werden kann. Ich nenne Ihnen ein paar Namen von braven gefangenen Proletariern, die sonst ganz ohne Protektion dastehen. Vielleicht wäre es Ihnen möglich, dahin mal eine Hilfsaktion zu dirigieren. Da ist zunächst ein über fünfzigjähriger Arbeiter Gottfried Bareth in Sankt Georgen Bayreuth, der sehr arm und schwer magenleidend ist; eine Tafel Schokolade oder eine Dose kondensierter Milch wäre für ihn eine große Wohltat. In Nieder-Schönenfeld bei Rain am Lech käme Ludwig Egenspurger in Betracht, der gern raucht und sich keine Zigaretten leisten kann. Ebenso geht es dem – seiner politischen Betätigung wegen – relegierten Studenten Ernst Ringelmann in Lichtenau bei Ansbach. Natürlich sind auch wir hier in Ansbach für jede Unterstützung dankbar."

Eine Regierung, die eine Amnestie nur deshalb erläßt, weil sie nicht die Machtmittel hat, die Täter eines vollendeten Hochverrats zu fassen und zu bestrafen, verfolgt dafür, getrieben von der peitschenden Rachsucht bürgerlicher Kreise, die Anhänger der Münchner Räte-Republik mit Haß und Ausdauer. Über den Wert oder Unwert dieser Männer und ihrer Bestrebungen ist so lange nichts zu sagen, wie die Kappisten frei herumlaufen und dank einem Notge-

---

[1] Textquelle | *Die Weltbühne*, 26.08.1920, Nr. 35, S. 243.

setz die Möglichkeit haben, es nächstes Mal besser zu machen. Erich Mühsam hat fünfzehn Jahre Festung bekommen. Dafür dürfen Marloh, Kessel und Hiller schon eine ganze Menge.

Wer einmal – im Gefängnis oder bei den Preußen im Krieg – vom Boden seiner Tätigkeit abgeschnitten war, der weiß, was Einsamkeit ist, und weiß auch, wie jedes kleine Zeichen erfreut: eine Karte, ein Paket oder ein Buch vom andern Ufer, von der Welt, der man einmal angehört hat.

Ihr, die ihr dieses lest, wolltet und wollt gewiß helfen. Ihr kommt nur nicht dazu, und ein guter Vorsatz wird rasch vergessen. Vergeßt nicht. Denkt an diese kleine Schar von Idealisten, die grade noch mit dem Leben davon gekommen sind und es nun für die feige Rachsucht einer schwachen Regierung in qualvollen Jahren hergeben sollen. Der Mörder Kurt Eisners darf aus seiner Haft monarchistische Artikel schreiben – diesen Männern da geht es nicht gut. Kein Leitartikel, keine Volksversammlungsrede und keine Arbeit der Organisationen dringt unmittelbar hinter die Festungsmauern. Helft anders.

Ich bitte für eingekerkerte und notleidende Menschen geistigen Kalibers und reinen Willens um Geld oder unverderbliche Nahrungsmittel oder Bücher. Auch Tabak in jeder Gestalt ist sehr willkommen.

Sendet, was ihr senden wollt, an den Verlag der Weltbühne, Charlottenburg, Dernburgstraße 25, mit der Aufschrift: ‚Für die politischen Gefangenen Bayerns‘. Jede Sendung wird hier quittiert.

Bayern spielt sich seit einiger Zeit als europäischer Großstaat auf. Die eingesperrten Geistigen Bayerns wenigstens sollen sehen, daß das Land noch zu Deutschland gehört, und daß wir auch noch da sind.

Von Eisner bis Leviné

Die Entstehung der bayerischen Räterepublik

Persönlicher Rechenschaftsbericht über die
Revolutionsereignisse in München
vom 7. November 1918 bis zum 13. April 1919[1]

Erich Mühsam

Geschrieben im Festungsgefängnis zu Ansbach
im September 1920
„zur Aufklärung an die Schöpfer der russischen
Sowjetrepublik zu Händen des Genossen Lenin"

VORWORT | 1929

Am 12. Juli 1919 fällte das Standgericht in München über mich das Urteil, das mich wegen Hochverrats schuldig sprach und auf eine Strafe von 15 Jahren Festung erkannte. Über die Rechtsgrundlagen dieser Verurteilung, durch die ein von Sozialdemokraten eingesetztes Tribunal von königlichen Offizieren und Richtern auf Grund monarchistischer Gesetze entschied, was für eine Republik als rechtmäßig zu betrachten sei, die eines nach Bamberg geflüchteten Rumpfkabinetts oder die Räterepublik des bayerischen arbeitenden Stadt- und Landvolkes, habe ich an anderer Stelle Material beigebracht („Standrecht in Bayern", Vereinigung Internationaler Verlagsanstalten, Berlin 1923).

Am 20. Dezember 1924 wurde ich aus der Festungshaftanstalt Niederschönenfeld entlassen, wobei die Strafe auf 8 Jahre herabgesetzt und für die Restzeit Bewährung durch Wohlverhalten aufer-

---

[1] Textquelle | Erich MÜHSAM: *Von Eisner bis Leviné. – Die Entstehung der bayerischen Räterepublik*. Persönlicher Rechenschaftsbericht über die Revolutionsereignisse in München vom 7. November 1918 bis zum 13. April 1919. Berlin-Britz: Fanal-Verlag Erich Mühsam 1929. [70 Seiten]

legt wurde. Die Strafvollstreckung hatte im Gegensatz zur Strafver-
hängung mit den monarchistischen Gebräuchen nichts mehr zu tun.
Die auf die Kavaliershaft von Offizieren und Studenten zugeschnit-
tene Festungsstrafe wurde von der Republik, die sie an Proletariern
und ihren Sachwaltern zu vollziehen hatte, zum Werkzeug hem-
mungsloser Rachepolitik mit dem Ziele der physischen und moralischen Entwertung der Betroffenen umgewandelt. Hierüber liegt ak-
tenmäßig gesammeltes Material, zum Buch vereinigt, druckfertig
bei mir bereit und wird erscheinen, sobald ein Verlag sich zu seiner
Herausgabe entschließen sollte. („*Niederschönenfeld. Eine Chronik in
Eingaben.*") Aus diesen Dokumenten wird neben vielem anderen zu
ersehen sein, wie die über uns Gefangene verhängte Zensur sich erfolgreich bemühte, die Wahrheit nicht nur über unser Ergehen, sondern auch über unsere innere Beziehung zu den Vorgängen, welche
die Ursache unserer Lage gewesen waren, vor der Außenwelt verborgen zu halten.

Am 14. Juli 1928 trat das Reichsamnestiegesetz in Kraft, das mich
straffrei machte und die bayerische Justizverwaltung nötigte, die im
Laufe der Haftjahre von der Festungszensur beschlagnahmten
Schriftstücke aus meinem Besitz herauszugeben. Bei der Sichtung
des endlich wiedererlangten, eine Frachtgutkiste füllenden Materials fand ich auch den Durchschlag des Manuskriptes, das in der vorliegenden Schrift der allgemeinen Kenntnis übergeben wird.

Die Niederschrift meines „persönlichen Rechenschaftsberichtes"
wäre wahrscheinlich niemals und sicher nicht in dieser Form erfolgt
ohne den Antrieb zorniger Abwehr gegen die Broschüre von P. Werner „*Die bayerische Räterepublik. Tatsachen und Kritik*", die von uns
Festungsgefangenen ohne Unterschied der Richtung als ein Doku-
ment bösartigster parteilicher Tendenzmacherei aufgenommen
wurde. Ich denke heute wesentlich ruhiger über die Wernersche Geschichtsschreibung, zumal ich inzwischen erfahren habe, daß ein bekannter (jetzt aus der KPD ausgeschlossener) Genosse der Verfasser
ist, den ich in vielfacher Hinsicht schätze und von dessen subjektiver
Ehrlichkeit bei aller Verranntheit und vorurteilsvoller Parteibesess-
senheit ich überzeugt bin. Dessen ungeachtet glaube ich objektiv berechtigt zu sein, die „Tatsachen", die er mitteilt, in wesentlichen Einzelheiten für falsch und auf einseitigen Informationen beruhend zu
erklären, und die aus ihnen gezogene „Kritik" als völlig verfehlt mit

aller Schroffheit zurückzuweisen. Von den Persönlichkeiten, die
Werner mit einer Handbewegung abtut, hatte er keine Ahnung. Von
Gustav Landauer weiß er nichts weiter, als daß er „eine Reihe ge-
schichtlicher Werke herausgegeben" habe, was nicht einmal richtig
ist, so wenig wie die Behauptung, daß er an die Revolution „mit
ethisch-putschistischen Gedankengängen herangetreten" und
durch sie „in den Konflikt mit seiner Grundauffassung hineingetrie-
ben" sei. Daß ich für meine Person zur Zeit der behandelten Ereignisse immerhin schon seit 18 Jahren in der Arbeiterbewegung tätig
war, hindert Werner nicht, mich als „Epigonen jener (jener!) Kaffee-
hausdichter aus der lustigen Zeit Peter Hilles", als „ein politisches
Kind" vorzustellen, dessen „rührende Naivität" ihn für mich einnahm. Silvio Gesell, dessen Name sogar in der Schrift regelmäßig
falsch geschrieben wird, wird durchaus ohne zureichende Kenntnis
seiner Theorie, die übrigens, was Werner ausdrücklich bestreitet,
ganz auf Proudhonschen Gedanken fußt, als eine Art ökonomischer
Wunderdoktor ironisiert. Die Kritik anderer Beteiligter stützt sich
auf Äußerungen vor dem Standgericht, ist also erst aus Kenntnissen
gewonnen, die zuvor weder wir noch die Parteikommunisten haben
konnten, so die jämmerliche Behauptung des Bauernbündlers Kübler vor Gericht, er habe den Posten in der Räterepublik nur angenommen, um zu verhüten, daß radikalere Elemente an die Stelle kä-
men. Werner mußte wissen, daß Kübler sich gerade durch sein ra-
dikales Auftreten das Vertrauen der Revolutionäre erworben hatte.

Die Unterscheidung zwischen der „Scheinräterepublik" und der
kommunistischen Partei-Räterepublik, die dann als einzige wirkliche Räterepublik ausgegeben wurde, war ein Manöver der Parteikommunisten in der Zeit, als sie ihr Abseitsstehen dem Proletariat
mundgerecht machen mußten. Die Übernahme dieses Unsinns in
eine geschichtliche Darstellung nach dem tragischen Abschluß des
ganzen Versuchs ist mit der Bezeichnung als demagogische Ge-
schichtsklitterung kaum zu strenge charakterisiert. Die Arbeiter, die
mit dem ihnen geläufigen Begriff „Diktatur des Proletariats" die einfache Vorstellung verbanden, daß die unterdrückte Klasse im revolutionären Aufstand die Fesseln des Kapitalismus zu lösen und
durch das Mittel ihrer Räte Selbstbestimmung über ihre Angelegenheiten zu üben habe, wußten nichts und wollten nichts wissen von
der Unterscheidung zwischen der am 7. April proklamierten und

der am 13. April durch den Personalwechsel im Funktionärkörper veränderten Räterepublik. Sie haben für die Räterepublik schlechthin gekämpft und ihre Knochen und ihre Freiheit geopfert. Es waren dieselben Genossen, die seit Eisners Ermordung – und schon früher – gerufen hatten: Alle Macht den Räten!, die vom Rätekongreß die Ausrufung der Räterepublik verlangt hatten; die die von der Reaktion geplante „demokratische" Aufrichtung einer Bourgeoisdiktatur wie in Norddeutschland über Bayern nicht dulden wollten und darum die überstürzten Ereignisse vom 4.–6. April erzwangen; die dem Zentralrat der „Scheinräterepublik" ihr Vertrauen aussprachen; die nach dem Palmsonntagputsch den Münchener Hauptbahnhof stürmten und die alsdann als Rotgardisten in ewig unvergänglichem Opfermut fielen, ermordet wurden oder der sozialdemokratisch-nationalistischen Rachejustiz ihre besten Jahre hingaben. Mag der Genosse, der geglaubt hat, Tatsachen und Kritik der bayerischen Räterepublik unter parteigefälligen Gesichtspunkten niederlegen zu sollen, wissen, daß seine Darstellung, außer bei wenigen, die aus Disziplin auf eigenes Urteil verzichteten, bei allen Rotgardisten in der Festung laute Empörung wachrief und daß nicht wenige partei-kommunistisch organisierte Genossen unter denen waren, die mich immer wieder aufforderten, auf die Wernersche Schrift zu antworten.

Erst im Spätsommer 1920, als ich aus einlaufenden kommunistischen Zeitschriften ersah, daß die Broschüre besonders auch in Rußland als einzige Unterlage zur kritischen Würdigung der ganzen bayerischen Revolutionsbewegung benutzt wurde, entschloß ich mich wenigstens eine Reihe von Tatsachen richtig zu stellen. Ich befand mich damals in einer sehr übeln Lage. Die befreundeten Genossen, mit denen ich seit einem Jahre in engster Kameradschaft zusammen die Kerkerzeit verbracht hatte, waren, während ich die Festungshaft 2 Monate lang durch eine Gefängnisstrafe wegen Beleidigung des bayerischen Justizministers Müller-Meiningen unterbrechen mußte, nach Niederschönenfeld abtransportiert worden. Mir gab man, als ich wieder in die Räume der Ansbacher Festungsanstalt zurückkehrte, 4 Gefährten, deren einer, der später als Spitzel entlarvt wurde, den Auftrag hatte und erfüllte, mein Ansehen bei den Genossen durch Verleumdung zu untergraben, meine Tätigkeit zu überwachen – so wurde meine gesamte Korrespondenz, bevor ich sie erhielt, zunächst diesem Mitgefangenen ausgeliefert – und mich völlig zu isolieren. Von den anderen drei Haftgefährten ist einer bei den Völkischen, ein zweiter im Kloster gelandet, der einzige, der der Idee ergeben blieb, wurde von den übrigen unter Drohungen genötigt, sich dem Boykott gegen mich anzuschließen. In dieser Zeit, in der ich sogar körperlichen Brutalisierungen ausgesetzt war, schrieb ich den Bericht, den ich daher ganz auf das eigene Gedächtnis stützen mußte.

Ich beschränkte, um nicht selber in den Fehler Werners zu verfallen, aus dem Hörensagen zu schöpfen und dadurch zu Ungerechtigkeiten verführt zu werden, meine Mitteilungen auf das, was ich in eigener Person miterlebt, zum Teil mit veranlaßt habe. Dabei habe ich vieles übergangen, was mir damals, vielleicht zu Unrecht, für die Beurteilung des Allgemeinen nicht wichtig genug schien. So habe ich die in vielfacher Hinsicht überaus lehrreichen Vorgänge im Kriegsministerium an den ersten Revolutionstagen, als ich dort im Sicherheitsreferat saß und die ersten grundsätzlichen Auseinandersetzungen mit dem sozialdemokratischen Militärminister hatte, ganz übergangen und manches andere noch, was mir so kurz nach dem Zusammenbruch der Revolution allzu anekdotenhaft vorkam. Sollte ich einmal noch dazu kommen, an der Hand auch fremden Materials eine wirkliche Geschichte der bayerischen Revolution zu schreiben, so wird vieles nachgeholt werden. Dann werden aber auch die Zusammenhänge des Geschehens in den richtigen Rahmen gestellt werden müssen und zugleich notwendige Vergleiche mit geschichtlichen Vorgängen der Vergangenheit gezogen werden. Auch darin versagt P. Werner völlig. Sonst hätte er mindestens auf das unglaublich naheliegende Beispiel der Pariser Kommune verweisen müssen, mit der die Münchener Episode ganz verblüffende Parallelen aufweist.

Ich will einen einzigen Vergleichspunkt hier nennen, und zwar deshalb, weil sowohl die Parteikommunisten es lieben, für die Fehler der sogenannten „Scheinräterepublik" zum großen Teil die Anarchisten verantwortlich zu machen, womit immer Gustav Landauer und ich gemeint sind, als auch weil unsere anarchistischen Genossen vielfach zu der Auffassung neigen, wir hätten unsere Finger herauslassen sollen aus einem Unternehmen, dessen Fehlerhaftigkeit von vornherein in der entscheidenden Einwirkung der parteikommunistischen marxistischen Doktrinäre begründet lag. Ich glaube, beiden Kritikern mit einem Zitat aus Friedrich Engels' im Jahre 1891 geschriebener Einleitung zu Karl Marx' *„Der Bürgerkrieg in Frankreich"* entgegnen zu können. Da heißt es in Bezug auf das Zusammenwirken von Proudhonisten und Blanquisten in der Pariser Kommune: „Was aber noch wunderbarer (als die vorher kritisierten fehlerhaften Unterlassungen), das ist das viele Richtige, das trotzdem von der aus Proudhonisten und Bilanquisten zusammengesetzten Kommune getan wurde. Selbstverständlich sind für die ökonomischen Dekrete der Kommune, für ihre rühmlichen wie für ihre unrühmlichen Seiten, in erster Linie die Proudhonisten verantwortlich, wie für ihre politischen Handlungen und Unterlassungen die Blanquisten. Und in beiden Fällen wollte es die Ironie der Geschichte, – wie gewöhnlich, wenn Doktrinäre ans Ruder kommen – daß die Einen wie die Anderen das Gegenteil von dem taten, was ihre Schuldoktrin vorschrieb." Trifft das nicht auf das Verhalten der Kommunisten und der Anarchisten in der bayerischen Räterepublik haargenau zu? In der kritischen Nacht vom 4. zum 5. April fanden Landauer und ich, daß es gar nicht darauf ankomme, ob die Ausrufung der Räterepublik in Ausführung eines von den Betrieben ausgehenden Beschlusses geschehe, und beteiligten uns, wenn auch nicht ohne Bedenken, so doch im Gefühl, einer unumgehbaren Notwendigkeit zu gehorchen, an der Bildung einer provisorischen „Regierung". Die Kommunisten aber, die sonst stets nur den Führerentschluß maßgeblich auf die Massen wirken lassen, beriefen sich auf die Unzulässigkeit unseres Vorgehens als Durchbrechung des Prinzips, daß die Räterepublik nur von unten nach oben aufgebaut werden dürfe. Am 13. April allerdings machten sie es dann unter dem Druck der Ereignisse nicht anders als wir eine Woche zuvor. Leider hat der Parteiegoismus der Kommunisten das Zusammenarbeiten im entscheidenden Augenblick verhindert. Sonst wäre vielleicht mancher Fehler der ersten Periode minder verhängnisvoll ausgefallen, mancher Fehler der zweiten Periode ganz vermieden worden und das viele Richtige, das beide Perioden mindestens im Wollen und Versuchen gezeitigt haben, wäre zu wirklichen Erfolgen geführt worden.

Mein Rechenschaftsbericht ist in Form eines Briefes gehalten, der die Aufschrift trug: „Zur Aufklärung an die Schöpfer der russischen

Sowjetrepublik, zu Händen des Genossen Lenin". Das mag heute
befremden, da ein Anarchist diese Adressierung wählte. Es sei daran erinnert, daß in der Zeit, als ich die Schrift verfaßte, der offene
Bürgerkrieg in Rußland noch in vollem Gange war. Wir wußten, daß
die Roten Garden, als deren Organisator wir Trotzki liebten, gegen
die weißen Banden der Koltschak, Judenitsch, Denikin usw. im
Kampfe standen und ahnten nichts von der Zersetzung innerhalb
der proletarisch-revolutionären Kräfte, die mit der Aufhebung der
reinen Rätemacht durch die Diktatur der bolschewistischen Partei
schon begonnen hatte. Das furchtbare Verbrechen gegen die ihre Rä-
terechte verteidigenden Kronstädter Matrosen und Arbeiter erfolgte
erst später und, wenn wir den Namen Nestor Machno[2] überhaupt
schon gehört hatten, so nur im Zusammenhange mit gemeinsamen
Abwehrkämpfen der Bolschewiki und der ukrainischen Anarchisten gegen die Denikinschen oder Petljuraschen Weißgardisten. Der
Name Lenin aber galt uns allen als die sichtbarste und energischste
Kraft der russischen Revolution, der Bolschewismus als Formel für
die revolutionäre Räteidee allgemein, und die russische Revolution
selbst war noch lebendiges Feuer, leuchtender Stern unserer Hoffnung und glühender Wegweiser unserer Zukunft. Ich hatte 1920
nicht die Pflicht, zu wissen, was 1929 aus Rußland geworden sein
würde. Ich streiche daher kein Wort von dem, was ich damals geschrieben habe, da ich mich keines meiner Worte zu schämen brauche.

Auch den Inhalt des Berichtes lasse ich genau so stehen, wie ich
ihn niedergeschrieben habe. Gewiß würde ich heute manches anders ausdrücken, manches auch anders beurteilen. Aber jede Änderung, ja jede Anmerkung, die meine veränderte Auffassung von
heute einmischen würde, schiene mir eine Fälschung dessen, was
ich 1919 war und 1920 vertrat. Zehn Jahre nach dem Erlebnis will
ich der Welt nicht vortragen, was ich heute von allem denke, sondern was ich als mitwirkender Zeitgenosse gleich nachher auszusa-
gen hatte. Ich stelle mein Tun und meine Absicht zur Kritik und ich
will der Wahrheit keine Gewalt antun, indem ich heute in der

---

[2] [*Nestor Machno*, 1888-1934; ukrainischer Anarchist (Politiker und Militärführer);
er kämpfte mit seiner Bewegung zunächst gemeinsam mit den Bolschewiki gegen die Waffenträger der ‚weißen Reaktion'; später wurden die „Machnowsch-
tschina" von der Roten Armee bekämpft und Nestor Machno floh 1921 ins Exil.]

Vorführung meines Werkes eine Pose annehme, die mir nicht gleich selbstverständlich war.

Die Handschrift der Arbeit wurde im Herbst 1928 aus der Festung herausgeschmuggelt. Draußen wurden Schreibmaschinenabschriften angefertigt, von denen eine mir in die Festung legal hineingeschickt werden sollte. Sie verfiel der Beschlagnahme durch die Zensur und hat mir jetzt zur Vorlage gedient. Ein Durchschlag wurde 1921 von einer Genossin nach Moskau gebracht und ist, wenn ich recht unterrichtet bin, von Lenin in Empfang genommen und gelesen worden. Ob es wahr ist, wie mir versichert wurde, daß er sich durch meine Darstellung von der Fehlerhaftigkeit des Verhaltens seiner Parteigenossen in Bayern hat überzeugen lassen, müßten erst Zeugen bestätigen. Es kommt auch nicht darauf an. Worauf es ankommt, ist, daß dem tendenziösen Material, das bisher der Geschichtsschreibung zur Verfügung stand, neue Momente zur Beurteilung entgegengestellt werden. Worauf noch weit mehr, worauf alles ankommt, ist, daß das revolutionäre Proletariat der Gegenwart und Zukunft aus unseren Fehlern und Unterlassungen lerne, aus dem Guten und Richtigen aber, das uns wohl manchmal auch gelungen sein mag, Kräftigung und Erleuchtung ziehe für den Kampf seiner Befreiung aus Not, Staat und Versklavung.

Berlin-Britz, Februar 1929.
Erich Mühsam.

Genossen!

Über Entstehung und Geschichte der bayerischen Räterepublik werden so einseitige und falsche Darstellungen verbreitet, daß ich als einer von denen, die die Revolution in München vom ersten Tage an mit erlebt und zum Teil wohl auch in ihrem Verlauf beeinflußt haben, hohen Wert darauf lege, Euch russischen Genossen ein Bild zu zeichnen, das die Begebenheiten in einem Licht weniger getrübter Färbung zeigen mag. Gewiß weiß ich, daß ich als unmittelbar Beteiligter manches nur unter subjektiven Eindrücken berichten kann. Es wird sich jedoch aus dem Folgenden ergeben, daß es keineswegs meine Absicht ist, eigene Fehler zu bemänteln. Doch scheint mir durchaus notwendig, die bis jetzt als zuverlässig angesehene Schrift P. Werners *„Die bayerische Räterepublik. Tatsachen und Kritik"* (Frankes Verlag, Leipzig) in ihrer tendenziösen Selbstgerechtigkeit, ihrem Bestreben, die Haltung der KPD unter allen Umständen als mustergültig vorzuführen und alle und alles zu verunglimpfen, was nicht von den Parteikommunisten ausging, durch eine kurze Zusammenfassung zu ergänzen, die es dem Außenstehenden erlaubt, sein Urteil durch Vergleich zu bilden oder zu revidieren.

Es fällt mir dabei nicht ein, die meiner Meinung nach verhängnisvollen Fehler, die von den Führern der Kommunistischen Partei begangen wurden, wie es Werner uns anderen gegenüber tut, höhnend oder anklagend vorzutragen. Verhängnisvolle Fehler sind von allen Beteiligten begangen worden, und es scheint mir revolutionäre Pflicht, an die eigene Brust zu schlagen, statt die eigene Haltung auf Kosten des anderen, der kein Gegner ist, sondern nur in gewissen Fragen abweichender Meinung war, unter entstellenden Behauptungen zu verteidigen. Anderseits sehe ich aber auch keinen Anlaß, falsche Beschuldigungen auf mir sitzen zu lassen, und halte mich insbesondere für verpflichtet, das mir teure Andenken des am 2. Mai 1919 von den Weißgardisten entsetzlich geschlachteten großen Revolutionärs Gustav Landauer, meines Lehrers und nächsten Freundes, von den Anwürfen zu reinigen, denen Werners Schrift es aussetzt.

Ich möchte gleich anfangs bemerken, daß dieser Brief nur eine vorläufige Äußerung zur oberflächlichen Orientierung sein soll. Ich wurde nach der Niederwerfung der proletarischen Revolution vom

Standgericht in München zu fünfzehn Jahren Festung verurteilt, von denen ich bald eineinhalb Jahre bewältigt haben werde. Meine Hoffnung auf nahe glückliche Ereignisse in Deutschland und mithin auch in Bayern ist so groß, daß ich die Absicht, eine historisch getreue, ausführliche Darstellung der bayerischen Revolution vom 7. November 1918 bis 13. April 1919 (dem Tag meiner Verschleppung von München), gern hinausschiebe, bis ich in der Freiheit alle notwendigen Dokumente und Unterlagen ohne Umständlichkeiten zur Verfügung habe und meine schriftlichen Arbeiten keiner Zensur mehr vorzulegen brauche. Daher kommt es mir in diesem Schreiben auch nicht darauf an, gegen Werner oder andere Historiographen zu polemisieren, sondern einzig darauf, meine Auffassung von den Dingen, gänzlich unbeeinflußt, Ihnen, Genosse Lenin, und denen, denen Sie weiterhin davon Kenntnis geben wollen, in groben Umrissen mitzuteilen.

Zu meiner persönlichen Legitimation mögen folgende Daten dienen: Im Alter von zweiundzwanzig Jahren (1900) gewann ich die erste Fühlung mit der revolutionären Bewegung in Deutschland und faßte unter der Leitung Gustav Landauers Fuß in der kommunistisch-anarchistischen Bewegung, der ich treu blieb. Gewisse Schwankungen in der Auffassung, die mich zeitweilig in die Nähe Stirners trieben, dann, unter Landauers Einfluß, zum Proudhonisten machten, waren zu überwinden, bis sich mein Standpunkt in der Anerkennung des reinen und bedingungslosen Klassenkampfes festigte, wobei mir in den Kampfmethoden stets Michael Bakunin, im Kampfziel Peter Kropotkin (dieser mit geringen Abweichungen) maßgebend waren. Mein Bakunismus führte mich 1909 zu dem Versuch, in München die revolutionäre Unterweisung und Organisation des Lumpenproletariats zu unternehmen. Den Freispruch in dem 1910 deswegen durchgeführten Prozeß dankte ich dem Umstand, daß der angezogene Geheimbundparagraph sich als untauglich erwies und das Strafgesetzbuch schlechterdings keine für den Fall verwendbare Bestimmung enthielt. In einer 1911 begründeten Monatsschrift „Kain" bemühte ich mich, speziell die akademische Jugend und die Künstlerboheme revolutionär zu beeinflussen und dadurch den Intellektuellen ihre natürliche Zusammengehörigkeit mit dem Proletariat bewußt zu machen. Beim Ausbruch des Krieges ließ ich das Blatt eingehen mit der Begründung, daß ich meine

Kundgebungen einer militärischen Zensur nicht unterwerfen könne. Während des Krieges unterhielt ich zu vielen Revolutionären Beziehungen. Ein Versuch, den ich 1916 unternahm, alle revolutionären Sozialisten ohne Festlegung der akademischen Formeln zu einem illegalen Aktionsbund zu vereinen – im April 1916 war ich deswegen in Berlin und besprach den Plan mit dem zwar skeptischen, aber grundsätzlich bereiten Genossen Karl Liebknecht –, und für den ich neben Landauer besonders auch den verstorbenen Genossen Westmeyer-Stuttgart gewann –, scheiterte, meiner Meinung nach an intriganten Manövern eines auch schon toten, unabhängigen Führers, den ich in Verkennung des leisetreterischen Charakters dieser Partei glaubte in die geplante Verschwörung mit einbeziehen zu sollen. 1917 korrespondierte ich mit Franz Mehring über die von mir angeregte Reorganisation der II. Internationale. Meine Ansicht war, daß die Aufhebung des Londoner Beschlusses von 1896, der Anarchisten und Antiparlamentaristen die Zugehörigkeit versagte, die Abstoßung des gesamten Scheidemann-Flügels zur Folge haben und dadurch die Wiederbelebung des revolutionären Geistes herbeiführen müsse.

Im Frühjahr 1917 hatte Kurt Eisner in München wöchentliche Diskussionsabende eingerichtet, bei denen er die jeweiligen aktuellen Ereignisse von seinem demokratisch-pazifistischen Standpunkt aus erörterte und diskutieren ließ. Auf den Wunsch einiger seiner jugendlichen Hörer hinzugezogen, trat ich Eisner (der sich selbst Jaurèsist nannte und in Wirklichkeit genau die Ansichten Eduard Bernsteins vertrat) in heftiger Opposition gegenüber, indem ich seinem demokratischen Ideal das sozialistische und seiner ententechauvinistischen Kriegsparteilichkeit meinen revolutionären Internationalismus entgegenstellte. Zum offenen Bruch zwischen Eisner und mir führte unsere entgegengesetzte Stellung zur russischen Revolution. Eisner war in Konsequenz seiner bürgerlichen Mentalität ein begeisterter Lobredner Kerenskis. Die Juni-Offensive schien ihm der Beginn eines neuen (des Wilsonschen) Zeitalters. Die Durchfahrt der Bolschewiki durch Deutschland bedeutete ihm Verrat und war ihm Beweis, daß die Lenin und Trotzki Kreaturen Ludendorffs seien. Demgegenüber bekannte ich meine tiefe Abneigung gegen Kerenskis Politik, der die russische Revolution des Proletariats in den Dienst des westlichen Imperialismus stelle und revolutionäre

Deserteure dem französischen und englischen Kapitalismus zuliebe erschießen lasse. Mein entschiedenes Eintreten für Eure insurrektiven Pläne und die Annahme der Bezeichnung „Maximalist" für mich selbst zogen mir den Zorn Eisners in einem Maße zu, daß mir etwa vom Dezember ab der Zutritt zu den Diskussionsabenden, bei denen ich mich ja nur als Gast und Geduldeter zu betrachten hatte, verleidet war. Als dann der Januarstreik ausbrach, an dem in München Eisner den stärksten Anteil hatte und von dem er den unmittelbaren Anstoß zur Revolution erhoffte, war sein erstes, daß er die Parole ausgab, mir dürfte in keiner Versammlung das Wort verstattet werden. Also Front gegen links! als Leitmotiv einer proletarischen Revolution. Diese Parole ist denn auch von seinen unabhängigen Trabanten getreu befolgt worden. Dadurch entging ich damals dem Schicksal, dem Eisner mit einigen seiner nächsten Genossen selbst verfiel, der Verhaftung. Erst einige Monate später (im April) wurde ich auf Grund einer damals erst in Kraft tretenden militärischen Ausnahmegesetzgebung in Zwangsaufenthalt nach Traunstein verbracht, wo ich bis Zusammenbruch der deutschen Armee interniert war. (Die Einrichtung der Schutzhaft hat es in Bayern so lange nicht gegeben, bis es – Republik war.)

Diese Angaben persönlicher Natur schienen mir geboten, um Euch davon zu überzeugen, daß die Behauptung, die Räterepublikaner vom 6. April seien fast ausnahmslos bis zum Beginn der Revolution ohne politische Vergangenheit gewesen, auf mich nicht zutrifft. Was insbesondere meine Sympathie mit dem Bolschewismus anlangt, so datiert sie, wie gezeigt, schon aus der Kerenskizeit. Ich hatte dann aber noch Gelegenheit, sie auch Russen gegenüber zu bewähren. Denn mein (verbotener) Verkehr in Traunstein bestand hauptsächlich im Umgang mit russischen Zivilinternierten, die samt und sonders Menschewiki waren und unter denen ich als Deutscher der einzige war, der den Bolschewismus mit Leidenschaft verteidigte und propagierte.

Die Revolution in München brach zwei Tage vor der Berliner aus, am 7. November 1918, dem Jahrestage Eures Sieges. Ihre – im Sinne der politischen Wirkung – Gründlichkeit ging weit über die von Eisner mit dem konterrevolutionären Sozialpatrioten Auer verabredeten Vorsätze hinaus. Geplant war nur nach einer Massendemonstration die Erzwingung einer „rein demokratischen" Verfassung unter Beibehaltung der Monarchie und die Einsetzung eines „sozialistischen" oder doch von soidisant-Sozialisten[3] garnierten Kabinetts nebst den üblichen Zusagen, als Erbschaftssteuer, Aufhebung der 1. Kammer, Wegsteuerung der Kriegsgewinne etc. Erst als – einige Stunden nach Auflösung des Meetings auf der Theresienwiese – die Volksbewegung mächtig anschwoll, sich ihr die gesamte Garnison unter Sprengung der Kasernen-Internierung anschloß und aus der Demonstration offensichtlich eine Revolution geworden war, zog Eisner daraus die Konsequenz, nachdem schon am Nachmittag von mir zuerst die Republik ausgerufen und zur Bildung von Arbeiter- und Soldatenräten aufgefordert war, am späten Abend die Wahl eines Soldaten- und Arbeiterrats vornehmen zu lassen und in der Nacht als dessen Vorsitzender im Landtagsgebäude die „sozialistische Republik" zu proklamieren, während Auer noch in derselben Nacht bei den militärischen Stellen fünfhundert „zuverlässige" Mannschaften anforderte, um die Bewegung zu unterdrücken. Diese Soldaten waren aber nicht mehr aufzutreiben. Da ich bis in die späte Nacht hinein Straßenagitation trieb, war ich bei der Bildung des Arbeiterrats nicht zugegen und erfuhr erst am nächsten Morgen von den Vorgängen im Landtag.

Ich glaubte, diese kurze Darstellung geben zu sollen, um den besonderen Charakter des ersten Arbeiterrats, der im folgenden eine wichtige Rolle spielt, deutlich zu machen. Er hatte sich spontan aus den am Umsturz aktiv beteiligten Proletariern in der Stärke von etwa fünfzig Personen konstituiert, die sich um die damals ungeheuer populäre Person Eisners geschart hatten. Dieser „Revolutionäre Arbeiterrat" war und blieb die stärkste treibende Kraft der bayerischen Revolution bis zum April 1919. Er gab sich eine souveräne Verfassung mit dem Recht des Ausschlusses unzuverlässiger Mitglieder und der Kooptation von Genossen aus eigener Machtvollkommenheit. Während Eisner am 9. November eine „rein sozialistische" Regierung mit sich selbst als Ministerpräsidenten und dem Verräter Auer als Minister des Innern formierte, schritt der „Revolutionäre Arbeiterrat" (diesen Namen behielt er bei) sofort zur praktischen Arbeit. Schon am zweiten Tag seines Bestehens machte er von seinem Kooptierungsrecht Gebrauch, indem er – sehr gegen

---

[3] [Pseudo-Sozialisten]

Eisners Wunsch – mich in seine Mitte berief. Kurz darauf kooptierten wir Gustav Landauer, der erst nach dem Umsturz nach München gekommen war. Der RAR war es, der dann aus eigener Initiative die Bildung eines „Münchener Arbeiterrats" nach Betriebswahlen vornahm, desgleichen im ganzen Lande die Wahlen von Arbeiterräten organisierte und in Verbindung mit dem Soldaten- und Bauernrat die Schaffung einer Landesorganisation der Räte mit einem Zentralrat an der Spitze veranlaßte. In den Münchener Arbeiterrat traten wir in Stärke von fünfzig Genossen korporativ ein und nahmen ebenso korporativ an der ersten Tagung der konstituierenden Landesräteversammlung teil. Für den aus vierhundert Mitgliedern bestehenden Münchener Arbeiterrat stellten wir als erste These die Bedingung, daß ihm sozialdemokratische Partei- und Gewerkschaftsfunktionäre nicht angehören dürften, damit sein Charakter als Organ der Werktätigen selbst nicht verwischt würde. Als zur ersten öffentlichen Sitzung des Münchener Arbeiterrats trotzdem die Führer der reaktionären Gewerkschaften erschienen, beförderten wir sie im Handgemenge brachial zum Saal hinaus – fünfzig Mann gegen vierhundert –, und die Mehrheit fügte sich.

Der revolutionäre Geist im RAR festigte sich ständig dadurch, daß schwankende Elemente allmählich hinausgedrängt und entschlossene Revolutionäre kooptiert wurden. Eisner, der formell immer noch Vorsitzender dieser kleinen Organisation war, sich aber nie als solcher betätigte (nur einmal – im Januar – wurde er direkt vorgeladen, um sich wegen seiner höchst zweideutigen Politik zu rechtfertigen), mußte bald erkennen, daß er in diesem Organ seinen gefährlichsten Gegner zu fürchten hatte. Die politischen Programmunterscheidungen waren zu Anfang der Revolution noch ganz ungeklärt. Die Mitglieder des RAR gehörten größtenteils der USP an. Landauer, ich und noch zwei oder drei Arbeiter waren als Anarchisten bei keiner Partei. Mehrere Genossen – und keineswegs die schlechtesten – waren formell noch Mitglieder der Scheidemann-Partei. Wir fragten auch niemanden, ob und wo er organisiert sei, sondern beurteilten alles nach den Beobachtungen, die wir mit den einzelnen machten. Bedingung war einfach der Wille, die Revolution bis zur Durchführung des Sozialismus auf der Grundlage des Rätegedankens weiterzutreiben. Die Kommunistische Partei Deutschlands existierte noch nicht. Der Spartakusbund bestand als linker Flügel der USP, hatte aber in Bayern keine erklärten Zugehörigen.

Die erste revolutionäre proletarische Organisation gründete ich Ende November. Zur Orientierung teile ich das Flugblatt mit, das am 30. November erschien und große Wirkung bei den am weitesten vorgeschrittenen Arbeitern hatte. Es lautete:

„Revolutionäre, internationalistisch gesinnte kommunistische Arbeiter und Soldaten!
Männer und Frauen!
Nicht alle Volksgenossen sind mit dem bisherigen Verlauf der Revolution einverstanden.
Wir sind nicht zufrieden mit der Beschränkung der revolutionären Forderungen auf politische Angelegenheiten. Wir verlangen die Verwirklichung des Sozialismus als Krönung der gegenwärtigen Volksbewegung.
Das Ende des Weltkrieges bedeutet zusammen mit der Weltrevolution den Zusammenbruch des Kapitalismus. Auf seinen Trümmern wollen wir nicht altes zu retten suchen, sondern neues aufbauen. Wir blicken nicht auf den Weg, sondern aufs Ziel. Das Mittel der Revolution heißt Revolution. Das ist nicht Mord und Totschlag, sondern Aufbau und Verwirklichung. Mit diesem Mittel wollen wir die sozialistische Gesellschaft der Gerechtigkeit und Wahrheit bei uns durchführen, um den Brüdern der gesamten Internationale das Beispiel zu geben, das unsere russischen Kameraden uns gegeben haben. Wie sie wollen wir die Liebe zur Menschheit zur Richtschnur aller unserer Handlungen machen.
Zunächst haben wir dazu aufzuklären und die Kräfte zu sammeln, die die Rettung der Welt in der Neubelebung einer radikalen und konzessionslosen, sozialistisch-kommunistischen Internationale erkennen. Wir rufen das bayerische und darüber hinaus das deutsche Volk auf, mit uns gemeinsam die Verbindung mit den Völkern aller Länder herzustellen zu dem Ende, den internationalen Kapitalismus und Imperialismus von Grund aus zu stürzen und die Hand- und Kopfarbeiter zu Nutznießern des eigenen Werks zu machen.
Es lebe die Freiheit des Volkes! Es lebe die Revolution der Welt!

Es lebe die sozialistische Internationale!
Vereinigung revolutionärer Internationalisten Bayerns.
Erich Mühsam. Jos. Merl. Hilde Kramer. F.A. Fister."

Dieser sehr allgemein gehaltene Aufruf, der auf die Grundforderung der Kommunisten, die Rätediktatur, noch mit keinem Wort eingeht und die Sympathie mit Euch Bolschewiken nur vorsichtig andeutet, entsprach dem revolutionären Reifegrad des äußersten linken Flügels, der damals in München war. Erst die Versammlungen, in denen wir täglich die Massen bearbeiteten, gaben uns die Möglichkeit, die ungeheuer fest wurzelnden Vorurteile gegen den Bolschewismus zu zerstreuen, den Aberglauben an die freiheitliche Sendung der von Eisner versprochenen Nationalversammlung zu zerstören, den Begriff des Kommunismus zu popularisieren und das revolutionäre Wollen in der Formel bewußt zu machen: Alle Macht den Räten! Die „Vereinigung revolutionärer Internationalisten" gewann mit großer Schnelligkeit ungeheure Popularität bei der revolutionären Arbeiterschaft, die in ihren Versammlungen den Konzentrationspunkt für die Opposition fand, welche sich nach und nach gegen Eisners bürgerlich-demokratische Politik geltend machte. Ich habe die Gewißheit, daß diese Volkstümlichkeit wesentlich begründet war in dem von mir als Prinzip aufgestellten Verzicht auf parteimäßige Konstituierung. Ich pflegte den Arbeitern zu sagen: „Klebt Marken, wo ihr wollt und soviel ihr wollt, oder laßt es auch bleiben. Wir wollen hier keinen Zank um Organisationsfragen. Die VRI will alle sammeln, die mit dem Wunsch, die Revolution zum Kommunismus vorzutreiben, erfahren wollen, was das revolutionäre Proletariat dazu zu tun hat. Werbt für unsere Ideen in eurer Partei, in eurer Gewerkschaft, in eurem Betrieb, in eurem Privatkreis." Eine eigentliche Mitgliedschaft gab es demnach gar nicht. Die Mittel zur Agitation etc. wurden durch freiwillige Spenden und in den Versammlungen aufgebracht. Welcher Geist in der kürzesten Zeit die unausgesetzte Bearbeitung des Proletariats lohnte, zeigte sich schon in der Nacht vom 6. zum 7. Dezember, als nach einer Rede, die ich gegen die Gemeinheit und die Prostitution der Presse gehalten hatte, die Versammlung mich förmlich zwang, einen Zug gegen eine besonders verhaßte klerikale Zeitung zu führen. Da sich uns auf dem Weg etwa tausend Soldaten anschlossen, gelang es, in dieser Nacht fast alle bürgerlichen Zeitungen Münchens zu besetzen. Der sofort von der Reaktion alarmierte Ministerpräsident Eisner erschien dann persönlich mit dem Stadtkommandanten und dem Polizeipräsidenten und hatte immer noch genug Ansehen, um die Aktion rückgängig machen zu können. Die von ihm „befreite" Presse dankte ihm dadurch, daß sie eine Hetze gegen ihn veranstaltete, deren Wirkung am 21. Februar seine Ermordung durch den Grafen Arco war.

Die VRI fand sich täglich in engerem Kreis, der teilweise aus denselben Personen bestand, die den RAR bildeten, im Nebenzimmer einer Wirtschaft zusammen. Dort wurde die Buchführung besorgt, die Flugblätter und Plakate entworfen, die Prinzipien und die zu befolgende Politik diskutiert. An diesen Kreis wandte sich gegen Ende Dezember Genosse Max Levien, um ihn zur Umbildung der VRI zu einer Ortsgruppe des Spartakusbundes zu bewegen. Ich widersetzte mich (Landauer, der auswärts wohnte und nur gelegentlich nach München kam, gehörte der Vereinigung nicht an). Einmal fürchtete ich, daß eine Parteibildung dieselben Folgen haben würde, die sie in Deutschland noch immer gehabt hat: die Unterordnung des proletarischen Revolutionswillens unter die Parteiinteressen, dann aber konnte ich mich grundsätzlich nicht mit dem Programmpunkt des Spartakusbundes einverstanden erklären, der für ganz Deutschland eine einheitliche, zentralistische Räterepublik fordert. Bayern und ganz Süddeutschland sind erst vor fünfzig Jahren – nach ihrem Unabhängigkeitskrieg gegen Preußen 1866 – dem von Preußen dirigierten Reich beigetreten. Die partikularistischen Strömungen sind in Bayern enorm stark, die Unitaritätstendenzen, die die „demokratische" Reichsregierung mit Unterstützung aller sozialistischen Parteien fördert, unermeßlich unpopulär. Ich führe die gewaltige Stärkung der Reaktion in Bayern, die es zur Zeit zur deutschen Vendée macht, zum starken Teil auf den instinktiven Abscheu der kleinbäuerlichen und zum Teil auch der proletarischen Bevölkerung gegen die „Verpreußung" zurück. Mit diesem Hinweis behielt ich auch bei der VRI Levien gegenüber recht. Da ich jedoch sah, daß der Anschluß an eine revolutionäre Parteiorganisation der drängende Wunsch der Genossen war, riet ich zum korporativen Anschluß an die Bremer „Internationalen Kommunisten", die gleich mir die Aufrechterhaltung des föderalistischen Charakters Deutschlands auch für die Zukunft erstrebten. Der Anschluß wurde vollzogen. Ich selbst ließ mich, um einerseits meine Stellung als Anarchist zu betonen, anderseits meine vollkommene Solidarität mit den Genossen zu bekunden, mit denen ich bisher denselben Weg gegangen war, als Hospitant in die Mitgliederliste eintragen, stellte auch meine im November wieder zum Leben erweckte Zeitschrift „Kain" als Publikationsorgan weiterhin zur Verfügung. Übrigens bestand die VRI nach wie vor daneben weiter.

Anfangs Januar, nachdem durch den Austritt des Spartakusbundes aus der USP und seine Fusion mit den „Internationalen Kommunisten" die „Kommunistische Partei Deutschlands (Spartakusbund)" gegründet war, konstituierten sich unter Leitung des Genossen Levien die aus meiner Initiative (ich muß das im Status der Verteidigung immerhin betonen) zusammengeschlossenen Revolutionäre zur Münchener Ortsgruppe der KPD. Jetzt begann eine äußerst regsame und fruchtbare Tätigkeit, die von Levien und mir in engster Verbindung miteinander und in schönster nachbarlicher Kameradschaft organisiert wurde. Viele Versammlungsplakate aus jener Zeit tragen als Einberufer die gemeinsame Unterschrift der KP-Ortsgruppe und der VRI. In vielen Versammlungen traten Levien und ich nebeneinander als Referenten auf oder aber gleichzeitig in Parallelversammlungen, nachdem wir uns mündlich über den Inhalt unserer Referate verständigt hatten. Die „Vereinigung revolutionärer Internationalisten" war allmählich überflüssig geworden. Mir wurde die Möglichkeit zur propagandistischen Betätigung von der Kommunistischen Partei ausgiebig geboten. In zahlreichen ihrer Versammlungen wurde ich als ihr offizieller Redner aufgestellt, mußte oftmals für den verhinderten Levien einspringen und wurde auch von der Partei zu Werbeversammlungen außerhalb Münchens fortgeschickt. Bei der revolutionären Arbeiterschaft waren Levien und ich, wie ich glaube, gleichmäßig populär, obwohl es durchaus bekannt war, daß ich nicht Mitglied der Partei geworden war.

Die rapide Revolutionierung des Münchener Proletariats war nach meiner Überzeugung in erster Reihe der von den Kommunisten und Internationalisten übereinstimmend ausgegebenen Parole der Wahlabstinenz bei den bevorstehenden Wahlen zur deutschen und bayerischen Nationalversammlung zu danken. Die Gläubigkeit an die Allmacht des Parlamentarismus war von der alten Sozialdemokratie so sehr zum Inhalt aller Politik gemacht worden, daß mit der Erkenntnis der Arbeiter, daß ihre früheren Führer Betrüger waren, zugleich die Einsicht aufging, daß das wichtigste Organ des Volksbetrugs eben die Parlamente seien. Indem wir das Wesen der Räterepublik dem der parlamentarischen Demokratie gegenüberstellten, gewannen wir den besten Teil des Proletariats, dessen wachsender revolutionärer Wille den stärksten Ausdruck fand in der haßerfüllten Verwerfung der Wählerei. Eisner hatte am 8. November in seiner ersten Proklamation die schleunige Einberufung der Nationalversammlung versprochen. Die Zusage wurde bald das Kampfgeschrei der sich allmählich sammelnden Reaktion. Die Parole: für oder gegen die Nationalversammlung! bezeichnete die Grenze zwischen der Bourgeoisie und dem revolutionären Proletariat. Ich habe keinen Zweifel, daß ein Beschluß des ersten Parteitages der KPD, daß die Partei an den Wahlen teilzunehmen hätte, mindestens in München den Zerfall der Ortsgruppe gleich beim Entstehen bewirkt hätte. Eisner selbst, dem der bürgerliche Parlamentarismus A und O seiner politischen Einstellung war, mußte dem Widerstand, zu dem sich ganz besonders der „Revolutionäre Arbeiterrat" verpflichtet fühlte (wollte doch Eisner den Räten prinzipiell nur die Stellung eines „Nebenparlaments" mit einigen Kontrollrechten zuweisen), Rechnung tragen und verlegte sich auf eine dilatorische Politik, indem er die Bourgeoisie auf die Heimkunft der auf dem Rückmarsch befindlichen Heeresteile und selbst der Kriegsgefangenen vertröstete. Ende Dezember jedoch erpreßte eine bewaffnete Demonstration rückständiger Regimenter von ihm die Zusage, daß die Wahlen zum 12. Januar anberaumt würden.

Da Eisner von uns Störungen des Wahlakts und der Vorbereitungen dazu befürchtete, schritt er am 10. Januar 1919 zu einer Gewaltaktion. Er ließ in der Frühe des Tages die führenden Persönlichkeiten der KPD und des RAR verhaften, im ganzen zwölf Personen, darunter auch Levien und mich. Mit diesem Unternehmen holte er sich eine entscheidende Niederlage und vernichtete bei der radikalisierten Masse Sympathien, die ihm seiner entschlossenen und persönlich tapferen Haltung beim Januarstreik und bei der Novemberrevolution wegen überreich entgegengebracht wurden. Eine spontane Riesendemonstration zog vor das Ministerium des Auswärtigen und verlangte unsere Freigabe. Eisner wollte sie um keinen

Preis zugeben, verweigerte sogar zuerst, mit dem Sprecher der Masse zu verhandeln. Schließlich erzwang sich der Matrose Rudolf Egelhofer, der spätere Oberkommandierende der Roten Armee, den Zutritt, indem er von außen am Hause emporkletterte und durchs Fenster in Eisners Arbeitszimmer eindrang. Angesichts der bedrohlichen Haltung der Menge mußte darauf Eisner unsere sofortige Freilassung anordnen. In der Volksversammlung, in der die Masse uns erwartete, wurden wir mit ungeheuren Ovationen empfangen. Eisner hatte verspielt. Die revolutionäre Arbeiterschaft sagte sich von ihm los, während die Reaktion sich längst wieder stark genug fühlte, um auch ihrerseits gegen den immerhin unbequemen Ministerpräsidenten Sturm zu laufen, um seinen Platz mit dem zu jeder proletarierfeindlichen Schandtat bereiten Auer zu besetzen.

Der Haß der Bourgeoisie gegen Eisner strömte aus anderen Quellen als aus der Furcht vor seinem sozialistischen Radikalismus. Er war nationalistisch begründet. Denn Eisner hatte sich die ganze Phraseologie der Entente gegen die Boches zu eigen gemacht und bekämpfte durchaus nicht den Kapitalismus in dem Lande, in dem er die Gewalt übernommen hatte, sondern den Militarismus, die Pressekorruption (der er gleichwohl nicht zu Leibe zu gehen wagte), die bürokratische Verstocktheit, die Geheimdiplomatie und die Selbstgerechtigkeit, lauter Dinge, die mit Recht zu bekämpfen waren, auf die Eisners Angriffe aber von den orthodoxen Nationalisten als höchst kränkend und gefährlich empfunden wurden. Zu Eisners politischer Charakteristik sei angemerkt, daß er in seiner ersten Proklamation eine tiefe Verbeugung vor dem „großen Patrioten" Clemenceau exekutierte und daß er dann in völliger Konsequenz seines subjektiv durchaus lauteren Wilsonismus bayerische Dokumente zur Belastung Deutschlands in der Kriegsschuldfrage publizierte. Als „Sozialisten" brauchten ihn Bayerns Kapitalisten in keiner Weise zu fürchten. Schon in den ersten Tagen seiner Herrschaft hatte er eine Erklärung veröffentlicht, die die Kapitalisten völlig darüber beruhigte, daß es auf einen Angriff gegen ihr Ausbeuterinteresse abgesehen sein könnte. Eisner tat darin nämlich die Auffassung kund, daß an Sozialisierung nicht zu denken sei, solange nichts zum Sozialisieren vorhanden sei. Er stellte sich also auf den Standpunkt, daß der im Weltkrieg zusammengebrochene Kapitalismus sich erst wieder erholen und zur höchsten Blüte entfalten müsse, um dann mechanisch in den Sozialismus „hineinzuwachsen".

Auch sonst hätten die Bürger mit ihm zufrieden sein können. In einem seiner Erlasse berief er alle Offiziere und hohen Beamten, die das Volk vertrieben hatte, auf ihre Posten zurück. Bei der Bekämpfung des Bolschewismus ließ er dem Minister Auer, dem die Polizei unterstand, freie Hand. So erlebten wir es, daß unsere Plakate verboten, unsere Flugzettelverbreiter verhaftet wurden, während die Liga zur Bekämpfung des Bolschewismus ihre zu Pogromen aufreizende Propaganda ungestört betreiben konnte. Die beiden anderen mehrheitssozialistischen Minister gingen ihrem Kollegen Auer getreulich zur Hand, indem Herr Timm, dem die Justiz unterstellt war, die alten politischen Paragraphen des monarchistischen Strafgesetzbuches gegen Revolutionäre wirksam machte und Herr Roßhaupter, der Minister für militärische Angelegenheiten, sich von den Wittelsbacher Offizieren als Vollzugsorgan der Reaktion gegen die Soldatenräte mißbrauchen ließ.

Nach den Wahlen, die für Eisners Partei eine katastrophale Niederlage, für die „Auerochsen" (so nannte ich die Mehrheitssozialdemokraten gern in Versammlungen) einen triumphalen Erfolg brachten, verschärfte sich die revolutionäre Gärung in den Massen gewaltig. Zwei Ereignisse trieben die Spannung auf die Spitze. Roßhaupter übertrug den Offizieren des alten Regimes wieder Rechte, die ihnen die Soldatenräte einfach auslieferten, und kündigte überdies an, daß er die Soldatenräte überhaupt aufzulösen gedenke, da sie angesichts der bevorstehenden Liquidierung der gesamten Heeresmacht überflüssig geworden seien. Eigenartigerweise fand der Militärminister bei diesem reaktionären Walten den stärksten Halt beim Landessoldatenrat selbst. Als Anfang Februar der radikale Teil des Münchener Arbeiterrats eine Deputation in die Tagung des Landessoldatenrats entsandte und durch mich die Absetzung Roßhaupters verlangte, wurden wir von dieser Korporation glatt abgewiesen. In den Kasernen jedoch und der Arbeiterschaft war die Spannung dieses Anschlags auf die Revolution wegen ungeheuer.

Das andere Ereignis war die Folge einer Rede, die Genosse Levien, den wir inzwischen ebenfalls in den RAR kooptiert hatten, im Münchener Arbeiterrat gehalten hatte. Er hatte dabei zum entscheidenden Kampf gegen die Bourgeoisie aufgerufen, der „Auge in Auge, Brust an Brust" geführt werden müsse. Die Wirkung war seine Verhaftung auf Grund des Aufreizungsparagraphen des alten Strafgesetzbuches. Der RAR veranlaßte eine besondere Sitzung des Münchener Arbeiterrats, der einstimmig beschloß, die Freilassung Leviens energisch zu fordern. Eine Deputation, die sofort zum Staatsanwalt geschickt wurde, kam unverrichteterdinge zurück, da der Herr grade im Kino sei. Darauf wurde eine Deputation aus drei Mitgliedern des RAR gewählt, die am Tage darauf beim Justizminister Timm vorstellig wurde und mit Massenkundgebungen drohen sollte (die Deputation bestand aus den Genossen Landauer und Hagemeister und mir). Herr Timm verschanzte sich hinter seinen Staatsanwalt, der sein Untergebener war, und gab keine Zusage, entließ aber am Nachmittage desselben Tages trotzdem Levien aus der Haft, da er einsehen mußte, daß die Folgen seiner Weigerung für ihn und das ganze Kabinett Eisner bedrohlich werden mußten.

Dies war am 9. Februar, einem denkwürdigen Tage der bayerischen Revolution. Für den Abend war wieder der Münchener Arbeiterrat im Deutschen Theater zusammenberufen. Am Nachmittag vorher beriet in den Räumen des Reichsrats im Landtagsgebäude der RAR die Lage und beschloß, den Münchener Arbeiterrat zur Veranstaltung einer Riesendemonstration aufzufordern. Während dieser Verhandlungen betrat Genosse Levien, direkt vom Gefängnis kommend, das Sitzungszimmer. Es wurde jetzt auf Landauers Anregung hin beschlossen, daß wir in geschlossenem Zuge mit der roten Fahne zum Deutschen Theater marschieren und in den Saal, wo der Münchener Arbeiterrat versammelt war, einziehen sollten. Das geschah. Wegen der Bedeutung der Sitzung – handelte es sich doch um die Verteidigung des Grundrechts der freien Meinungsäußerung – waren die Vertrauensleute der Münchener Betriebe eingeladen worden, der Sitzung des Arbeiterrats beizuwohnen. Sie füllten die Tribünen des Erdgeschosses und des ersten Stockwerks, während die Galerie im zweiten Stock dicht besetzt war von Kommunisten. Als der „Revolutionäre Arbeiterrat", Levien unter der roten Fahne an der Spitze, in geschlossenem Zuge in den Saal einrückte, brach auf den Tribünen frenetischer Jubel los. Die Sitzung selbst verlief äußerst dramatisch. Levien hielt eine zündende Rede, in der er betonte, daß man ihn zwar aus Angst vor der Wut des Proletariats jetzt freigelassen habe, daß aber das Strafverfahren gegen ihn weitergeführt werde. Währenddem zeigten mir zwei Genossen Vorladungen vor den Untersuchungsrichter als Zeugen in einer Strafsache gegen mich, aus denen hervorging, daß die Regierung jetzt nach zwei Monaten noch wegen der Besetzung der Zeitungen am 6. Dezember einen Landfriedensbruchs-Prozeß inszenieren wollte. Ich teilte das der Versammlung mit, und nun wurde stürmisch eine Demonstration verlangt, die die Zusicherung von der Regierung erzwingen sollte, die alten politischen Strafbestimmungen unter keinen Umständen gegen Revolutionäre anzuwenden. Die Debatte über die Demonstration verlief sehr erregt, und als wir Radikalen verlangten, daß zugleich die Abdankung Auers, Timms und Roßhaupters sowie die Nichteinberufung der Nationalversammlung verlangt werden sollte, entstand ein Tumult, bei dem die Sozialdemokraten, die die große Mehrheit des Münchener Arbeiterrats bildeten, unter Protest den Saal verließen. In diesem Moment sprang Landauer auf den Vorstandstisch und forderte die Vertrauensleute der Betriebe auf, als die wahren Vertreter des Proletariats sogleich die freigewordenen Sitze einzunehmen. Unter dem brausenden Beifall der Tribünen und während ich am Rednerpult die rote Fahne schwenkte, vollzog sich die Umgruppierung. Darauf wurde der einmütige Beschluß gefaßt, die Demonstration am 16. Februar stattfinden zu lassen. Sie sollte als positive Forderung die Nichtanwendung der politischen Paragraphen durchsetzen und im übrigen die revolutionäre Entschlossenheit des Proletariats der Regierung und dem ganzen Volk vor Augen führen.

In diesen Tagen trat in München zum ersten Mal der allgemeine bayerische Rätekongreß zusammen, dessen Hauptaufgabe war, seine Kompetenzen gegen den zum 21. Februar zusammenberufenen Landtag festzulegen. Der RAR war durch zehn Mitglieder in diesem Kongreß vertreten, zu denen auch ich gehörte. Eisner war gerade vom Berner Sozialistenkongreß zurückgekehrt, wo er den Sozialverrätern der Ententeländer eine Reu- und Bittrede für die Aufnahme Deutschlands in den Völkerbund und in seine sozialistische Dependance, die Zweite Internationale, gehalten hatte. Mit dieser Rede hatte er sich zwar die Gunst Renaudels und seiner Genossen erworben, aber den Haß der deutschen Nationalisten in einem Maße zugezogen, daß sein Leben verwirkt war. Die reaktionäre Presse, deren „Freiheit" er trotz unserer immer wiederholten Warnungen unangetastet ließ, beschuldigte ihn verleumderischerweise, die Franzosen in der Zurückhaltung der deutschen Kriegsgefangenen bestärkt zu haben (das Gegenteil war der Fall), und in Studenten- und Offizierskreisen wurde offen zu seiner Ermordung aufgefordert. Während der Zeit seiner Abwesenheit war aber auch innerhalb seines eigenen Kabinetts eine raffinierte Intrige gegen ihn angesponnen worden. Kaum von Bern zurückgekehrt, kam Eisner dahinter, daß seine von ihm auf ihre Posten berufenen rechtssozialistischen Amtskollegen Auer und Roßhaupter bereits eine neue Ministerliste fertig hatten, in der Auer das Präsidium führte, Eisner aber und seine beiden unabhängigen Helfer, der Minister für soziale Fürsorge Unterleitner und der Finanzminister Jaffé (der weitaus fähigste Kopf des Kabinetts Eisner), ausgeschifft waren. Im Rätekongreß deckte Eisner diese Machenschaften unter starken Ausfällen gegen seinen anwesenden Ministerkollegen Roßhaupter öffentlich auf, stellte sich aber am nächsten Tage, nach einer Ministerrats Sitzung, in der das Kabinett beschlossen hatte zusammenzubleiben, nachdem Landauer Roßhaupter als „Noske-Affen" bezeichnet hatte, wieder schützend vor diesen „seinen Freund", was ich zum Anlaß nahm, die Beseitigung des ganzen Ministeriums und seine Ersetzung durch eine revolutionäre Körperschaft zu verlangen. Der „Revolutionäre Arbeiterrat" betrieb inzwischen mit großem Eifer die Vorbereitungen für die Demonstration in dem Bestreben, ihr einen unzweideutigen revolutionären Charakter zu geben. Es war nämlich bekannt geworden, daß die Rechtssozialisten sich beteiligen wollten, um für „Demokratie", „Ruhe und Ordnung" und Parlament Stimmung zu machen. Die Partei- und Gewerkschaftsführer sahen jedoch rechtzeitig ein, daß die Stimmung der Massen gegen sie war, und die „Auerochsen" wurden kommandiert, zu Hause zu bleiben. Eisner dagegen, der, solange es ging, versucht hatte, die ganze Kundgebung zu vereiteln, sah, daß seine Autorität beim Proletariat erschüttert war, und entschloß sich, um seiner revolutionären Tendenz die Spitze abzubrechen, sich selbst als Spitze dem Umzug voranzustellen. Damit wollte er zwei Vorteile auf einmal erzielen: erstens aus der Protestaktion gegen seine Regierung eine Vertrauenskundgebung für sich selbst zu machen, zweitens – angesichts der Treibereien seiner rechtssozialistischen Kabinettsgefährten gegen ihn – seine Popularität bei den Massen zu festigen, um für den Fall seines Sturzes, der nach dem Ausfall der Wahlen binnen kurzem zu erwarten stand, Anschluß bei der radikalen Opposition zu finden.

Eisners Absichten mißlangen in jeder Hinsicht. Als sich am 16. Februar die Massen zu einer Demonstration auf der Theresienwiese sammelten, wie sie München nie gesehen hatte, erschien er allerdings im offenen Auto. Die Ovationen, die er erwartete, blieben jedoch aus, und er konnte den Geist, der das Proletariat erfüllte, an den Aufschriften der Plakate erkennen, die der RAR verteilte und um die sich die Männer und Frauen scharten. Einige dieser Aufschriften mögen zeigen, unter was für Parolen der Zug sich in Bewegung setzte – und die Rufe der Menge, ihr Gesang und ihr Verhalten bewies, daß sie die roten Fahnen, die massenhaft mitgetragen wurden, nur unter diesen Parolen als ihr Symbol betrachteten. Da las man:

– „Gedenkt Karl Liebknechts und Rosa Luxemburgs!"
– „Alle Macht den A.-, B.- und S.-Räten!"
– „Das souveräne Volk läßt sich von keinem Staatsanwalt
  seine Revolution verbieten!"
– „Hoch Lenin und Trotzki!"
– „Laßt Euch durch Schwätzer nicht vertreten,
  Selbst herrscht das Volk in seinen Räten!"
– „Die Arbeiter- und Soldatenräte tanzen nicht nach der
  Landtagsflöte!"
– „Arbeiterblut ist genug geflossen –
  Entwaffnet die weißen Garden, Genossen!"
– „Acht Tage noch so weiter leiern, und Bluthund Noske
  schießt in Bayern!"
– „Nieder die Diktatur des Kapitalismus!
  Hoch die Diktatur des Sozialismus!"

Von den öffentlichen Gebäuden in ganz München wehten die roten Fahnen, ebenso von vielen Privathäusern, an denen der Zug vorbeikam. Es mögen etwa 15.000 Personen daran teilgenommen haben. Die Sektionen der KPD bildeten allein einen ganzen Zug. Mehrere Regimenter der Münchener Garnison stellten geschlossene Formationen. Die Schwerverwundeten wurden in Wagen mitgefahren. Viele Mitglieder des Rätekongresses beteiligten sich, diverse Betriebe waren durch Abordnungen vertreten. Der „Revolutionäre Arbeiterrat" als Organisator des Ganzen trug ein mächtiges revolutionäres Emblem vor sich her und wurde stürmisch begrüßt. Eisner aber fuhr an der Spitze dieses gegen seine eigene Politik demonstrierenden Zuges und kam sich dabei selbst so deplaciert vor, daß er auf halbem Wege sein Auto schwenken ließ und dann mit dem Minister Unterleitner und Jaffé im Deutschen Theater die Abordnung der Massen erwartete, als deren Sprecher Landauer die Forderungen des Proletariats vortrug. Der Zug durchzog inzwischen unter gewaltigen Hochrufen auf Sowjetrußland und den Bolschewismus und Flüchen auf Noske, Auer, Scheidemann, Roßhaupter, die Presse und die Bourgeoisie die Hauptstraßen der Stadt. Vor dem Kriegsministerium, aus dem riesige rote Fahnen herabhingen, ertönten besonders von den Soldaten wilde Rufe: Nieder mit Roßhaupter!, die aus den Fenstern seines eigenen Ministeriums lebhaftes Echo fanden. Am Spätnachmittag traf der Zug wieder auf der Theresienwiese ein, wohin der Bescheid auf die Forderungen gebracht werden sollte. Eisner hatte zugesagt, daß die Strafverfolgungen gegen Levien und mich eingestellt würden und daß er sich im Ministerrat für die Ausschaltung der politischen Paragraphen aus dem Strafgesetzbuch einsetzen wolle. Der positive Ertrag der Demonstration war also dürftig, und die Masse zeigte Lust, sich nicht damit zufriedenzugeben, sondern vor Eisners Ministerium zu ziehen. Nach einer kurzen Besprechung einiger Mitglieder des RAR und der KPD kamen wir indessen überein, die Demonstration in Anbetracht der eingebrochenen Dunkelheit und um den ungeheuren Eindruck, den die passive und bürgerliche Bevölkerung zweifellos von der Kundgebung empfangen hatte, nicht durch eine in ihrem Ausgange sehr zweifelhafte Fortsetzung zu vermindern, zum Heimgehen aufzufordern. Levien und ich hielten die Schlußansprachen, in denen wir die Notwendigkeit betonten, den Kampf gegen die Regierung Eisner fortzusetzen, und Hochs auf die proletarische Weltrevolution ausbrachten.

Der Rätekongreß beendete in den nächsten Tagen seine Arbeiten, die darin bestanden, dem Landtag, der am 21. Februar im selben Saal zusammentreten sollte, alle seine Befugnisse zu übertragen. Auf eine Anzapfung unserer Genossen, welche Aufgaben er denn eigentlich den Arbeiterräten zuweisen wolle, erwiderte Eisner (das war, wenn ich mich nicht täusche, am 18. Februar, dem letzten Tage, an dem ich ihn sah), er wolle alle öffentlichen Wirtschaften zwingen, fortan einen einheitlichen Speisezettel zu führen, und dem Arbeiterrat die Kontrolle der Durchführung überlassen. Ich erwiderte ihm, daß ich mich schon jetzt auf die Menüs im Nebenzimmer des Regina-Palast-Hotels freue, daß wir Revolutionäre jedoch vom Ministerpräsidenten andere Maßnahmen verlangten, um das wirtschaftliche Leben Bayerns zu heben, als derartige Späße, und erhob unter dem Beifall der Tribüne die Forderung, Eisner solle sofort ohne Rücksicht auf Berlin die diplomatischen Beziehungen zu Sowjetrußland aufnehmen, um auf diese Weise womöglich auch zu wirtschaftlichen Beziehungen zu gelangen. Hierauf gab Eisner keine Antwort. Ich führe die Episode aber an, um zu zeigen, welcher Horizont damals den Blick eines führenden und zu riesigem Einfluß gelangten unabhängigen Sozialisten umgab. Sein Streben war von Anfang an darauf gerichtet, den Einfluß der Räte immer mehr einzuschränken und ihre Tätigkeit zu völliger Bedeutungslosigkeit zu verurteilen. Seine Stellung Sowjetrußland gegenüber hatte sich seit der Kerenskizeit in nichts geändert. Bei der schon erwähnten Vorladung vor den RAR im Januar, bei der ich als Sprecher gewählt war, hatte ich Eisner auch die bestimmt formulierte Frage vorgelegt, wie er sich das künftige Verhältnis seiner Regierung zu Rußland denke. Die Antwort lautete wörtlich: „Ich unterhalte keine Beziehungen zu einer Regierung, die mit Millionen arbeitet." Übrigens werdet Ihr, russische Genossen, ja durch den Genossen Towia Axelrod erfahren haben, wie Eisner seinen Haß gegen die Bolschewiki an ihm ausließ.

Der Rätekongreß tagte noch bis zum 20. Februar. Da ich der Überzeugung war, daß irgendwie Bedeutungsvolles bei den Beratungen nicht mehr zutage gefördert werden könne, da außerdem die revolutionären Organisationen den Beschluß gefaßt hatten, den Landtag vorerst ungestört zusammentreten zu lassen, reiste ich am 19. Februar zu einer Agitationsreise nach Baden ab, wohin mich die Spartakisten in Mannheim und Heidelberg eingeladen hatten. An diesem 19. Februar wagte die Reaktion zum ersten Male eine offene Gewaltaktion gegen die Revolution, indem eine Anzahl eigens von Norddeutschland herbeigerufener Matrosen, angeblich „zum Schutz des Landtages", einen Putsch gegen den Rätekongreß unternahmen, um das Landtagsgebäude zu besetzen. Der Anschlag wurde verhindert. Es besteht sehr viel Ursache zu der Annahme, daß der eigentliche Veranlasser dieses Unternehmens kein anderer war als der rechtssozialistische Minister des Innern Auer. Über den Verlauf dieser Aktion im einzelnen gehe ich hinweg, da ich Wert darauf lege, in diesem Zusammenhange nur Dinge zu schildern, für die ich als Beteiligter oder Augenzeuge persönlich einstehen kann.

Am 21. Februar erfuhr ich in Mannheim von der Ermordung Eisners und unterbrach infolgedessen die Agitationsreise, konnte jedoch infolge der Störung des Eisenbahnverkehrs und da bei der Verwirrung in München auch kein Telefonanschluß zu erreichen war, durch den ich ein Auto oder Flugzeug hätte erhalten können, erst in der Frühe des 24. Februar dort eintreffen. Leider war auch Landauer während der Katastrophe von München abwesend gewesen, so daß unser Einfluß bei der Ergreifung der ersten Initiative nicht mehr zur Geltung kam. – Die Kenntnis der tatsächlichen Ereignisse setze ich voraus. Doch werden ein paar erklärende Hinweise willkommen sein. Eisner wurde bekanntlich auf dem Wege von seiner Amtswohnung zum Landtagsgebäude erschossen, als er – wie dann bekannt wurde – eben im Begriff war abzudanken und seine ganze Macht dem gegenrevolutionären Parlament auszuliefern. Übrigens war das Attentat nicht die selbständige Tat des Mörders Arco, wie er behauptet und vom Gericht als erwiesen angenommen wurde, sondern die Teilhandlung eines umfänglichen Komplotts, dem außer Eisner noch Landauer, Levien und ich zum Opfer fallen sollten. Am Tage vor der Tat war nämlich ein Soldat bei meiner Frau gewesen, um zu warnen. Er habe als Ordonnanz in einer Offiziersmesse gehört, daß morgen (also am 21. Februar) zu mir ein Offizier in einfacher Soldatenuniform kommen solle, der gewiß nichts Gutes im Schilde führe. Dasselbe sei gegen Landauer und Levien geplant (von Eisner sprach der Mann nicht, nannte aber den Namen des Offiziers, der mich besuchen wolle). Da – wie die Verschwörer wohl erfahren haben werden – Landauer und ich verreist waren, Levien aber keine ständige Wohnung hatte und immer sehr schwer zu finden war, unterblieben weitere Anschläge. In der Tat vermochte die beschränkte Sippe, der der Graf Arco angehörte, gar nicht zwischen den grundsätzlich feindseligen Tendenzen zu unterscheiden, die Eisner von uns Kommunisten trennten. Das zeigte sich in dem Prozeß gegen den Mörder, als er Eisner und mich wiederholt in einem Atemzuge

nannte, in der Meinung, daß wir völlig einige Genossen gewesen
wären. Somit charakterisierte sich der Mord als ein gegen die proletarische Revolution selbst gerichtetes Unternehmen, die eben Eisner
durch seinen Tod vor dem Untergang, dem er sie auszuliefern im
Begriffe stand, rettete.

Als Attentat auf die Revolution wurde die Bluttat denn auch
vom Proletariat bewertet, und es war nur natürlich, daß im Augenblick nach seiner Ermordung sich alle Sympathien Eisner wieder zu-
wandten. Er war mit seinem Tode zum Symbol der bayerischen Revolution geworden, und der Drang nach Rache war am stärksten
gerade bei den Kämpfern des Proletariats, die bisher Eisners Politik
auf das erbittertste bekämpft hatten. Es war auch natürlich, daß sich
dieser Drang im ersten Augenblick gegen das Parlament als solches
wandte und ganz besonders gegen den Minister Auer. Daß Auer
Eisner stürzen wollte, war allgemein bekannt, ebenso, daß er sich
dazu der Unterstützung der gesamten Bourgeoisie versichert hatte.
Es war ihm nachgewiesen worden, daß er in seiner Eigenschaft als
Minister des Innern die Bewaffnung des reaktionärsten Teils der
Bauernschaft veranlaßt und organisiert hatte; ja er hatte in Gemeinschaft mit dem gleichfalls sozialdemokratischen Justizminister
Timm an erster Stelle einen Aufruf unterzeichnet, der zur Bildung
einer „Bürgerwehr", also einer weißen Garde gegen das Proletariat,
aufforderte. Der Verdacht, daß auch die Ermordung Eisners auf sein
Konto zu setzen sei, war wahrscheinlich falsch, aber durchaus ver-
ständlich. Ein (wirkungsloser) Revolveranschlag, der schon am 26.
Dezember auf mich verübt war, lief meiner festen Überzeugung
nach auf Auers Einfluß zurück, und daß diesem „Sozialisten" kein
Mittel zu gemein war, um es gegen Revolutionäre zu gebrauchen,
zeigte sich später im Prozeß gegen den Genossen Lindner, als sich
herausstellte, daß eine Oberleutnantsgattin, die mich mehrmals mit
ihrem Besuch beehrte, als Spitzelin Auers bei mir gewesen war.
Lindner, der vom ersten Revolutionstage an Mitglied des RAR war,
war ein ganz unkomplizierter, aber durchaus zuverlässiger, dem
Kommunismus wahrhaft ergebener Proletarier und ein sehr leicht
erregbarer Mensch. Sein Eindringen in die Sitzung der Landtagsabgeordneten, die eben scheinheilig die Mordtat an Eisner verurteilten, und die Schüsse, die er auf Auer abgab, waren einfach die Re-
flexbewegungen der Revolution auf die vorbedachte Gewalt der

Konterrevolution. Es ist bezeichnend, daß man Lindners Tat vor dem Klassengericht als aus ehrloser Gesinnung entflossen bewertete, während der überlegte und von hinten her verübte Mord des Grafen Arco ausdrücklich als aus ehrenvollen Motiven stammend anerkannt wurde. Genosse Lindner sitzt im Zuchthaus, während Arco zur Festungshaft begnadigt wurde, die er unter wesentlich angenehmeren Bedingungen verbüßt als wir Revolutionäre, für die ein ganz neuer Vollzug dieser Strafe erfunden worden ist.

Als ich am 24. Februar in München wieder eintraf, hoffte ich, daß der „Revolutionäre Arbeiterrat" als solcher die Regierung provisorisch übernommen hätte, bis auf Grund neuer revolutionärer Betriebswahlen ein neuer Rätekongreß die Geschicke des von seinem feige auseinandergelaufenen Parlament im Stich gelassenen Landes weiter beschließen würde. In der Tat hatte der RAR zuerst völlig das Richtige getan: er hatte den Belagerungszustand über ganz Bayern verhängt, den Generalstreik proklamiert, die Zeitungen besetzen lassen, die dann unter schärfster Zensur erscheinen durften, und betrieb die Bewaffnung der Arbeiterschaft. Leider aber hatte er es unterlassen, den alten Zentralrat aufzulösen, diesem da durch freie Hand gelassen, den früheren Rätekongreß beschleunigt wieder einzuberufen. So hatten wir im Grunde wieder, was wir gehabt hatten: einen Arbeiter-, Bauern- und Soldatenräte-Kongreß, der zwar diesmal, da das Ministerium nicht mehr existierte, die einzige souveräne Macht des Landes darstellte, der aber bei der Präponderanz der Mehrheitssozialisten im Zentralrat und im Kongreß sich selbst nur als Platzhalter des bürgerlichen Parlaments und der von diesem einzusetzenden Regierung empfand.

Eisners Bestattung gestaltete sich zu einer ungeheuren, über das ganze Land greifenden revolutionären Demonstration. In allen Städten und Orten Bayerns mußten die Kirchenglocken geläutet werden und fanden Umzüge statt, an denen die Bourgeoisie in feiger Angst teilnahm. In München selbst bewegte sich ein endloser Zug mit roten Fahnen und Kranzschleifen von der Theresienwiese zum Ostfriedhof, wo die Trauerfeier und die Verbrennung stattfand. Die USP hatte von Berlin eine Abordnung entsandt, der Luise Zietz sowie Haase, Kautsky und Barth angehörten. Die drei ehemaligen Angehörigen der Regierung Scheidemann reisten unglücklicherweise nicht mit Frau Zietz nach Berlin zurück, sondern hielten es für nötig, ihre Weisheit noch befruchtend in den bayerischen Rätekongreß zu ergießen. Sie legten mit ihrer Tätigkeit den Keim zu allem Unglück, das kurz nachher entstand.

Der Rätekongreß erwies sich erst jetzt, wo er die ganze gesetzgebende Macht Bayerns repräsentierte, als das gänzlich hilflose und unentschlossene Gebilde, das nirgends Hand anzulegen, nirgends seinen Beschlüssen Nachdruck zu geben wagte. Ein Beispiel mag illustrieren, wie der Kongreß seine Macht gebrauchte. Seit November hatte sich als Bahnhofskommandant ein gewisser Aschenbrenner etabliert, der mit seiner Abteilung der dem Stadtkommandanten Dürr (Mehrheitssozialist) unterstellten „Republikanischen Schutztruppe" am Bahnhof ein wahres Schreckensregiment eingerichtet hatte. Er ließ kommunistische Flugblattverbreiter festnehmen, die dann unter dem Vorwand, sie hätten geplündert, furchtbar geprügelt wurden. Diese Tätigkeit setzte er nach der Ermordung Eisners ungestört fort. Zwei junge Leute, die auf der Bahnhofswache mißhandelt waren, wurden dem Kongreß vorgeführt. Sie entblößten den Oberkörper und zeigten ihre Wunden und Striemen. Darauf wurde eine Deputation zu Aschenbrenner geschickt. Sie kehrte zurück, und ihr Sprecher, Genosse Dr. Wadler, brachte eines der Marterinstrumente mit, einen Peitschenstumpf, dessen bloßgelegtes inneres Drahtgestell zum Schlagen benutzt wurde. Die Empörung des Kongresses war ungeheuer. Die Entfernung Aschenbrenners von seinem Posten wurde beschlossen. Der Zentralrat, der den Beschluß auszuführen hatte, zeigte sich aber dazu außerstande. Aschenbrenner gab die freche Antwort, man möge ihn von seinem Posten wegholen. Er blieb. Wer im Rätekongreß wußte, wohin gesteuert werden sollte, waren die Auerochsen, die mit allen Mitteln versuchten, „Ruhe und Ordnung", das heißt also eine „rechtmäßige" demokratische Regierung, in der sie dominierten, wiederherzustellen, und auf der anderen Seite die wenigen Radikalen; das waren wir zehn Vertreter des RAR und die Vertreter der Arbeitslosen und der demobilisierten Soldaten, die ihre Vertretung im Kongreß erzwungen hatten. Unsere zahlenmäßig äußerst schwache Position wurde stark gestützt durch die Tribüne, die unsere Reden mit kräftigen Zurufen ermunterte, und durch die Straße, das heißt durch permanent tagende – meist von den Arbeitslosen organisierte – Versammlungen, die den Kongreß fast täglich durch Delegationen erschreckte, die äu-

ßerst präzise revolutionäre Forderungen stellten. Im Saale selbst
fanden wir noch Unterstützung bei einem Teil der Unabhängigen
und einer Minderheit der Bauernräte. Den entscheidenden Kern der
Versammlung bildete die aus kompromißlerischen Unabhängigen
und widerstrebend revolutionären Bauern zusammengesetzte Mehrheit. Die Soldatenräte waren größtenteils ganz reaktionär.

Wohin unsere Forderungen in Übereinstimmung mit den täglich
versammelten revolutionären Proletariern zielten, werden diese
Sätze erhellen, die ich dem nach Eisners Ermordung von mir im
„Kain" veröffentlichten Artikel entnehme: „Jetzt aber darf es kein
Zurück mehr geben. Jetzt gilt es der Gegenrevolution den Hals zuzudrücken, daß sie nie wieder zu Atem kommen darf. Man proklamiere sofort die Räterepublik, die kein Paktieren mit dem bürgerlichen Parlamentarismus mehr kennt. Man lasse die kapitalistisch
monopolisierte ‚Freiheit' der Presse nicht wieder zur Seelenvergiftung und Mordanstiftung zu. Man unterbinde die Offiziers- und
Studentenverschwörungen mit den radikalsten Mitteln der Volksdiktatur. Man expropriiere den Großgrundbesitz, entrechte das rententragende Kapital, beginne mit sozialistischer Arbeit in Stadt- und
Landgemeinden und scheue dabei nicht zurück vor der revolutionären Dekretierung weltstürzender Neuerungen. Man vertreibe alle
verantwortlichen Persönlichkeiten des alten Systems von ihren Posten, pfeife auf den Bannfluch von Weimar und verbinde sich schnellstens mit den natürlichen Verbündeten der sozialistischen Revolution, mit den herrlichen Vorkämpfern der Weltbefreiung in Rußland
…"

Räterepublik! Das war vom Tage des Todes Eisners an der Refrain aller Kundgebungen. Ein stürmisches Verlangen nach ihrer sofortigen Ausrufung machte sich im Proletariat geltend, und die
Kommunistische Partei insbesondere erhob diese Massenforderung
zu ihrer eigenen. Es wird aufgefallen sein, daß hier von der KPD im
allgemeinen wenig die Rede war. In der Tat hatte die Partei bisher
ihre Tätigkeit ganz auf Agitation unter den Massen und Organisation in den eigenen Reihen beschränkt. Der Haß, der ihr dabei den
Namen „Spartakisten" bei der Bourgeoisie zuzog, bewies, daß diese
Arbeit fruchtbar war. Zu eigenem Handeln war die Ortsgruppe aber
jedenfalls noch zu schwach. Politisches Eingreifen überließ sie daher

stets dem RAR, dem ja Levien angehörte und der mindestens zur Hälfte aus Parteikommunisten bestand. Durch den RAR war demnach die Partei auch im Rätekongreß vertreten. Außerdem gehörten einige Delegierte der Arbeiterräte aus den Landbezirken der KPD an, ohne sich jedoch im Kongreß als Fraktion zusammenzuschließen.

Das Drängen nach schleuniger Ausrufung der Räterepublik war um so verständlicher, als allerlei reaktionäre Machenschaften gleich wieder bemerkbar wurden, die es dem Proletariat nötig erscheinen ließen, die Macht selbst zu übernehmen. Zunächst war da die Sabotage der Bewaffnung des Proletariats. Dem Stadtkommandanten Dürr war aufgegeben, die Austeilung von Gewehren nach Betrieben zu veranlassen. Er tat fast nichts in dieser Sache, und die wenigen Waffen, die verteilt wurden, gerieten in die Hände ausgesuchter Mehrheitler, so daß die Gefahr entstand, die Verfügung über die Waffen werde schließlich bei den reaktionären Gewerkschaftsführern sein. Hierzu kam, daß der Zentralrat sich gleich nach Eisners Tod erweiterte, indem von der sozialdemokratischen Mehrheitspartei zwei Funktionäre der Gewerkschaften hinein entsandt wurden. Der RAR delegierte daraufhin auch seinerseits zwei Genossen in den Zentralrat: Levien und Hagemeister, die jedoch gleich wieder austreten mußten, da sich der Zentralrat unter dem Einfluß der Rechtssozialisten auf ein höchst zweideutiges Programm verpflichtete. Die Hauptsache aber, die das Mißtrauen des Proletariats auf den Höhepunkt trieb, war die geheimnisvolle Tätigkeit der drei Berliner Unabhängigen. Eines Tages erschien Emil Barth auf der Rednertribüne des Rätekongresses und redete von der Notwendigkeit, sich wieder eine richtige Staatsordnung zu geben. Er kam dann auch als Gast in die Sitzung des RAR und wollte uns bewegen, doch von dem blödsinnigen Gedanken einer Räterepublik abzukommen. Man müsse diplomatisch vorgehen, dann erreiche man viel mehr und so weiter. Ich trat ihm sehr energisch entgegen, und er holte sich bei den Genossen des RAR die gründlichste Abfuhr. Inzwischen aber merkte man, daß hinter den Kulissen allerlei Schiebungen vor sich gingen. Die Sitzung des Rätekongresses mußte unterbrochen werden, da die USP eine wichtige Besprechung habe, und es wurde ruchbar, daß an dieser Besprechung die Herren Haase, Kautsky und Barth teilnahmen. Dann fand auch noch eine gemeinsame Konferenz der USP mit den Rechtssozialisten statt. Es war klar, daß eine Überraschung geplant war.

Die kommunistische Agitation für die Räterepublik hatte inzwischen die Konterrevolution überaus nervös gemacht. Am 27. Februar wurden von Flugzeugen Zettel über München abgeworfen, die die Unterschriften des Nürnberger Stadtkommandanten Schneppenhorst und Dr. Ewingers, des späteren Diktators Oberbayerns, trugen und besonders gegen Levien und mich scharfmachten. An diesem selben Tage trug sich dann ein Ereignis zu, das das Proletariat im äußersten Maße erregte. Während der Sitzung des Rätekongresses drangen plötzlich die Führer der „Republikanischen Schutztruppe" mit geschwungenen Pistolen und unter dem Ruf: „Hände hoch!" in den Saal. Levien und ich wurden herausgezerrt und unter Mißhandlungen die Treppe heruntergestoßen. Ebenso wurde dann noch Landauer, der eben das Haus betrat, festgenommen und ferner noch Dr. Wadler, der Vertreter der Arbeitslosen Cronauer und der Delegierte der demobilisierten Soldaten Markus Reichert von der KPD. Wir sollten, wie dann bekannt wurde, verschleppt werden und als Geiseln für etwaige Aktionen des Proletariats dienen. Daß dieser Plan nicht zur Ausführung kam, dankten wir hauptsächlich dem Beistand der das Landtagsgebäude schützenden Abteilung der „Republikanischen Schutztruppe", die von jeher vorzüglichen revolutionären Geist gezeigt hatte – das lag an der ständigen Berührung mit dem im Landtagsgebäude tagenden RAR – und sich nun anschickte, uns gegen die Gewalt ihrer Kameraden von den anderen Abteilungen der RS mit den Waffen zu verteidigen. Als die Situation aufs äußerste bedrohlich geworden war und ein Kampf unvermeidlich schien – schon waren Maschinengewehre in Stellung gebracht –, kam vom Stadtkommandanten Gegenorder, und wir waren frei.

Der RAR beschloß jetzt im Einverständnis mit der KPD, den Rätekongreß vor eine Entscheidung zu stellen, und ich erhielt den Auftrag, am nächsten Tag den Antrag einzubringen, Bayern zur Räterepublik auszurufen. Der Kongreß sollte also aus dem Provisorium ein Definitivum machen, zugleich sollte das Proletariat selbst in Aktion treten, die Waffen nehmen, die Ämter säubern, Betriebsräte neu wählen und das Sowjetsystem unter proletarischer Diktatur verwirklichen. Ich begründete den Antrag (am 28. Februar), der dann zur namentlichen Abstimmung kam. Es stimmten 70 Delegierte für die Räterepublik, 234 dagegen. – Ich muß hier einschalten, daß unter den Gegnern des Antrages auch mein Freund Landauer sich befand, der auf eine Begründung seiner Haltung vor dem Kongreß selbst verzichtete, dann aber privatim nahezu dieselben Gründe angab, die fünf Wochen später für die Kommunistische Partei maßgebend waren. Vor allem hielt er den Zeitpunkt für die Proklamation für verfrüht.

Wie die Massen dachten, zeigte sich während der Auszählung der Stimmen. Eine mächtige Demonstration erregter Arbeiter erschien vor dem Landtagsgebäude, um in drohender Haltung das Resultat abzuwarten. Landauer, sonst eine der beliebtesten Persönlichkeiten bei der Menge, versuchte vom Fenster aus beschwichtigend einzuwirken, indem er die Gründe darlegte, die die Ausrufung der Räterepublik in diesem Augenblick gar nicht wünschenswert machten. Er mußte abtreten. Man verlangte nach Levien und mir. Wir hatten die größte Mühe, die Arbeiterschaft zum Abzug zu bewegen, die durchaus entschlossen war, obwohl sie unbewaffnet war, das Gebäude zu stürmen und den Kongreß zum Teufel zu jagen. Mir hat es später sehr leid getan, daß wir damals gebremst haben. Die Räterepublik wäre sonst durch einen heroischen Akt des Proletariats erzwungen worden, und die schlimmen Differenzen, die im April unsere Aktion zur Totgeburt machten, wären der bayerischen Arbeiterschaft erspart geblieben.

Die Gärung in der Bevölkerung war gewaltig. Wie populär die Idee der Räterepublik selbst bis in rechtssozialistische Kreise der Arbeiterschaft schon war, beweisen die schon einige Tage vorher vom Münchener Arbeiterrat (der zur Mehrheit aus Auerochsen bestand) angenommenen, vom Genossen Dr. Wadler eingebrachten Forderungen: Sofortige Ausrufung der sozialistischen Räterepublik, Einsetzung von Volksbeauftragten, Einsetzung eines Revolutionstribunals, Standrecht gegen die Reaktion. – Die Konterrevolutionäre hingegen betrachteten die Ablehnung des Antrages Mühsam keineswegs als Triumph. Am folgenden Tage nämlich (1. März) wurden bereits wieder Flugblätter über München abgeworfen, die diesmal vom Münchener Stadtkommandanten Dürr, vom (unabhängigen) Polizeipräsidenten Staimer, von Vertretern der sozialdemokratischen Partei und der freien Gewerkschaften unterzeichnet waren und in denen es hieß: „ … Wollt Ihr, daß die Straße Euch weiter vergewaltigt? Könnt Ihr Euch länger von Elementen wie Levien, Mühsam, Hagemeister, Cronauer und Konsorten den Fuß auf den Nacken, die Pistole auf die Brust setzen lassen? Nein! Genau so, wie uns die Gegenrevolution, die Bourgeoisie, ins alte Elend bringen würde, genau so wird das Volk von den Spartakisten und ihrem Anhang, den Plünderern, ins größte Unglück gestürzt werden. Deshalb gilt es, daß alle Arbeiter und Soldaten das unerträgliche Joch einer brutalen Minderheit abschütteln, gemeinsam den Boden der Ordnung im Sinne einer einigen Sozialdemokratie betreten und das Volk endlich der wahren Demokratie, dem Sozialismus, der echten Volksherrschaft zuführen. Wir müssen unverzüglich ein rein sozialistisches Ministerium bilden … Vor allen Dingen müssen wir den ebenso gefährlichen Elementen des Spartakusbundes und dem sich immer mehr breit machenden Lumpengesindel das Handwerk legen. Arbeiterschaft! Soldaten! Handeln heißt es! Die vernünftige Bevölkerung bleibe zu Hause! Die Straße muß freibleiben für die Soldaten, die berufen sind, sozialistische Ordnung zu schaffen! Es geht ums Ganze! Es geht um die Errungenschaften der Revolution! Es gilt die Rechte der Räte vor dem Terror der Straße zu schützen! Es geht um den geeinigten Sozialismus! – Soldaten! Schart Euch um Eure berufenen Führer! Folgt nur der Parole, die diejenigen ausgeben, denen Ihr Vertrauen schenkt! Deshalb in die Kasernen! Dort werden Eure gewählten Kasernenräte und Führer mit Euch unternehmen, was das Volkswohl erfordert." Das war offene Kriegserklärung.

Am Abend desselben Tages rechnete ich im Münchener Arbeiterrat öffentlich mit Dürr und Staimer ab, deren Absetzung ich verlangte. Beide Herren waren persönlich zugegen. Es gelang ihnen, sich mit ihrer Nervosität zu entschuldigen, und derselbe Münchener Arbeiterrat, der wenige Tage vorher Wadlers radikalen Forderungen zugestimmt hatte, erteilte dem Polizeipräsidenten und dem Stadtkommandanten, die am selben Tage zum Blutbad gegen die Revolutionäre aufgereizt hatten, sein Vertrauensvotum. Die Sitzung schloß spät in der Nacht. Da meine Freunde vom RAR nach der Provokation für meine Sicherheit auf dem Heimweg fürchteten, zwangen sie die beiden, mich in ihrem Auto heimzufahren, und der Stadtkommandant und der Polizeipräsident, die mich am selben Nachmittag verhaften und womöglich erschießen wollten, setzten mich persönlich in meiner Wohnung ab.

KAIN

Zeitschrift für Menschlichkeit  Herausgeber: Erich Mühsam.

Erscheint jeden Dienstag / Verantwortlich für Redaktion und Verlag Erich Mühsam, München, Georgenstraße 105 IV, Telephon 33626. / Druck von Max Steinebach, München, Baaderstraße 1 und 1a. Geschäftsstelle München, Baaderstraße 1a, Telephon 26355. / Einzelnummer 20 Pfennig, vierteljährlicher Bezugspreis Mk. 2.50. Zu beziehen durch alle Buchhandlungen und Postämter. / Straßenverteiler in München: J. Pfalner, Zeitungs-Zentrale, Färbergraben 17—18, Telephon 21059; Franz Kirmaier, Haupt-Zeitungsverlag, Schäfflerstraße 11, Telephon 21442. Anzeigenpreis die 6 mal gespaltene Nonpareillezeile 60 Pfennig, bei Wiederholung Rabatt.

Nummer 5.   Samstag, den 1. Februar 1919   5. Jahrgang.

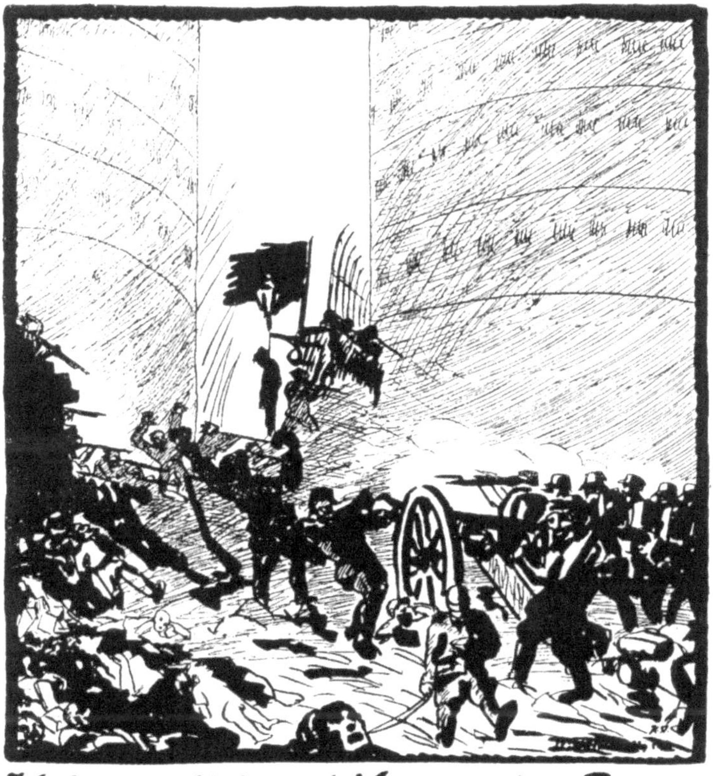

Der Rätekongreß hatte nach der Ablehnung meines Antrages beschlossen, daß der im Januar gewählte Landtag trotz seiner feigen Desertion in der Stunde seines ersten Zusammentritts als zu Recht bestehend anerkannt würde. Charakteristisch aber für die Halbheit aller seiner Maßnahmen war die aus Angst vor dem Proletariat zugleich gefaßte Entschließung, daß das Parlament vorerst vertagt bleiben solle. Darauf beeilten sich die Sozialdemokraten eine Erklärung abzugeben, wonach sie sich in der Lage erklärten, „in einem sozialistischen Ministerium mitzuwirken". Gleichzeitig forderten sie eine Neukonstituierung des Rätekongresses auf Grund von Wahlen, die nach den Grundsätzen der Verhältniswahl stattzufinden hätten, demnach das Abberufungsrecht, ohne das das ganze Rätesystem unsinnig ist, illusorisch machten. Die Rechte der Räte sollten zudem in einer Weise eingeschränkt werden, die ihren wirklichen Einfluß vollständig gebrochen hätte. Bei der Verhandlung des Antrages im Kongreß stellte sich heraus, daß es den Rechtssozialisten hauptsächlich darauf ankam, dem RAR den Todesstoß zu versetzen. Der Redner der Auerochsen sagte in seiner Begründung, daß es seiner Partei unmöglich sei, mit den Mitgliedern des „Revolutionären Arbeiterrats" in einem Aktionsausschuß zu arbeiten. Er stellte daher den formellen Antrag, die drei Mitglieder, die der RAR zum Aktionsausschuß stellen durfte, zu streichen. Landauer erwiderte, wies darauf hin, daß der Mann, der hier gesprochen hatte, das Recht dazu nur daraus nehme, daß der „Revolutionäre Arbeiterrat" ihn eingeladen habe, den er nun ausgeschlossen wissen wollte. Bei dieser Gelegenheit sprach Landauer den später viel zitierten Satz: „In der ganzen Naturgeschichte kenne ich kein ekelhafteres Lebewesen als die sozialdemokratische Partei."

Die Reibereien zwischen den Revolutionären und den „sozialistischen" Konterrevolutionären nahmen indessen immer heftigere Formen an. Der Stadtkommandant wagte es, die Abteilung der RS, die uns beim Überfall auf den Kongreß geschützt und der die Versammlung dafür einstimmigen Dank ausgesprochen hatte, aus dem Landtagsgebäude fortzunehmen, ja, einige als besonders revolutionär bekannte Soldaten ohne weiteres aus der Schutztruppe zu entlassen. Sie wendeten sich an den Kongreß, der auch versprach, sich ihrer anzunehmen, und ausdrücklich verfügte, daß die Abteilung im Hause bleiben sollte. Allein wiederum erwies sich die Ohnmacht des Zentralrats, Beschlüsse durchzuführen. Der Wille des Rätekongresses wurde einfach ignoriert. Die Beratungen verloren sich meistens in ganz überflüssigem Geschwätz über gleichgültige Nebensächlichkeiten. Wesentliche Dinge, wie zum Beispiel ein von mir in Gemeinschaft mit einem radikalen Bauernrat eingebrachter Antrag, die ländlichen Kommunalverbände aufzulösen und ihre Funktion den Bauernräten in Gemeinschaft mit städtischen Arbeiterräten zu übertragen, wurden verschleppt und kamen gar nicht zur Verhandlung. Inzwischen hatte im Gefolge der Rührigkeit der Berliner Unabhängigen in Nürnberg eine gemeinsame Konferenz der Mehrheitssozialisten, der Unabhängigen und der gemäßigteren Richtung des Bauernbundes stattgefunden, und am 7. März wurde dem Kongreß das „Nürnberger Kompromiß" durch den Mund eines der rückständigsten Bauernräte vorgetragen. Da dieses Kompromiß die eigentliche Ursache der späteren Ereignisse wurde, sei es in extenso mitgeteilt.

1. „Sofortige Einberufung des Landtages zu einer kurzen Tagung. Bildung eines sozialistischen Ministeriums durch die beiden sozialistischen Parteien mit Errichtung eines land- und forstwirtschaftlichen Ministeriums und Besetzung durch einen Bauernbündler nach Beratung mit dem Aktionsausschuß der A.–, S.– und B.-Räte, Anerkennung dieses Ministeriums durch den gewählten Landtag, Schaffung einer Notverfassung.

2. Übertragung weitgehender Vollmachten durch den Landtag auf das Ministerium zur Leitung der Regierungsgeschäfte.

3. Zusammenfassung und Ausbau der Propaganda-Abteilung für Volksaufklärung.

4. Die gesetzgebende und vollziehende Gewalt liegt während der Zeit des Provisoriums allein in den Händen des Ministeriums. Je ein Vertreter der A.–, S.– und B.-Räte kann mit beratender Stimme an den Sitzungen des Ministerrats teilnehmen.

5. Sofortige Schaffung einer freiwilligen Volkswehr aus gewerkschaftlich organisierten Arbeitern; sofortige Auflösung des stehenden Heeres.

6. In den Vertretungen der Gemeinden, Bezirke, Kreise und staatlichen Behörden steht den A.–, S.– und B.–Räten das Recht der

praktischen Mitarbeit durch Abordnungen in diese Körperschaften zu. Im Ministerium des Innern ist ein Referat für die Räteorganisation zu errichten und nach dem Benehmen mit dem Aktionsausschuß zu besetzen.

7. Den A.–, S.– und B.–Räten steht ferner das Recht zu, beim Landtag und bei der Regierung Beschwerden, Eingaben und Gesetzentwürfe einzureichen und letztere jeweils durch einen Beauftragten vertreten zu lassen. Den neugewählten Räten steht eine Berufung gegen Beschlüsse des Landtags an die Volksgesamtheit zu. (Referendum.)

8. Die Neuwahlen der Räte sind im ganzen Lande nach den Grundsätzen der Verhältniswahl möglichst bald anzuordnen. Über aktives und passives Wahlrecht sind vom Gesamtstaatsministerium unter Mitwirkung des Aktionsausschusses besondere Bestimmungen zu treffen.

9. Die Rechte der Räte sind unter Berücksichtigung von Punkt 6 und 7 durch ein besonderes Gesetz umgehend festzulegen."

Die revolutionäre Minderheit war über diese dem Rätekongreß zugemutete Selbstentmannung empört, konnte aber die Annahme der Leitsätze nicht verhindern. Die Punkte wurden einzeln beraten und abgestimmt und nach der Annahme von Punkt 1 sofort zur Wahl des Ministeriums geschritten, dessen Zusammensetzung natürlich von den Parteien hinter den Kulissen längst vereinbart war. Zum Ministerpräsidenten wurde der Mehrheitler Hoffmann bestimmt, der im Kabinett Eisner Kultusminister war, sich aber im Kampf der Meinungen bisher ziemlich passiv verhalten hatte. Sein wahres Gesicht zeigte der Mann erst, als er auf dem Gipfel seiner Laufbahn angelangt war. Das Ministerium für Kultus und Unterricht, für das der Kongreß zuerst den linksstehenden Rechtssozialisten Niekisch gewählt hatte, den Vorsitzenden des Zentralrats und des Rätekongresses, behielt Hoffmann dann als Ministerpräsident neben dem Ministerium des Auswärtigen, das er gleichfalls übernahm, bei. Für das Innere wurde der bisherige Demobilmachungskommissar Segitz, für die Jusitz ein Herr Endres, beide Mehrheitssozialisten, gewählt. Die Soziale Fürsorge übertrug man dem weit rechts stehenden Unabhängigen Unterleitner, der dieses Ministerium schon zu Eisners Zeit verwaltet hatte, Handel und Industrie dem Nürnberger rechten Unabhängigen Simon. Der einzige Ministerkandidat, der einstimmig gewählt wurde, war Professor Jaffé als Finanzminister, der sich unter Eisner als revolutionärster Geist innerhalb des Ministerrats erwiesen hatte. Für das Militärwesen war der schon erwähnte Schneppenhorst vorgeschlagen. Die Mißstimmung gegen diesen Mann war jedoch infolge der Flugblätter, die er über München hatte abwerfen lassen, bis in reformistische Kreise hinein so groß, daß auch die Unabhängigen gegen ihn sprachen und seine Parteigenossen ihn daher selbst fallenließen. Seine Wahl wurde einstimmig abgelehnt und dafür der Rechtsunabhängige Scheidt ernannt. Im übrigen wurden die neun Punkte hintereinander erledigt. Bei der Gesamtabstimmung war nur eine geringe Minderheit klar genug, die furchtbare Gefahr zu erkennen, die mit diesem Beschluß über das ganze Land gebracht war. Ich rief bei der Verkündigung der Annahme des Nürnberger Kompromisses in den Saal: „Herr, vergib ihnen, denn sie wissen nicht, was sie tun." Damit ging der Rätekongreß auseinander. Er hatte die Revolution preisgegeben.

Die Arbeiterschaft selbst verzichtete jedoch keineswegs auf ihre Fortsetzung. Sie verfolgte mit der mißtrauischsten Aufmerksamkeit den weiteren Verlauf der Dinge, entschlossen, ihre revolutionären Rechte mit allen Mitteln zu verteidigen. Der Landtag trat also wirklich zusammen, nachdem dem „Revolutionären Arbeiterrat" seine Räume außerhalb des Hauses, nämlich im früheren Palais des Königs, zugewiesen waren. Die Helden des 21. Februar tagten unter grotesker militärischer Sicherung, indem sie das Kopfnicken, das ihnen die Nürnberger Kompromißler vorgeschrieben hatten, vollzogen. Trotzdem fand sich die Möglichkeit, den Willen des Rätekongresses gleich nach der Rückkehr ins Parlament mit Füßen zu treten. Kaum war nämlich der Kongreß vertagt, da warfen die Kompromißparteien mit dem Zentralrat zusammen die Liste des „rein sozialistischen" Ministeriums wieder um und änderten darin die beiden für den Rätekongreß wichtigsten Posten. Professor Jaffé, der schon unter Eisner im Sinne des linken Flügels der Unabhängigen gearbeitet hatte (so hatte er sich öffentlich zu der Absicht bekannt, das Inseratenmonopol für die Presse durchzuführen), wurde einfach über Bord gesetzt, obwohl er der einzige Ministerkandidat war, gegen den sich im Kongreß keine einzige Stimme erhoben hatte. Aber er war Jude und galt als Radikaler. Das Finanzressort wurde provisorisch einem Beamten überlassen, um es später wieder durch einen eigenen Minister zu besetzen. Zweitens wurde aber auch ein weiterer „Unabhängiger" von der Liste gestrichen, der zum Militärminister ausersehene Herr Scheidt, der bisher provisorisch schon das Amt verwaltet hatte. Er schien den konterrevolutionären „Sozialisten" wohl schon zu radikal, obwohl seine Unterschrift am 1. März mit unter den zitierten zum Bürgerkrieg aufrufenden Flugblättern gestanden hatte. Statt seiner wurde der vom Rätekongreß einstimmig abgelehnte Schneppenhorst eingesetzt, der Mann, der dann die Rolle des bayerischen Noske übernehmen sollte. Im übrigen zeigte aber der Landtag seinen demokratischen Willen dadurch, daß er ein albernes Gesetz annahm, durch das die Führung des Adelstitels fortan in Bayern verboten wurde. Das war eine Verballhornung eines von Landauer und mir im Rätekongreß eingebrachten, aber nicht mehr beratenen Vorschlags, der die Adels-Vorrechte dadurch ausschließen wollte, daß er einfach die Strafbarkeit der unberechtigten Führung von Adel und Titeln aufzuheben empfahl. Da sich das Gesetz des Landtags nur auf den bayerischen Adel bezog, da außerdem die betroffenen Familien erklärten, ihr Adelsprädikat bilde einen unlöslichen Bestandteil ihres Namens, blieb das Ganze eine wirkungslose Demonstration.

Die Stimmung der Massen kam an dem Abend zum Ausdruck, als die Mehrheitssozialdemokratie fünf Massenversammlungen einberief, in denen die von ihnen gestellten neuen Minister sich dem Volk vorstellen sollten. Alle diese Versammlungen verliefen als unzweideutige kommunistische Kundgebungen. Den Rednern wurde überall übel zugesetzt, der neuen Regierung die allerschärfste Opposition angekündigt, die Werbeinserate der Reaktion zur Bildung von weißen Garden wurden ihr vorgehalten, und aus allen Reden und Rufen der Proletarier klang immer wieder die eine Forderung heraus: Räterepublik! – Natürlich versetzten die Berliner Märzunruhen mit den Schreckenstaten der weißen Mörder die Münchener Arbeiterschaft in besondere Unruhe. Sie verlangten Garantien gegen das Übergreifen derartiger Vorgänge nach Bayern und erreichten denn auch, daß die Regierung in einem strikten Verbot jede militärische Werbung für den sogenannten „Grenzschutz Ost" oder gegen den Bolschewismus untersagte. Ja, Herr Schneppenhorst erließ sogar Haftbefehle gegen Werbeoffiziere, die den Oberst Epp, der die

Rolle Koltschaks für Bayern spielen wollte und später mit Schneppenhorsts Unterstützung auch wirklich spielte, veranlaßten, seine Tätigkeit an die Grenze außerhalb des Landes, nach Ohrdruf in Thüringen zu verlegen, wo er ein antibolschewistisches Freikorps aufstellte.

Der Landtag war verabredungsgemäß gleich nach Erledigung der wenigen gestellten Aufgaben wieder heimgeschickt worden und sollte erst zusammentreten, wenn der Zentralrat ihn wieder brauchte. Man rechnete auf Ende Mai. Die Regierungsgeschäfte lagen inzwischen formell bei den einzelnen Ministerien, doch wurden alle praktischen Arbeiten tatsächlich von den Staatskommissariaten geleitet, die schon seit Eisners Ermordung am Werk waren und teilweise sehr Tüchtiges leisteten. Ein großer Teil der organisatorischen Tätigkeit lief beim Staatskommissariat für Demobilmachung zusammen, dessen erster Referent, das Mitglied des „Revolutionären Arbeiterrats" Paulukum (USP), außerordentlich tatkräftig die Interessen der Arbeiterschaft wahrte. Als Kommissar für das Wohnungswesen griff Genosse Dr. Wadler so gründlich durch, daß er sich den unauslöschlichen Haß der Bourgeoisie zuzog. Er beschlagnahmte sämtliche Spekulationsgrundstücke, um darauf Wohnstätten zu errichten, registrierte alle großen Wohnungen und quartierte Arbeiterfamilien bei Kapitalisten ein. Er reiste selbst im Lande umher, um sich persönlich von der miserablen Unterkunft der Arbeiter bei den großen Industrieanlagen (so der Bergarbeiter von Penzberg) zu überzeugen und Abhilfe zu schaffen. Ich halte es für eine Pflicht loyaler Solidarität, wenn ich ein paar Worte zugunsten dieses Genossen hier einfüge. Dr. Wadler war erst nach Ausbruch der Revolution zu sozialistischen Überzeugungen gelangt. Während des Krieges war er – von Beruf Rechtsanwalt – Offizier gewesen und hatte sich von alldeutschen Ideen völlig durchtränken lassen. In Belgien oblag ihm ein verantwortlicher Dienst bei der Zwangsdeportation belgischer Arbeiter. Er versah diesen Dienst durchaus im Geiste seiner Auftraggeber, und seine vom Standgericht ans Licht gezerrten Berichte und Ratschläge offenbarten in der Tat dasselbe Maß unsozialer Gesinnung, das die deutsche Militärdiktatur während des Krieges allgemein auszeichnete. Mit dem Niederbruch der deutschen Heere gingen Wadler die Augen auf. Er sah aus vollem Herzen ein, wie verblendet er vorher gewesen war, und gab sich mit seiner ganzen Person der Revolution hin. Keiner von uns allen, die wir näher mit ihm zu tun hatten, hat je die Empfindung gehabt, daß er ein ehrgeiziger Konjunktur-Revolutionär sei. Der RAR nahm ihn gern in seine Mitte auf, und er hat sich in jeder Situation treu bewährt. Das Standgericht verurteilte Wadler später unter Aberkennung der bürgerlichen Ehrenrechte zu acht Jahren Zuchthaus und begründete das Schandurteil mit dem Vorwurf, seine frühere unsoziale Haltung beweise die Unehrlichkeit seiner revolutionären Gesinnung und seines Bekenntnisses zum Kommunismus. In Wirklichkeit war das von Juristen und Offizieren gefällte Urteil ein Racheakt gegen den ins andere Lager übergegangenen Juristen und Offizier und zugleich ein Racheakt der in ihrem Besitzfanatismus gekränkten Bourgeoisie gegen den Arbeiterquartiermacher in ihren Behausungen. Daß P. Werner die vom konterrevolutionären Standgericht gegen Wadlers Ehrenhaftigkeit angezogenen Argumente wiederholt, um den Mann, der zufällig nicht bei der KPD organisiert war, auch beim Proletariat zu verdächtigen, ist tief beschämend. Die Regierung kannte die Stimmung unter den Massen zu gut, um nicht zu wissen, daß sie die Vollmachten der sehr populären Kommissariate nicht ein engen durfte. Sie mußte vielmehr bestrebt sein, den Proletariern auch in den allerwichtigsten Forderungen, denen, die die Expropriation der Expropriateure betrafen, wenigstens scheinbar entgegenzukommen. Das immer drohender hörbare Verlangen nach der endgültigen sozialen Revolution, nach der Rätediktatur, mußte beschwichtigt werden, und dazu mußte das Wort „Sozialisierung" herhalten. In dieser Zeit tauchte in München der Nationalökonom Dr. Neurath auf, der vorher in Leipzig einem volkswirtschaftlichen Institut vorgestanden hatte. Dieser hochintelligente, von großem theoretischem Wissen bediente Mann begann seine Tätigkeit mit öffentlichen Vorträgen über Sozialisierungsprobleme, in denen er außerordentlich weitgreifende Pläne für die Vergesellschaftung der Produktion entwickelte. Er stellte sich dem RAR vor, wurde auch vom Münchener Arbeiterrat zu einem Vortrag eingeladen und fand bei der Arbeiterschaft starkes Interesse, wenngleich ihm persönlich einiger Argwohn entgegengebracht wurde, der in der völligen Wahllosigkeit begründet lag, mit der Neurath seine Ideen auch in den rückständigsten Bürgerkreisen zu Gehör brachte. Der Grundgedanke seiner Vorschläge bestand darin, daß die gesamte Produktion

166

vollständig in den Dienst des notwendigen Bedarfs gestellt würde, als den er bezeichnete: auskömmliche Unterkunft, Verpflegung, Bekleidung und Vergnügung für alle Volksgenossen ohne Unterschied. Er wollte die Luxus- und Spekulationsindustrie absolut unterbinden, glaubte dadurch den Kohlen- und Kraftbedarf für die Ernährungs-, Textil-, Werkzeugproduktion etc. decken zu können, wollte die Übernahme der Großbetriebe und des Großgrundbesitzes in die Hände der Gesellschaft ohne Ablösung bewirken und stellte also sozialistische Forderungen auf, mit denen das Proletariat an und für sich sehr zufrieden sein konnte. Das Dilettantische seines Vorgehens bestand nur darin, daß er der Ansicht war, diese Maßnahmen ließen sich ohne Eingriff in die politische Verfassung des Landes durchführen. Er pflegte zu sagen, er halte es mit jeder Regierung, die ihn ungestört arbeiten lasse, ob es eine absolutistisch-monarchistische sei oder eine Räterepublik, sei ihm gleichgültig. Aus Opportunitätsgründen ließ sich Neurath in die sozialdemokratische Partei aufnehmen, und also gestützt auf die Regierungspartei selbst, glaubte er nun vermöge seiner konzilianten Beredsamkeit die gesamte Bürgerschaft von der Nützlichkeit und Notwendigkeit seiner Vorsätze überzeugen zu können. Wen er in der Tat gewann, das war der Minister für Handel, Gewerbe und Industrie, Herr Simon, der in seinem sehr opportunistischen unabhängigen Gemüt im Ernst meinte, kraft seines Amtes durch einfache Erlasse des Ressortministeriums den Sozialismus in Bayern einführen zu können. Neurath wurde auf sein Betreiben vom Ministerrat zum Sozialisierungskommissar mit außerordentlichen Vollmachten ernannt.

Am 21. März schlug die Nachricht von der Ausrufung der Räterepublik in Ungarn wie eine Bombe ein. Die Begeisterung des Proletariats war überschwenglich. Der Name Béla Kun wurde neben denen Lenins und Trotzkis zum Kampfruf für die Massen. Die Versammlungsredner fanden mit dem Appell zur Nacheiferung des ungarischen Beispiels jubelnde Zustimmung. Vor der Bourgeoisie tauchte erst jetzt das Gespenst der Räterepublik als unmittelbare leibhaftige Drohung auf. Die Regierung bekam eine Höllenangst und hoffte auf Neurath. Dieser überredete das Ministerium, eine Proklamation zu erlassen, in der die „Vollsozialisierung" angekündigt wurde. Zugleich lud man die sächsische (ebenfalls „sozialistische") Regierung ein, dem Beispiel zu folgen, erhielt aber von Herrn

Gradnauer in Dresden eine sehr deutliche Absage. Wie konsterniert
die Bourgeoisie war, zeigte sich daran, daß es Neurath gelang, einen
Führer der klerikalen Agrarbourgeoisie, Herrn Dr. Schlittenbauer,
für seine Pläne einzufangen. Wahrscheinlich sah der Mann die Unvermeidlichkeit des kommunistischen Sieges so deutlich vor sich,
daß er alle Rettung nur noch in einem rechtzeitigen Pakt mit dem
Umsturz suchte, bei dem die von ihm vertretenen Großbauern ihre
Schäfchen eben noch ins trockene bringen mochten. Neurath selbst
mußte allerdings bei allen Versuchen, Praktisches zu leisten, immer
mehr einsehen, daß ihm der Kapitalismus zähen Widerstand entgegensetzte, gegen den ihm die Vollmachten des Ministers Simon
nicht das mindeste halfen. Er mußte also seinen Wagemut bald etliche Pflöcke zurückstecken.

Die Hauptsorge der Regierung Hoffmann war, die eigene Position gegen die immer schärfer zur revolutionären Aktion drängenden Massen zu festigen. Auch da mußte Neurath helfen. In einer
vom RAR einberufenen großen Volksversammlung in der letzten
Märzwoche, in der ich das Referat hatte, erbat der Sozialisierungskommissar außer der Reihe das Wort und überraschte die Tausende
seiner Hörer mit einem Projekt, für das er die Zustimmung der Regierung so gut wie sicher habe. Der bayerische Staat werde den
Kommunisten ein großes, fruchtbares Gebiet, das einige tausend
Personen bequem ernähren könne, mit allem nötigen Werkzeug und
einem Kapital von vorläufig einer Million Mark zur völligen freien
Bewirtschaftung nach eigenen Grundsätzen zur Verfügung stellen,
auf dem diejenigen, die sich dort ansiedeln wollen, die Realisierbar-
keit ihrer Ideen experimentell beweisen könnten. Neurath malte die
Vortrefflichkeit seines Planes in leuchtenden Farben aus und versprach jedes Entgegenkommen in der Auswahl des Gebiets, in der
Freigebigkeit des Staates und in allen Einzelheiten. Die Versammlung war perplex und einigermaßen ratlos, wie sie sich diesem Anerbieten gegenüberstellen sollte. Landauer empfahl die Annahme,
indem er auf die russischen Mustersiedlungen hinwies und die
Möglichkeiten hervorhob, die sich aus dem Bestehen einer solchen
revolutionären Keimzelle ergeben könnten. In der Diskussion ging
weiter kein einziger Redner auf Neuraths Vorschläge ein, ein Zeichen, wie mißtrauisch die Arbeiter selbst ein so verlockendes Anerbieten betrachteten. Im Schlußwort goß ich dann gehörig Wasser in

Neuraths Wein. Auch ich meinte, daß man grundsätzlich auf den Plan eingehen müsse, schon um nicht in den Verdacht zu geraten, als ob man sich selbst vor kommunistischen Experimenten fürchte. Ich bedeutete Neurath aber, daß die Arbeiterschaft sich nicht in die Situation eines Geschenkempfängers gedrängt sehen wolle, sondern als gleichberechtigter Vertragskontrahent die Verhandlungen führen wolle. Sie müsse also ihre strikten Bedingungen stellen, damit die Regierung vor allen Dingen nicht zu dem Glauben verleitet werde, als ob sie mit der Verpflanzung einiger tausend Kommunisten aufs Land etwa die unangenehme kommunistische Opposition in ganz Bayern los sei. Neurath möge seiner Regierung mitteilen, daß sein Angebot erst dann diskutabel werde, wenn jenes abgetrennte Gebiet als politisch absolut autonom anerkannt werde, daß seine Anwohner demnach nicht den bayerischen kapitalistischen Gesetzen unterworfen seien, daß es eigene diplomatische Vertreter halten werde, und zwar in Rußland und Ungarn, daß seine Männer Waffen führen müssen, um sich gegen Angriffe auf ihre kommunistischen Anlagen zu wehren, und daß ihnen bei alledem die freie Agitation im übrigen Bayern nicht verkümmert werde. Diese Antwort fand die lebhafte Zustimmung der Versammlung. Von der Sache selbst hat man dann nichts mehr gehört.

Die erfreulichen Nachrichten aus Budapest – die ungarische Sowjetregierung richtete sofort ein Mitteilungsbüro in München ein – gaben der politischen Regsamkeit der Kommunisten vervielfachtes Leben. Fast täglich fanden überfüllte Massenversammlungen statt, in denen die Aussichten der proletarischen Revolution erörtert wurden und die stets in der Zuversicht schlossen, daß die bayerische Räterepublik ein in Kürze erreichbares Ideal sei. Bei fast allen diesen Versammlungen war die KPD die Einberuferin – nur gelegentlich abgelöst durch die Arbeitslosen und ganz selten vom RAR –, und als Referenten mußten immer wieder Levien und ich heran, und zwar ich bedeutend häufiger noch als Levien, der seine Tätigkeit mehr und mehr in den Dienst der Parteisektionen und des Parteiorgans, der „Münchener Roten Fahne", stellte. War er verhindert, was gewöhnlich der Fall war, so holte man mich, und es kam vor, daß ich eine ganze Woche hindurch jeden Abend reden mußte; ja, als die KPD eines Tages eine Reihe von Parallel-Versammlungen veranstaltete, mußte ich hintereinander in vier Versammlungen sprechen. – Diese Inanspruchnahme meiner Dienste von der Partei aus hörten in den letzten Märztagen mit einem Schlage und ganz unvermittelt auf. Ich erfuhr, daß die Berliner Parteizentrale besondere Organisatoren nach München entsandt habe und daß infolgedessen die Partei nun auch selbst mit Referenten für die Versammlungen ausreichend versehen sei. Mir war das nicht unangenehm, da ich reichlich überanstrengt war und auch meine wirtschaftliche Existenz vernachlässigt hatte. So beschränkte ich mich zumeist auf Werbereden in Betriebsversammlungen, nahm mehr Fühlung mit den Betriebsräten und unmittelbar Werktätigen, als es mir bisher möglich war, und ging am 1. April einerseits aus Gründen der materiellen Sicherung meiner Familie, anderseits auch, um persönlich genauen Einblick in die Liquidation der Kriegswirtschaft und die Organisation des Übergangs zur Friedenswirtschaft zu gewinnen, als Gehilfe zum Genossen Paulukum ins Demobilmachungs-Kommissariat. Zum Einarbeiten in die schwierige und komplizierte Materie fand ich allerdings keine Zeit mehr. Am 4. April trat urplötzlich und vollständig überraschend die Tatsache ein, die die bayerische Revolution von Grund aus durcheinanderwarf und ihre Niederlage entschied.

Hinter den zutage liegenden äußeren Ereignissen verbergen sich auch heute noch so viele geheime und verdächtige Vorgänge, daß eine zuverlässige Darstellung der Entstehung der Münchener Räterepublik noch gar nicht möglich ist. Auch ich kann nur durch den Bericht des persönlichen Erlebens zur Klärung beitragen und halte es daher für geraten, noch mehr als bisher schon die eigene Person und die eigene Beobachtung zum Ausgangspunkt aller Mitteilungen zu machen. Denn ich glaube, daß die ungekünstelte Darstellung subjektiv erlebter Dinge mehr innere Wahrheit enthält als eine gequälte Objektivität, der alle Grundlagen tatsächlichen Wissens fehlen. Ich berichte also im Folgenden nur, was ich mit eigenen Sinnen wahrgenommen habe.

Am Nachmittag des 4. April (Freitag) hatte ich an einer Betriebsversammlung teilgenommen, um auf Einladung der Betriebsräte ein Gutachten über Differenzen unter den Arbeitern abzugeben. Um sechs Uhr sollte im Wittelsbacher Palais eine Sitzung des RAR stattfinden. In dem Augenblick, als ich das Gebäude betreten wollte, kamen mir im Vorgarten eine Anzahl von Genossen entgegen, darunter mehrere Mitglieder des RAR (auch Landauer), der Vorsitzende des Zentralrats Niekisch und ein paar bekannte USP-Leute. Sie forderten mich auf, sofort umzukehren und mit ihnen zum Ministerium des Äußeren zu gehen, da die Räterepublik in Bayern sofort proklamiert werden solle. Ich glaubte zuerst, man wolle mich mit einem Witz aufziehen, erkannte aber bald, daß die Sache ernst war. Ich erhielt auf dem Wege folgende Aufklärungen: Niekisch war soeben von Augsburg zurückgekehrt, wo er ansässig war. Die Augsburger Arbeiterschaft stehe, wie bekannt war, im Generalstreik und habe die strikte Forderung gestellt, der Zentralrat in München solle sofort die Räterepublik ausrufen, die Regierung für abgesetzt erklären und die Diktatur dem Proletariat übertragen. Das Verlangen der Augsburger Arbeiter allein hätte nicht genügt, um einen so folgenschweren Entschluß zu fassen. Doch sei soeben die Nachricht eingetroffen, daß die Konterrevolution zum Schlage aushole. Die Regierung wolle unter Bruch des Abkommens mit dem Rätekongreß und dem Zentralrat den Landtag eigenmächtig zum 8. April einberufen, um vor allem dem durch die Neurathschen „Sozialisierungs"-Pläne aufgeregten und geängsteten Bürgertum legislative Sicherungen gegen die Revolution zu schaffen. Man habe daher keine Wahl, wenn man sich nicht vollständig den Kapitalisten ausliefern wolle, als sofort zu handeln und den Willen des Augsburger Proletariats zu erfüllen.

Die Stimmung der kleinen Schar war sehr gehoben, und ich leugne nicht, daß sie auf mich überging und der Gedanke, daß der heiße Wunsch des Proletariats nun Erfüllung finden solle, mein Herz heftig schlagen machte. Dieses Hochgefühl, mit dem ich das Ministerium des Äußeren betrat, bekam allerdings schnell einen Dämpfer. Der Minister des Innern Segitz empfing uns. Ihm ging der Ruf voraus, er sei unter den führenden Mehrheitssozialisten eine der anständigsten und ehrlichsten Persönlichkeiten. Er war bereits unterrichtet, da Niekisch schon am frühen Nachmittag eine Ministerratssitzung veranlaßt hatte, die sich mit der neuen Situation beschäftigte. Außer Segitz waren von den Ministern anwesend Simon, Unterleitner und Schneppenhorst, den ich bei dieser Gelegenheit zum ersten Mal sah. Ferner erschienen der Stadtkommandant Dürr und der Polizeipräsident Staimer sowie einige Führer des Bauernbundes, der USP und der Gewerkschaften. Wir mögen im ganzen dreißig Personen gewesen sein. Als Niekisch die Sitzung eröffnen wollte, stellte ich zunächst die Frage, ob die Kommunistische Partei verständigt sei, und erhielt die Auskunft, Levien werde jeden Augenblick erwartet. Da er jedoch nicht kam, begann man mit den Verhandlungen. Über die Zwangslage bestand Einigkeit, und mit besonderer Lebhaftigkeit erklärte Dürr, daß unter den obwaltenden Verhältnissen die Ausrufung der Räterepublik die notwendige Maßnahme zur Abwehr konterrevolutionärer Anschläge sei. Für die Mitwirkung der Truppen bürge er. Damit schien der glatte Verlauf der Aktion gesichert, und man ging an die Erörterung der Art der Proklamation. Landauer und ich erhielten den Auftrag, ein Manifest auszuarbeiten, das am nächsten Morgen den vollzogenen Akt der Bevölkerung mitzuteilen hätte, und zwar sollte dieser Aufruf auch schon die Namen der Volksbeauftragten enthalten, die vorläufig den Ressorts vorstehen sollten. Die Verteilung dieser Ämter sollte nach Möglichkeit paritätisch unter die sozialistischen Parteien und Richtungen verteilt werden. Zuallernächst sollte der Zentralrat eine entscheidende Radikalisierung erfahren, weshalb eine starke Vertretung des RAR und die Aufnahme einer Reihe von KPD-Mitgliedern vorgesehen wurde. Niekisch sollte vorerst an der Spitze bleiben. Doch wurde auf Landauers Verlangen beschlossen, daß das Provisorische aller Maßnahmen deutlich kenntlich gemacht würde, so daß also der Aufruf zu unterzeichnen sei vom „provisorischen Zentralrat" und dem „provisorischen Rat der Volksbeauftragten", da alle endgültigen Entschließungen und Ämterbesetzungen selbstverständlich den Räten vorbehalten werden müßten. Hatte mir schon die ganze Art der Verhandlung wenig gefallen, so war ich im höchsten Maße verblüfft, als die Wahl der provisorischen Volksbeauftragten vorgenommen wurde. Dagegen, daß Segitz das Innere wieder übernehmen sollte, erhob ich keine Einwendung, weil seine Partei analog dem ungarischen Beispiel ja jedenfalls vertreten sein sollte. Daß man dann Simon und Unterleitner zu den gleichen Ressorts berief, die sie bisher schon verwaltet hatten, machte mich stutzig, und ich äußerte Bedenken dagegen, daß der Eindruck erweckt würde, als ob man einfach die bisherigen Minister fortan Volksbeauftragte nennen wolle und damit die Räterepublik für errichtet halte. Um derartige Einwendungen zu beschwichtigen, übertrug man Landauer das Ressort für Volksaufklärung. Ich verlangte, daß die drei meiner Auffassung nach wichtigsten Posten Kommunisten übertragen würden, nämlich Auswärtiges, Justiz und Militär. Für das Auswärtige wurde Dr. Mühlon vorgeschlagen, ein pazifistischer Schriftsteller, der sich im Kriege durch Veröffentlichung für die deutsche Regierung schwer kompromittierender Tatsachen bekannt gemacht hatte, die er in seiner früheren Eigenschaft als Direktor bei den Krupp-Werken erfahren hatte. Da Mühlon – der übrigens nicht in München war – sich grundsätzlich für das Rätesystem als gesellschaftliche Organisationsform ausgesprochen hatte, glaubte man, er werde bei dem Ansehen, das er bei den Ententeregierungen besaß, zugleich eine enge Verbindung mit den Sowjetrepubliken herstellen können und Schwierigkeiten aus dem Westen zu verhindern wissen. Ich blieb mit meinem Einspruch allein. Für die Justiz akzeptierte man einen Kommunisten, der mit Zustimmung der Partei womöglich aus Nordbayern gestellt werden sollte. Das Militärwesen schlug ich vor Levien anzubieten. Doch erklärten die Mehrheitler, sie müßten gleich den Unabhängigen und den Linksradikalen zwei Ressorts beanspruchen, zumal Segitz seiner Wahl erst meinte zustimmen zu können, wenn er dazu die Erlaubnis seiner Partei eingeholt habe. Zu meinem Erstaunen wurde – und zwar von dem Unabhängigen Simon – der bisherige Militärminister Schneppenhorst als Volksbeauftragter für das Militärwesen empfohlen. Dieser Vorschlag führte zu einer sehr heftigen Kontroverse zwischen mir und Schneppenhorst. Ich erklärte, daß der Mann, der diesen Posten übernehme, die Aufgabe habe, das Proletariat zu bewaffnen und eine rote Arbeiterarmee aufzustellen, die bereit sei, die Räterepublik gegen jeden Angriff von innen und von außen zu schützen, daß Schneppenhorst hingegen im Ruf eines bayerischen Noske stehe und besonders durch seine Flugblätter und dadurch, daß er von Nürnberg aus Militär gegen München in Anmarsch gesetzt habe, jedes Vertrauens bei den Massen entbehre. Schneppenhorst antwortete sehr erregt. Die Flugblätteraffäre entschuldigte er damit, daß er falsch informiert gewesen sei. Man habe ihm berichtet, Levien und ich wollten im Falle der Ablehnung meines Antrages im Rätekongreß durch einen Gewaltakt den Kongreß auseinandertreiben und die Rätediktatur einführen. Als er gesehen habe, daß das nicht geschah, habe ihm seine Übereilung selbst leid getan und er bitte um Entschuldigung dafür. Auch habe er nie Truppen gegen München schicken wollen. Die

Sache verhalte sich ganz harmlos. Auf den Bescheid hin, daß die „Republikanische Schutztruppe" in München durch wochenlange strenge Bereitschaft völlig erschöpft sei, habe er nur zur Ablösung eine Anzahl Nürnberger Soldaten, noch dazu unbewaffnet, nach München schicken wollen, sie dann aber überhaupt nicht abreisen lassen. Zum Beweise seiner vollen proletarischen Loyalität führte er an, daß er jede Werbetätigkeit in Bayern verhindert und Werbeoffiziere habe verhaften lassen. Die sehr geschickt vorgetragene Rede Schneppenhorsts machte auf die Anwesenden starken Eindruck. Ich erwiderte jedoch, daß ich die Richtigkeit seiner Angaben nicht nachprüfen könne, daß mir aber auch im Falle seiner größten Ehrlichkeit seine Person unannehmbar scheine, weil vor allen Dingen bei der Besetzung dieses wichtigen Vertrauenspostens die Mentalität des Proletariats berücksichtigt werden müsse, das nun einmal ein tiefes Mißtrauen gegen Schneppenhorst habe. Ich blieb jedoch mit meinem Widerspruch allein. Den Volksbeauftragten für die Landwirtschaft zu bestimmen wurde in allgemeiner Übereinstimmung dem radikalen Bauernbund überlassen.

Wir Mitglieder des „Revolutionären Arbeiterrats" bestanden darauf, daß endgültige Beschlüsse erst gefaßt werden sollten, wenn die KPD an den Verhandlungen teilnehme. Da Levien jedoch trotz mehrfacher Versuche, ihn zur Stelle zu bringen, ausblieb, wurde vereinbart, daß am Abend im Kriegsministerium eine neue Zusammenkunft im größeren Kreise stattfinden sollte, bei der die endgültigen Festsetzungen getroffen werden sollten. Auf jeden Fall sollte in der Frühe des 5. April schon die vollendete Tatsache geschaffen sein.

Landauer und ich zogen uns nun gesondert in ein Restaurant zurück, wo wir die Proklamation entwarfen. Ich verhehlte dabei Landauer nicht meine Befürchtung, daß die Begeisterung des Proletariats durch die Liste der Volksbeauftragten, ganz besonders durch den Namen Schneppenhorst, sehr beeinträchtigt werden könne. Landauer dachte darüber sanguinischer. Er meinte, die Ereignisse in Ungarn hätten bei uns gerade auch die revolutionären Arbeiter davon überzeugt, daß die Einigung des Proletariats möglich und notwendig sei. Die Mitwirkung der Rechtssozialisten beweise, daß auch sie wie ihre Gesinnungsgenossen in Budapest erkennen, daß ihnen kein anderer Weg mehr offenbleibe als die Annahme unserer

Postulate, und was die Namen anlange, so sei es vollständig gleichgültig, wer unterzeichne. Indem das Proletariat selbst die Macht übernehme, könne es ja jeden Moment diejenigen Personen, die ihm nicht passen, durch seine Vertrauensleute ersetzen.

An die Möglichkeit, daß etwa die KPD sich grundsätzlich ablehnend verhalten könne, dachte kein Mensch. Wir alle wußten, mit welcher Leidenschaftlichkeit das Münchener Proletariat Tag für Tag nach der Räterepublik rief, und so übersahen wir die Gefahr, die eine so willkürliche Form der Ausrufung, wie sie jetzt geplant war, in sich schloß. In der Sache selbst war mein Gedankengang so: Der Moment ist gegeben, wie er kaum wiederkehren wird: Generalstreik in Augsburg mit der strikten Forderung des Proletariats, zugleich Bruch des Übereinkommens mit dem Rätekongreß durch die Bourgeoisie. Das Proletariat unter dem frischen Eindruck der ungarischen Vorgänge. In Braunschweig und Thüringen Unruhen mit der ausgesprochenen Tendenz zur bolschewistischen Rätediktatur. Benutzen wir die Situation, dachte ich mir, so ist Österreich zwischen den beiden Räterepubliken Ungarn und Bayern eingeklemmt. Das wird den Einfluß der Bauer und Adler brechen, und die Brücke wird hergestellt sein; wenn zugleich in Braunschweig und Mitteldeutschland Inseln entstehen, so wird unser Vorgehen auch das Signal zur allgemeinen deutschen Revolution geben, und die Herrschaft Ebert-Scheidemann-Noske muß zersplittern. Ich sah also in der Etablierung der Räterepublik in Bayern ein eminent bedeutungsvolles Ereignis für die Weltrevolution.

Am Abend waren etwa hundertfünfzig Personen im Sitzungssaal des Kriegsministeriums versammelt, darunter viele Mitglieder des RAR (unter denen, wie gesagt, ein starker Teil der Kommunistischen Partei angehörte), offizielle Vertreter der MSP, der USP, der Gewerkschaften, die Minister Schneppenhorst, Simon und Steiner (Landwirtschaftsminister), eine starke Abordnung des Bauernrates, Vertreter der Soldatenräte, Stadtkommandant, Polizeipräsident und so weiter. Die KPD war als solche offiziell nicht vertreten trotz dringender Einladung. Niekisch als Verhandlungsleiter erstattete Bericht. Über die Unvermeidlichkeit der Aktion bestand zunächst Einigkeit. Der Vertreter der Bauernschaft, Gandorfer, teilte die Bedingungen mit, unter denen seine Freunde sich beteiligen würden. Die brenzlichste unter ihnen verlangte, daß Grundbesitz unter tausend

Tagwerk vorerst nicht sozialisiert werden dürfe. Man war, da ein Arbeiten gegen die Bauernschaft ganz ausgeschlossen schien, gezwungen, die Forderungen der Bauern anzunehmen. (Übrigens haben sich nach dem 13. April auch die Kommunisten diesen Bedingungen gefügt.) Ich hielt es für notwendig, den anwesenden Sozialpatrioten und lahmen Unabhängigen mit aller Deutlichkeit zu Gemüte zu führen, daß die Errichtung der Räterepublik nicht die Änderung einer Firma, sondern die völlige Verwandlung des Systems bedeute, und setzte in einer längeren Rede auseinander, daß es nun gelte, wie in Ungarn alle Konsequenzen aus der Lage zu ziehen und das unzweideutige Bekenntnis zum Kommunismus abzulegen. Während ich die nächsten Maßnahmen erörterte, darunter die Errichtung einer Roten Armee, die Einsetzung eines Revolutionstribunals, die sofortige Nationalisierung der Banken und so weiter, wurde ich von einem Gewerkschaftsführer durch den Zwischenruf unterbrochen: „Mir graut, aber ich mache mit." Mir schien darin die Erkenntnis der Schwäche dieser Leute zu sprechen, zugleich aber auch der ehrliche gute Wille, sich ins Unabänderliche zu fügen. Während der weiteren Verhandlungen erschienen drei mir unbekannte Männer im Saal, und der Vorsitzende teilte mit, daß eine Delegation der KPD das Wort verlange.

Zuerst sprach Genosse Schuhmann. Er erklärte zur grenzenlosen Überraschung sämtlicher Anwesenden, seine Partei protestiere gegen die Ausrufung der Räterepublik, die dieses Konventikel gar nicht beschließen dürfe, sondern die vom Rätekongreß angenommen werden müsse. Ich übernahm es, ihm sowie den beiden andern Sprechern der Partei zu antworten. Zunächst setzte ich noch einmal die Gründe auseinander, die schleuniges Handeln verlangen, erinnerte daran, daß sich der Rätekongreß als rückständige und willenlose Körperschaft erwiesen habe und daß der Zentralrat es sei, von dem jetzt die Initiative ausgehe, also durchaus die Instanz, die berufen sei, ein Provisorium zu schaffen, zu dem dann ein neuer auf Grund revolutionärer Rätewahlen einzuberufender Kongreß endgültig Stellung nehmen müsse. Als zweiter Redner der KPD behauptete Genosse Dietrich, die Massen seien gegen die Proklamation der Räterepublik. Er erregte damit das Gelächter der Versammlung, und ich erwiderte, daß diese Äußerung zeige, wie fremd er noch den Verhältnissen in Bayern gegenüberstehe, da seit Eisners Ermordung

die Räterepublik die unausgesetzte laute Forderung des Proletariats
sei, wobei ich auch an die drohende Demonstration gegen den Rätekongreß am 28. Februar erinnerte. Dann erhielt „Genosse Niessen"
das Wort, ebenfalls ein allen Anwesenden gänzlich Unbekannter,
dessen Identität mit Eugen Leviné erst einige Tage später bekannt
wurde. Seine Ausführungen waren weitaus ernster zu nehmen als
die seiner Vorredner. Alle Argumente, die er ins Feld führte, richte-
ten sich gegen ein Zusammenwirken mit den Sozialpatrioten. Er
verwies auf die verräterische Haltung der Sozialdemokraten in Berlin, in Hamburg, vor allem in Bremen, griff den anwesenden Minister Schneppenhorst und den Stadtkommandanten Dürr persönlich
so scharf an, daß unter den Mehrheitlern großer Unwille entstand
und Schneppenhorst selbst beinahe handgreiflich geworden wäre.
Meine Antwort lautete dahin, daß ich das Mißtrauen gegen die
Mehrheitspartei vollkommen teile, daß es mir aber doch unzulässig
erscheine, aus dem Verhalten dieser Partei in Norddeutschland
ohne weiteres Analogieschlüsse zu ziehen und Leute als Verräter zu
bezeichnen, ehe sie bewiesen hätten, daß sie welche seien. Im übrigen sei jedoch meine Meinung, daß, wenn jetzt ein neuer provisorischer Zentralrat und ein Rat der Volksbeauftragten bestimmt werde,
das für das Proletariat keineswegs bindend sei. Ich wünschte, daß
morgen, gleich nachdem das Ereignis bekanntgegeben sei, die Massen auf der Theresienwiese zusammenkämen, uns allesamt zum
Teufel jagten und das Weitere aus eigenem Ermessen den Personen
übertrügen, denen sie Vertrauen entgegenbrächten. Daß jedoch ein
Zusammengehen aller Parteien und sozialistischen Richtungen
durchaus dem Wunsch des Proletariats entspreche, müsse ich nach
dem Beweise, den Ungarn zur Zeit für die Möglichkeit dieser Einigung biete, bestimmt annehmen. Darauf verließ die Deputation den
Saal.

Die Erregung über diesen unerwarteten Zwischenfall war außerordentlich. Allgemein, auch unter den der KPD angehörenden Mitgliedern des RAR, hörte man die Ansicht, daß diese drei Männer,
die niemand kannte, die auch mir bei meinem früheren engen Zusammenwirken mit der Partei völlig fremd waren, unmöglich die
Auffassung der kommunistischen Arbeiterschaft Münchens ausdrückten und daß sie, die einen Parteivorstand repräsentierten, der
ohne Fühlung mit dem Proletariat sei, nur deswegen opponierten,

weil sie die Räterepublik zu einer ihnen genehmen Zeit als reine Parteiaktion proklamieren wollten. Man fragte sich: Warum ist niemand trotz der dringenden Aufforderung zur Nachmittagssitzung gekommen? Warum schickt man jetzt statt Levien oder eines andern, jedem bekannten Parteigenossen diese drei eben von Norddeutschland herdirigierten Leute? Wer sind die drei? Wer ist es in Wirklichkeit, der sie bevollmächtigt hat? Über einen Punkt hatte keiner einen Zweifel: daß die kommunistische Arbeiterschaft im Augenblick, wo die Ausrufung der Räterepublik Tatsache wäre, eine negative Parole ihrer Führer einfach ignorieren und sich über die Köpfe der Parteileitung hinweg beteiligen und an der Spitze marschieren werde. Es ist auch heute noch meine Überzeugung, daß die Ausführung unserer Absicht, in der Frühe des 5. April die Proklamation zu veröffentlichen, die Arbeiterschaft in völlig einiger Begeisterung hinter uns geführt hätte (was natürlich nichts gegen die prinzipielle Richtigkeit der Ablehnung durch die KPD besagt).

Die erste Folge des Auftretens der Kommunisten stellte sich sofort ein. Die Sozialdemokraten erklärten, daß durch die Gefährdung der Einigkeit, die Voraussetzung ihrer Mitwirkung gewesen sei, eine neue Situation geschaffen sei, und verlangten – etwa um Mitternacht – die Unterbrechung der Sitzung für eine Viertelstunde. Sie zogen sich zurück. Als sie nach einer vollen Stunde noch nicht im Saal waren, wurde die Verhandlung ohne sie fortgesetzt. Endlich erschienen sie. Die Vermutung, sie würden jetzt ihre Beteiligung verweigern, erwies sich als falsch. Für diesen Fall wollte Landauer die Proklamation kurzerhand durch den RAR vorschlagen. Durch den Mund Schneppenhorsts ließen die Herren verkünden, daß sie einen Aufschub der Proklamation um achtundvierzig Stunden verlangten, um inzwischen die Provinz vorzubereiten. Es sei zu befürchten, daß das Militär in Nordbayern sich zu reaktionären Handlungen aufputschen lasse. Deshalb müsse er (Schneppenhorst) zunächst nach Nürnberg reisen. Da er das II. und III. bayerische Armeekorps völlig in der Hand habe, könne er dann garantieren, daß ganz Nordbayern treu zur Räterepublik stehen werde. Wir Radikalen protestierten mit der äußersten Heftigkeit gegen die Verschleppung, besonders scharf wandte sich Landauer dagegen mit der Begründung, daß nur die Überrumpelung der Bourgeoisie rasche Sicherungsmaßnahmen der Reaktion verhindern könne. Er deutete übrigens an, daß er nun auch ein gewisses Mißtrauen gegen die Ehrlichkeit Schneppenhorsts gefaßt habe, und ermahnte diesen, daß man ein ausgesprochenes Wort nicht in seinen Mund zurückrufen könne. Schneppenhorst bekräftigte seine Zuverlässigkeit durch den Ausspruch, er verpfände seinen Kopf dafür, daß er in Nürnberg nur für die Räterepublik wirken werde. Eine starke Unterstützung in unserer Forderung, ohne Aufschub zu handeln, fanden wir in einem Bauernrat, dem Redakteur Kübler, der in einer ausgezeichneten Rede ganze und rasche Arbeit forderte. Die Mehrheitler wurden jedoch unterstützt von einigen rechten Unabhängigen. Der einzige, der aus der Situation den Schluß zog, man solle die ganze Aktion um einige Wochen vertagen, war Dr. Wadler, der sich dafür den Unwillen von allen Seiten zuzog. Die Abstimmung ergab eine Mehrheit für die Vertagung um achtundvierzig Stunden. Ich sah in diesem Augenblick mit großer Deutlichkeit die Gefahr, die in dieser Verzögerung lag, und wollte jetzt noch auf Landauers Anregung zurückkommen, nämlich den „Revolutionären Arbeiterrat" veranlassen, die Sitzung zu verlassen, sich sofort mit der KPD in Verbindung zu setzen, um in Gemeinschaft mit ihr in der Frühe des Tages ein fait accompli zu schaffen. Leider brachte mich Landauer wieder von dieser Idee ab. Wie ich die Dinge heute rückschauend ansehe, war es der einzige Weg, aus einer verfahrenen Situation mit einer revolutionären Tat herauszukommen. Die revolutionäre Vorhut des Proletariats hätte einig gehandelt, und dem Verrat wäre von Anfang an kräftig vorgebeugt worden. Wir fügten uns also dem Beschluß.

Die am Nachmittag festgesetzte Liste der Volksbeauftragten wurde nun zunächst kassiert, und es wurde beschlossen, die achtundvierzig Stunden möglichst gründlich zur Bearbeitung der Provinz zu benutzen. Gleich in der Frühe des Tages sollten Delegierte ins Land gesandt werden, um alles vorzubereiten. Nach Nürnberg wurde außer Schneppenhorst noch der Unabhängige Minister Simon geschickt, und ich erhielt den speziellen Auftrag, ebenfalls dorthin zu fahren, um mit der Nürnberger Ortsgruppe der KPD über deren Mitwirkung zu verhandeln und sie womöglich zu bewegen, einen Volksbeauftragten zu stellen.

Die Sitzung wurde erst spät in der Nacht beendet. Ich mußte von dort noch mehrere entfernt wohnende Genossen in dem einzigen Auto, das zur Verfügung stand, heimbegleiten, dann auf der Polizei

Fahrtausweise besorgen und telefonisch reservierte Eisenbahnplätze bestellen. So kam ich erst gegen fünf Uhr früh heim. Um acht Uhr saß ich bereits im Schnellzug nach Nürnberg, und zwar im gleichen Abteil, in dem auch Schneppenhorst und Simon fuhren. Es befanden sich noch weitere Delegierte bei uns, unter anderen die Genossen Hagemeister und Sauber, die nach Würzburg geschickt wurden. Politische Gespräche wurden unterwegs so gut wie nicht geführt. Nur erinnere ich mich, daß Schneppenhorst die Bedingungen der Bauern kritisierte und die Schonung der Grundstücke unter tausend Tagwerk als eigennützige Forderung Gandorfers denunzierte, dessen Besitz achthundert Tagwerk groß sei. – In Nürnberg wurde ich von den telefonisch verständigten Genossen der KPD am Bahnhof abgeholt Ich habe von dem Augenblick an, als die Genossen mich begrüßten, Schneppenhorst erst im Juli im Gerichtssaal wiedergesehen.

In Nürnberg blieb ich den ganzen Tag in Gesellschaft der Genossen. Ich wurde in der Wohnung eines von ihnen aufgenommen, wo Telefon war, und die Ausschußmitglieder der Ortsgruppe wurden hier zu einer Sitzung zusammengerufen, zu der ich zugezogen wurde. Zunächst erkundigte ich mich nach der Persönlichkeit Schneppenhorsts. Der Bescheid, den mir die Genossen über seine moralischen und politischen Qualitäten gaben, war derartig, daß ich sofort an den RAR telefonierte, daß Schneppenhorst an der Organisation der Räterepublik unter keinen Umständen und an keinem Posten zugelassen werden dürfe. Ich müsse meine Beteiligung am Ganzen davon abhängig machen. Alsdann formulierten die Genossen unter meinem Beistande die Minimalforderungen der Ortsgruppe Nürnberg der KPD. Sie entsprachen fast wörtlich den nachher von der USP (Toller) eingebrachten Forderungen. Ich verpflichtete mich persönlich, diese Bedingungen als die meinigen anzuerkennen. Am Abend desselben Tages reiste ich in Gesellschaft Tollers, der zufällig in Nürnberg war und über die Münchener Ereignisse erst von mir unterrichtet wurde, nach München zurück, in der Gewißheit, daß die Nürnberger Kommunisten eine völlig entgegengesetzte Auffassung hatten als die Münchener Führer und daß am folgenden Tage zwei von ihnen zur persönlichen Information nach München kommen würden. – Ich fand, als ich in später Nacht ins Wittelsbacher Palais kam, dort noch eine Anzahl von Genossen versammelt und erfuhr von ihnen, daß Wadler die bevorstehende Proklamation in einer öffentlichen Versammlung angekündigt habe, was mit jubelnder Begeisterung aufgenommen worden sei.

Nach sehr kurzem Nachtschlaf mußte ich am Morgen des 6. April an einer Sitzung des „Revolutionären Arbeiterrats" teilnehmen, wo die Stimmung auch bei den Mitgliedern der KPD sehr optimistisch war. Ich erfuhr, daß soeben in einem öffentlichen Saal eine Generalversammlung der KPD stattfinde, und ging in Begleitung eines alten Genossen der Partei dorthin. Obwohl ich ja kein Mitglied war, wurde ich von den Aufsicht führenden Genossen mit einem Scherzwort ohne Umstände eingelassen. Im Saal mögen etwa sechshundert Personen anwesend gewesen sein. Ich ging, während Genosse Niessen (Leviné) sprach, zum Vorstandspodium hinauf und bat Levien, mir außer der Reihe das Wort zu erteilen, da ich der Versammlung eine wichtige Meldung von ihren Nürnberger Parteigenossen zu überbringen habe. Zu meinem Erstaunen machte Levien zuerst große Schwierigkeiten und protestierte dagegen, daß ich in eine geschlossene Mitgliederversammlung eingedrungen sei. Ich verlangte jedoch, daß die Mitglieder darüber entscheiden sollten, ob ich angehört werde. Als Niessen geendet hatte, teilte Levien der Versammlung mit, daß ich da sei, obwohl ich nicht eingeschriebenes Mitglied sei. „Mühsam ist mein persönlicher Freund, aber mein politischer Gegner", erklärte er zur allgemeinen Überraschung. Die Versammlung gab durch lautes Murren und durch Rufe ihren Willen kund, mich zu hören. So erhielt ich das Wort und gab Bericht über meine Nürnberger Mission. Ich erzählte dabei, welche Mitteilung ich über Schneppenhorst empfangen habe, verlas die Bedingungen der Nürnberger KPD-Ortsgruppe und erklärte, daß meine Mitwirkung nur in Frage komme, wenn diese Bedingungen erfüllt und die Person Schneppenhorsts von jeder öffentlichen Betätigung entfernt würde. Der starke Beifall, der meiner Rede folgte, bewies mir, daß die Mitglieder der KPD keinesfalls der Meinung seien, die die Deputation der Partei im Kriegsministerium vertreten hatte. Nach mir wurde das Wort wieder dem Genossen Niessen erteilt, der mich heftig angriff und mir vorwarf, daß ich tags zuvor mit demselben Schneppenhorst, den ich jetzt herunterkanzle, nicht bloß gemeinsame Sache gemacht, sondern sogar zu gemeinschaftlicher Agitation mit ihm nach Nürnberg gereist sei. Ich suchte diese Entstellung durch Zwischenrufe zu berichtigen, erreichte aber nur, daß sie in noch weit gröberer Form von neuem behauptet wurde. Das erregte mich dermaßen, daß ich meine Nerven verlor. Ich fühlte meine reine Sache vor den nächsten Genossen, die ich zuerst überhaupt revolutionär aufgeklärt hatte, besudelt und verließ in großer Erregung den Saal. Damit beging ich den entscheidendsten Fehler. Wäre ich geblieben, so wäre mir gewiß Gelegenheit gegeben worden, meine Haltung gerade Schneppenhorst gegenüber voll zu rechtfertigen, und auch Genosse Leviné hätte sich sicher überzeugt, daß er falsch unterrichtet war und daß ich in Nürnberg nicht gemeinsame Sache mit Schneppenhorst machte (mit dem ich rein zufällig im selben Kupee gefahren war), sondern mit seinen eigenen Parteigenossen von der KPD. Übriggeblieben wäre die sachliche Differenz, und bei der großen Beliebtheit, die ich bei den Kommunisten genoß, wäre, auch wenn wir zu keiner Einheitlichkeit im Handeln gekommen wären, der Konflikt auch in den folgenden Tagen in weniger erbitterter Form ausgetragen worden. So aber ließ ich mich von meiner durch Überanstrengung und Übermüdung gesteigerten Reizbarkeit verleiten fortzugehen und erweckte dadurch bei den Genossen selbst den Verdacht, aus Schuldgefühl der Rechtfertigung gegen die Vorwürfe Niessens auszuweichen. Ich selbst war mir jedoch über diese Wirkung meines Verhaltens keineswegs im Klaren, glaubte im Gegenteil nach der Zustimmung der KPD-Mitglieder zu meiner Rede und nach der Unruhe, mit der die Reden der Genossen Levien und Niessen angehört waren, daß die Masse der kommunistischen Proletarier die Weigerung ihrer Führer nicht billigten und die Beteiligung an der Räterepublik erzwingen würden.

Am Abend dieses Tages (Sonntag) trat die Versammlung vom Freitagabend in etwas anderer Zusammensetzung im Wittelsbacher Palais, und zwar im Schlafzimmer der früheren Königin, wieder zusammen, um die endgültige Proklamation der Räterepublik vorzunehmen. Von den Ministern der Mehrheitspartei war keiner mehr dabei. Es hatte inzwischen in München ein sozialdemokratischer Gautag getagt, dessen Abstimmung über die Beteiligung ein zweifelhaftes Resultat ergeben hatte. Ob sich die Herren Segitz und Endres deswegen unsicher gefühlt haben oder ob sie gleich ihrem Kollegen Schneppenhorst bereits direkt am Werke der Gegenrevolution arbeiteten, bleibe dahingestellt. Die Partei war nur durch einige weniger prominente Funktionäre vertreten, die sich ziemlich schweigsam und abwartend verhielten. Dagegen hatte die USP ihre aktivsten Führer geschickt, und Toller, der schon im Rätekongreß zum Nürnberger Kompromiß in Opposition gestanden und nachträglich einen Mißbilligungsbeschluß dagegen in einer Münchener Parteiversammlung durchgedrückt hatte, trat als ihr Hauptwortführer auf. Der „Revolutionäre Arbeiterrat" war fast vollzählig da, und eine Anzahl seiner der KPD angehörenden Mitglieder erklärten, auch über einen Parteibeschluß hinweg mitarbeiten zu wollen. Die beiden von Nürnberg erwarteten Genossen erschienen zwar, aber nur, um mir persönlich mitzuteilen, daß sie nach Rücksprache mit den führenden Münchener Kommunisten ihre Zustimmung zurückziehen müßten.

Ich hatte mir inzwischen überlegt, daß angesichts des Mißtrauens der Kommunisten noch weiter reichende Sicherungen getroffen werden müßten, als sie in Nürnberg vereinbart waren und als ich den kommunistischen Genossen garantiert hatte. Ich verlangte daher für meine eigene Person über die Ablehnung Schneppenhorsts hinaus, daß kein einziger Mehrheitssozialist und kein einziges Mitglied des bisherigen Ministeriums – auch die Unabhängigen nicht – in den Rat der Volksbeauftragten aufgenommen werden dürfe. Da mein Einfluß auf den RAR bekannt war und es jedem einleuchtete, daß die Abstinenz dieser Körperschaft die ganze Aktion zersprengen würde, erklärte Niekisch, daß die Sache nicht an Personenfragen scheitern dürfe. Mit Ausnahme der Bauernvertreter, deren Auswahl dem Bauernrat überlassen werden sollte, wurde daher meinem Verlangen gemäß entschieden. Es wurde alsdann die Umkonstituierung des provisorischen Zentralrats vorgenommen, dessen Vorsitzender Niekisch blieb, der aber durch Delegierung von sechs Mitgliedern des RAR ein entscheidendes Übergewicht nach links erhielt. Die Wahl der Volksbeauftragten war überaus schwierig, und nur die Betonung des provisorischen Charakters aller vorläufigen Maßnahmen ließ die Verlegenheits-Improvisation erträglich erscheinen. Für die auswärtige Politik wurde wieder Mühlon vorgeschlagen. Ich erreichte durch den Hinweis darauf, daß dieser Posten von einem Mann besetzt werden müsse, der unbedingtes Vertrauen in Rußland und Ungarn besitze, seine Ablehnung. Darauf empfahl der RAR mich. Es wurde die Befürchtung ausgesprochen, daß ich

eine zu aggressive Politik gegen das Ebertsche Deutsche Reich treiben würde, und da ich die größte Rücksichtslosigkeit gegen diese
Bourgeoisie-Republik noch ausdrücklich empfahl und für den Fall
meiner Wahl versprach, fiel auch ich durch. Darauf präsentierte die
USP aus ihren Reihen einen Genossen Dr. Lipp, der außer seinen
Parteigenossen fast niemandem bekannt war. Da seine außerordent-
liche Bewandertheit in der internationalen Politik sehr gerühmt
wurde, da er selbst sich als unbedingter Anhänger des Sowjetsys-
tems bekannte und da man sonst nicht wußte, wen man wählen
sollte, wählte man ihn auf Verantwortung der USP. Für das Innere
wurde der Unabhängige Soldmann bestimmt, da er als links orien-
tiert galt. Für den Verkehr an Stelle des bürgerlichen Herrn v. Frau-
endorfer, den Eisner als Fachmann in sein Kabinett geholt hatte und
der bist jetzt auf seinem Posten geblieben war, Genosse Paulukum,
der, obwohl unabhängig organisiert, eines der radikalsten Mitglieder des RAR war. Für die Justiz erwählte man in Ermangelung eines
Geeigneteren das Mitglied des Bauernrats Kübler, dessen Rede im
Kriegsministerium ihm Vertrauen bei den Revolutionären erworben
hatte. Das Finanzressort zu übernehmen, hatte Professor Jaffé energisch abgelehnt, wie er überhaupt die Beteiligung an der Räterepublik vorläufig verweigerte. Landauer und ich schlugen den Physio-
kraten Silvio Gesell vor, dessen umfassendes Wissen auf dem Ge-
biete des Geldwesens und dessen lautere anarchistische Gesinnung
uns bekannt war. Überdies schien uns die Praktizierung seiner Frei-
geldtheorie bei gleichzeitiger Nationalisierung der Banken ein besonders wirksames Mittel, die Ausbeutung und den Zinswucher beschleunigt unmöglich zu machen. Die Mehrheitler sagten zu allem
ja und schluckten auch diesen Brocken, wie sie schon den von der
USP eingebrachten, sich mit den Nürnberger Forderungen in allem
Wesentlichen deckenden kommunistischen Grundsätzen zugestimmt hatten. Für die Volkswohlfahrt wurde Genosse Hagemeister
gewählt, der noch nicht von Würzburg zurück war, für Volksaufklärung Gustav Landauer. Am schwierigsten gestaltete sich die
Wahl des Volksbeauftragten für das Militärwesen. Ich verlangte mit
der größten Schärfe, daß nur einem absolut zuverlässigen kommunistischen Revolutionär der Befehl über die Waffen anvertraut werden dürfe. Die Gewehre, sagte ich, schießen immer nach links. Daher darf der Mann, der über sie verfügt, links von sich niemanden

mehr vorfinden. Ich hoffte immer noch, Levien werde zu bewegen sein, den Posten zu übernehmen. Vorerst jedoch mußte ein anderer gefunden werden. Wir wählten den Genossen [Otto] Killer, der zwar bei der USP, aber eines der radikalsten und zuverlässigsten Mitglieder des Soldatenrats war.

In der Nacht erschien der offizielle Abgesandte der KPD, Genosse Levien. Er gab keine Erklärungen ab, sondern legte den Versammelten im Namen seiner Partei eine Reihe scharf formulierter Fragen vor, die alle präzis beantwortet wurden. Ich nahm den Genossen nachher beiseite, stellte ihm die Situation vor, wies daraufhin, daß wir die Mehrheitler aus der eigentlichen Regierung völlig herausgedrängt, ihren Einfluß im Zentralrat derart geschwächt hätten, daß sie immer in der Minorität bleiben müßten, erinnerte ihn an das Verlangen der Massen, an Ungarn, an die Gesamtlage des politischen Geschehens, die ein Zurück nahezu unmöglich mache, da es der Reaktion einen ungeheuren moralischen Halt geben müßte, zeigte ihm die Gefahr, bei der Passivität der Kommunisten Halbkommunisten kommunistische Politik treiben zu lassen, und legte ihm dar, wie stark der revolutionäre Gedanke bei den Massen gekräftigt würde, wenn er als Volksbeauftragter die Bildung einer Roten Armee in die Hand nähme. Levien schien mir grundsätzlich nicht abgeneigt, meine Gedankengänge zu akzeptieren, erklärte aber, daß er erst seine Partei fragen müsse. Er ging dann und kam nicht wieder.

Es mußten nun die ersten Maßnahmen für die Proklamation selbst getroffen werden. Ein Aufruf an das Proletariat wurde abgefaßt (meines Wissens von Niekisch), unter den ich auf Verlangen auch meine Unterschrift setzte. Dieser Aufruf hatte eine unglückliche Fassung, die noch mehr an allem verdarb, als schon verdorben war. Der Montag (7. April) wurde zum „Nationalfeiertag" erklärt, woran die Kommunisten natürlich gleich einhakten, um eine Verletzung unserer Internationalität daraus zu machen. Ferner wurde das Standrecht proklamiert. Landauer hatte das verlangt, aber zugleich dargelegt, daß der Ausnahmezustand selbstverständlich nur für die Bourgeoisie Geltung haben solle, um die proletarische Diktatur deutlich zum Ausdruck zu bringen. Diese Einschränkung wurde aber im Wortlaut übersehen, so daß am anderen Tage die Arbeiterschaft glaubte, unter Standrecht zu stehen. – Ferner sollte sofort ein gleichlautendes Funkentelegramm nach Budapest und Moskau aufgegeben werden. Ich bekam den Auftrag, es abzufassen und mit Dr. Lipp zusammen für den Zentralrat zu zeichnen. – Die Zeitungen wurden noch in der Nacht besetzt. Endlich wurde verfügt, daß um zwölf Uhr mittags die Glocken geläutet werden sollten und daß um diese Zeit auf allen öffentlichen Plätzen ein Redner zur Bevölkerung sprechen sollte. Die Stillegung der Arbeit für den nächsten Tag wurde ebenfalls sofort beschlossen und durch Anschläge bekanntgegeben. Noch in der Nacht stellte sich heraus, daß der Verrat sich bereits jetzt in dem Umkreis der neuen Regierung eingenistet hatte. In den Morgenstunden wurde die ausgelegte Präsenzliste vermißt. Sie fand sich nicht wieder, obwohl eine Taschenvisitation bei den Anwesenden vorgenommen wurde.

Ich übernahm es, die Funksprüche persönlich aufzugeben, und kam damit gegen sieben Uhr früh am Montag beim Funkenturm an. Die Führer der Funkerabteilung riefen, nachdem die Telegramme abgesandt waren, alle Mannschaften zusammen, und ich mußte eine Ansprache halten, die mit großem Jubel aufgenommen wurde. Gegen neun Uhr kam ich endlich zu Hause an, mußte jedoch schon um zwölf Uhr an einem der Hauptplätze Münchens sein, um zu sprechen. Meine eigene Begeisterung war schon durch den bisherigen Gang der Sache stark niedergedrückt worden. Als ich jetzt die Stimmung in der Münchener Bevölkerung beobachtete, ging sie in Pessimismus über. Wohl war das Leben bewegter als gewöhnlich, aber es lag eine gewisse Schwüle über der Atmosphäre, eine beängstigende Stille, die auf argwöhnisches Abwarten schließen ließ. Am Stachus bestieg ich eine Bank. Eine große Menschenmenge drängte sich um mich, aus der zunächst antisemitische Rufe laut wurden. Die Reaktion hatte schon die Witterung, daß das Proletariat uneinig geworden sei, und traute sich trotz der Standrechtsverkündigung vor. Unter der Menge bemerkte ich bald einen KPD-Genossen vom RAR, der meine Rede, lebhaft assistiert von den nationalen Studenten, dauernd durch Zwischenrufe unterbrach und die Menge aufforderte, dieser Räteregierung die Gefolgschaft zu verweigern. Die Festrede, die ich halten sollte, verwandelte sich in eine Rechtfertigungsrede. Es traten Diskussionsredner gegen mich auf, nämlich der erwähnte RAR-Genosse und dann ein älterer Mann, der die Behauptung aufstellte, ich hätte während des Krieges Gedichte auf den deutschen Kaiser gemacht. Als ich den Verleumder aufforderte, Beweise zu erbringen, weigerte er sich. Ich verlangte dann, er solle sich legitimieren, was er erst unter dem Druck der Umstehenden tat. Dann nahm er alles zurück. Die ganze Situation war äußerst unerquicklich. Ein großer Teil der Umstehenden nahm zwar entschieden für mich Partei, geleitete mich dann zu einem Auto und bereitete mir bei der Abfahrt eine Ovation. Aber ich hatte das bittere Gefühl, mich in ein schlimmes und dummes Abenteuer eingelassen zu haben, wenngleich ich immer noch nicht einsah, worin mein eigener Fehler lag, und die ganze Schuld am Ausgleiten der Revolution dem Verhalten der KPD zuschob.

Am Nachmittag trat der neue provisorische Zentralrat im Landtagsgebäude zusammen. Die Diskussion drehte sich darum, wie die Einigkeit des Proletariats zu erreichen sei. Das Verhalten der KPD wurde allgemein damit erklärt, daß sie statt einer Rätediktatur, wie wir sie durch die Anberaumung der Neuwahl sämtlicher Räte raschestens herbeiführen wollten, die Diktatur ihrer Partei erstrebe und deshalb jede Aktion, die nicht ihrer Initiative entspränge, von vornherein zu sabotieren versuche. Während einzelne Redner rieten, die Partei links liegenzulassen und nötigenfalls auch gegen sie zu operieren, verlangte der RAR mit größter Entschiedenheit, daß eine Verständigung mit der KPD, koste es, was es wolle, herbeigeführt werden müsse, da wir einen Kampf gegen die besten Kräfte der Revolution unter keinen Umständen mitmachen könnten. Man wußte, daß zu gleicher Zeit in einem großen Saale eine öffentliche Versammlung der KPD stattfand, und ich erhielt den Auftrag, mit noch zwei Genossen vom RAR hinzufahren und zu verhandeln. Vor allen Dingen sollte ich die Bedingungen ermitteln, die die Partei stelle, um sich zu beteiligen. In der Erwartung, man werde die Ausschließung der Mehrheitler und Gewerkschaftsführer aus dem Zentralrat, die Neubenennung des Rats der Volksbeauftragten und vielleicht die sofortige Einberufung des Rätekongresses fordern, und in der festen Absicht, die Forderungen der Partei zu meinen eigenen zu machen, kam ich in der Versammlung an und ging, während Genosse Leviné sprach, aufs Podium. Kaum jedoch hatte die Menge mich bemerkt, als ein ungeheurer Lärm entstand. Ich hörte Rufe wie Verräter! Schuft! Volksbetrüger! etc. und wurde tätlich insultiert. Unter dem Schutz einiger Genossen, die nicht alle Besinnung verloren hatten, gelangte ich hinaus und entging der Gefahr, zerrissen zu werden. Einer meiner Begleiter wurde schwer mißhandelt (übrigens selbst ein Mitglied der KPD). Dieser Vorfall machte einen niederschmetternden Eindruck auf mich, da ich mit einer solchen Stimmung im Proletariat überhaupt nicht gerechnet hatte. Es stellte sich nachher heraus, daß den Arbeitern eingeredet worden war, ich sei mit Schneppenhorst nach Nürnberg gefahren, um mit ihm das nordbayerische Militär gegen das Münchener Proletariat scharfzumachen.

So waren alle Versuche, mit den führenden KPD-Genossen auch nur zu einer Aussprache zu kommen, gescheitert. Sie waren am Nachmittag des 4. April, als ein Wort von ihnen genügte, um die ganze Aktion hinfällig zu machen, nicht erschienen, hatten am Abend drei völlig unbekannte Genossen entsandt, die für die Weigerung der Partei ein paar so unzutreffende Argumente ins Feld führten, daß niemand glaubte, daß sie damit den Willen der Massen ausdrückten, hatten in der entscheidenden Nachtsitzung zum 7. April Levien statt mit Forderungen mit Fragen vorgeschickt und hatten nun, als es schon völlig unmöglich war, etwas rückgängig zu machen, den besten Teil des Proletariats in wilden Haß gerade gegen die revolutionärsten Teilnehmer der Aktion versetzt. Ich war nach dem Empfang in der Versammlung nahe daran, alles hinzuwerfen, mich vollkommen zurückzuziehen und den Dingen ihren Lauf zu lassen. Die Freude an der Arbeit war mir gründlich vergällt. Schließlich siegte aber in mir die Erwägung, daß ich jetzt nicht fahnenflüchtig werden dürfe. Landauer, mit dem ich sonst in fast allen Dingen einigging, stand der Kommunistischen Partei ganz anders gegenüber als ich. Ihn verband nicht mit ihr die lange gemeinsame Arbeit, und er glaubte nicht, daß hinter der Partei wirklich starke Schichten des revolutionären Proletariats ständen. Er nahm daher den Widerstand der Partei an und für sich nicht so schwer wie ich. Den Mehrheitlern und einem Teil der Unabhängigen war dieser Widerstand geradezu angenehm. Sie glaubten dadurch die Möglichkeit zu gewinnen, mit ihrem Hang zu reformistischer Politik im Zentralrat durchzudringen. Vor allem erhielten die Sozialdemokraten bei allen Vorhaltungen wegen der Verrätereien einzelner ihrer Parteigenossen, die jetzt schon bemerkbar wurden, Gelegenheit, sich darauf hinauszureden, daß ihre Zusage von vornherein auf der Voraussetzung fußte, daß das Proletariat geeinigt vorgehe. Da sich die KPD ausschließe, fühlten auch sie sich nicht mehr gebunden. Es steht für mich zweifellos fest, daß es diesen Herrschaften, falls die KPD eine andere Stellung eingenommen hätte, nicht möglich gewesen wäre, derartig zu schaden, wie sie taten, und alle durchgreifenden Beschlüsse, die sie selbst mit annehmen halfen, bei der Ausführung zu sabotieren.

Die Wirkungen des Fernbleibens der KPD wurden überall spürbar. Der „Revolutionäre Arbeiterrat", der bisher stets geschlossen gehandelt hatte, zersplitterte, da die KPD die ihr angehörenden Mitglieder des RAR aufforderte auszutreten. Ein Teil fügte sich nicht, so daß unter der Anhängerschaft der KPD selbst schwere Konflikte entstanden. Das war auch unter den Massen der Fall. Sehr viele Kommunisten bekannten, daß sie die Haltung der Partei mißbilligten, und traten aus oder handelten gegen die Weisungen der Zentrale. Aus der Provinz wurden die gleichen Erscheinungen gemeldet. So trat in der KPD Nürnberg am ersten Tage der Riß ein. Schlimmer war aber, daß die offene Uneinigkeit im revolutionären Proletariat die Haltung der Soldaten ungünstig beeinflußte. Ich habe später zum Beispiel erfahren, daß in Nürnberg ein Korpsführer mit zweitausend Mann sich den Kommunisten für alle Eventualitäten zur Verfügung gestellt hatte. Am Tage darauf erklärte der Mann, daß er und seine Leute angesichts der Tatsache, daß die Kommunisten selbst sich der Räterepublik feindlich gegenüberstellten, sich ihre Stellung vorbehalten müßten. Schneppenhorst bearbeitete die Soldaten mit dem Argument gegen die Räterepublik, daß die Kommunisten ja selbst den Schwindel nicht mitmachten, und konnte damit reaktionäre Geschäfte machen.

Ich sah infolge aller dieser Dinge ein, daß ich unbedingt auf meinem Platz aushalten mußte und keine andere Pflicht hatte, als die Politik der Räterepublik im kommunistischen Sinne zu beeinflussen und trotz allem zu versuchen, die Kommunisten noch zur Mitwirkung zu bringen, eventuell sogar sie zu unserer gewaltsamen Aushebung zu veranlassen, um selbst Ordnung zu schaffen. Der Verleumdung gegen mich trat ich in einer öffentlichen Erklärung entgegen.

Noch am Abend des 7. April kam Genosse Killer in den Zentralrat mit der Erklärung, daß er den Posten als militärischer Volksbeauftragter niederlege, da er für einen Revolutionär keine Möglichkeit sehe, gegen oder ohne die KPD eine Rote Garde aufzustellen. Es gelang erst nach einigen Tagen, an seiner Stelle das Mitglied des Landessoldatenrats Wilhelm Reichhardt zu gewinnen, der Mitglied der KPD war, dann aber wegen Disziplinverletzung ausgeschlossen wurde. (Nach der Übernahme der Macht durch die Kommunisten berief die Partei ihn jedoch wieder auf denselben Posten.)

Wie in München, so zeigte sich auch im Lande ein sehr unterschiedliches Verhalten der Arbeiterschaft. Südbayern schloß sich fast ganz der Rätebewegung an. Aus Nordbayern kamen Zustimmungstelegramme nur vereinzelt. Nürnberg, das die Bewegung im Norden tragen mußte, versagte infolge der Uneinigkeit unter den Kommunisten. Besonders schlimm war, daß Augsburg, dessen Proletariat der eigentliche Urheber von allem war, in den ersten Tagen abfiel.

Auf Wunsch des Zentralrats sollte ich dem Volksbeauftragten für auswärtige Politik zur Hand gehen und in seinem Ressort das Referat für Rußland und Ungarn übernehmen. Ich veranlaßte als allererstes die Befreiung der immer noch in Bayern im Konzentrationslager zurückgehaltenen russischen Gefangenen, kam aber nicht mehr dazu, darüber hinaus irgendwelche Tätigkeit zu entfalten. Die nähere Beobachtung des Volksbeauftragten Dr. Lipp überzeugte mich am ersten Tage, daß ein Zusammenarbeiten mit ihm für mich unmöglich war. Ihm war offensichtlich die neue Würde in krankhafter Weise zu Kopf gestiegen, und er beging ganz unglaubliche und höchst kompromittierende Lächerlichkeiten. Ich machte Landauer darauf aufmerksam, und da auch von andern Seiten die unqualifizierbare Politik des Mannes bemerkt wurde, veranlaßte ihn der Rat der Volksbeauftragten zum Rücktritt. Unter der Hand wurde mir jetzt der Posten von neuem angetragen. Ich lehnte aber ab, da ich mich nicht noch mehr als bisher in Gegensatz zu den Genossen stellen wollte, die ich nach wie vor als meine nächsten Gesinnungsfreunde betrachtete. Nur um die Gefangenenfrage wollte ich mich weiterhin persönlich bekümmern, wozu mir jedoch auch keine Zeit mehr blieb. Als im Laufe der Woche eine Abordnung der gefangenen Russen im Zentralrat erschien, begrüßte ich sie, und es wurde ausgemacht, daß am 15. April ein Kongreß der russischen Gefangenen unter meinem Vorsitz stattfinden sollte, bei dem mit ihnen selbst die Formen gefunden werden sollten, wie sie fortan als Gäste zu behandeln und dementsprechend, solange ihr Abtransport unmöglich sei, unterzubringen und zu beschäftigen seien. Meine Verhaftung verhinderte das Zustandekommen dieser Tagung.

Die Arbeit der Räteregierung war ungeheuer schwierig. Auf der einen Seite arbeitete die KPD mit Hochdruck gegen uns, auf der andern schlugen die Sozialdemokraten die Taktik ein, jeden noch so revolutionären Beschluß anzunehmen und seine Ausführung zu hintertreiben. Landauer war in seinem Ressort beschäftigt, und die Aufgabe, die notwendigen revolutionären Beschlüsse zu vertreten und durchzusetzen, ruhte fast allein auf meinen Schultern. Nur die paar Mitglieder des RAR standen unbedingt hinter mir. Die Unabhängigen bekundeten in allem eine Passivität, daß man verzweifeln konnte. Ich war froh, als die KPD mit der Forderung an den Zentralrat herantrat, die Funkenstation zum Verkehr mit Moskau und Budapest unkontrolliert benutzen zu können. Es war nicht einfach, ihnen die Bewilligung dazu zu erkämpfen. Es gelang mir aber, und ich hoffte nun, daß von Moskau Direktiven an die Partei gegeben würden, die sie zur Aufgabe ihrer Obstruktion und zum aktiven Eingreifen bewegen würden.

Die unausgesetzte Forderung der Mitglieder des RAR war die Bewaffnung der Arbeiterschaft, die sich indessen durch die mehrere Tage währende Vakanz des militärischen Volksbeauftragten verzögerte. Als nun bekannt wurde, daß der frühere Ministerpräsident seine ehemaligen Kollegen in Bamberg sammelte, dort eine reguläre Gegenregierung etablierte und zum militärischen Vorgehen gegen München rüstete, konnte man nicht gut mehr ausweichen, und so hieß es, es seien keine Gewehre in München vorhanden. Man sabotierte die Bewaffnung und erbitterte dadurch die Arbeiterschaft ungeheuer. Ende der Woche begründete ich einen Antrag, einen Panzerzug auszurüsten und mit dem nach Amberg in Oberfranken durchzustoßen, wo eine Gewehrfabrik ist, und also nötigenfalls mit Gewalt den Willen des Proletariats auszuführen. Man sagte zu allem ja und amen und tat nichts. Nach dem Palmsonntag-Putsch der Bourgeoisie fanden sich plötzlich Gewehre in Massen in München vor. Was in Wirklichkeit geschah, zum Beispiel die Verteilung der Waffen, deren Vorhandensein man kannte, veranstalteten die revolutionären Arbeiter mit Unterstützung von nur wenigen revolutionären Regierungsangehörigen selbständig. Ähnlich verhielt es sich mit dem Revolutionstribunal. Der Bauernrat Kübler tat gar nichts (in seinem Prozeß, in dem er denn auch freigesprochen wurde, bekannte er, daß er den Posten nur angenommen habe, damit er nicht von einem Radikalen besetzt würde). Infolgedessen richtete der „Revolutionäre Arbeiterrat" von sich aus einen revolutionären Gerichtshof ein, der auch funktionierte, allerdings sehr zahm (was sich auch später unter den Kommunisten nicht änderte).

Die Sitzungen des Zentralrats waren meistens mit unnützen Redereien ausgefüllt, und die meiste Zeit ging verloren über den Widerstand, den die Bauern allen Sozialisierungsabsichten Neuraths entgegensetzten. Tatsächlich kam infolge der Verfahrenheit der Gesamtsituation trotz des guten Willens der Revolutionäre in der Regierung und obwohl die Arbeiterschaft Münchens zum weitaus größten Teil hinter der Räterepublik stand, in den sechs Tagen unserer Regierung sehr wenig Positives zustande, abgesehen von einigen radikalen Maßnahmen, die Landauer in den Hochschulen durchführte. Gegen den Vorwurf, daß er die Volksschulen nicht revolutionierte, wird ihn wohl die Tatsache in Schutz nehmen, daß er nur sechs Tage im Amt war. Die Schulen wurden auch in den drei Wochen nachher nicht revolutioniert, obwohl Landauer einen umfassenden Plan dafür seinen Nachfolgern vorlegte.

Worin unser Fehler bestanden hatte, als wir die überstürzte Proklamation der Räterepublik vornahmen, erkannte ich nach einem Besuch des Genossen Axelrod bei mir. Er setzte mir auseinander, daß er der Ausrufung aus dem Grunde Widerstand entgegengesetzt haben würde, weil sie ohne die genügende unterirdische Vorbereitung im Lande ins Werk gesetzt wurde. Alle Persönlichkeiten hätten überall in Bereitschaft stehen, alle Proklamationen und Maßnahmen im Augenblick der Aktion fix und fertig sein, vor allem der militärische Schutz wirksam organisiert sein müssen. Erst dann hätten wir handeln dürfen – und es wäre auf die Formalitäten dabei nicht angekommen. Wären uns am 4. April diese Argumente entgegengehalten worden, dann halte ich es für gewiß, daß das Unglück nicht Ereignis geworden wäre. Auf die Frage, ob er denn jetzt rate, alles rückgängig zu machen und uns der Regierung Hoffmann auszuliefern, erklärte Genosse Axelrod das für unmöglich, verteidigte aber die ablehnende Haltung der Kommunisten.

Diese Unterredung und die große Gefahr, die ich für den Frieden unter der Arbeiterschaft selbst aus dem von den Kommunisten ins Volk geworfenen Vorwurf, wir hätten eine „Scheinräterepublik" etabliert, erwachsen sah, veranlaßte mich, aus eigener Initiative mit folgender Proklamation mich ans Proletariat zu wenden, die Landauer am 9. April öffentlich anschlagen ließ:

„Proletarier aller Länder, vereinigt Euch! Der Schlußappell des Kommunistischen Manifestes ist der Schlachtruf der Internationale geworden. Jetzt richten wir den Appell an das revolutionäre Volk des eigenen Landes: Proletarier Bayerns, vereinigt Euch! Die Einigung der Proletarier kann nach dem herrlichen Beispiel des russischen Volkes nur auf einer Grundlage geschehen, auf der der Räterepublik!

Bayern ist Räterepublik!

Ohne Rücksicht auf die Streitigkeiten ihrer Führer hat sich die werktätige Bevölkerung im Willen zusammengeschlossen, den Sozialismus, den Kommunismus zu verwirklichen!
Der Landtag ist fortgeschickt, das von ihm eingesetzte kleinbürgerlich-sozialistische Ministerium existiert nicht mehr. Ein provisorischer Rat von Volksbeauftragten und ein provisorischer revolutionärer Zentralrat haben die Geschäfte des Landes vorläufig zu besorgen. Da kein einziger der kompromittierten Führer der Kriegssozialisten mehr in diesen Körperschaften sitzt, ist die Gewähr dafür gegeben, daß ihr Wirken ohne Rücksicht auf kapitalistische und bourgeoise Interessen der Herbeiführung der gerechten sozialistisch-kommunistischen Wirtschaft und der Sicherung der Revolution dienen wird.

Die Diktatur des Proletariats ist Tatsache!
Eine Rote Armee wird sofort gebildet!
Die Verbindung mit Rußland und Ungarn wird sofort aufgenommen!

Eine Gemeinschaft zwischen dem sozialistischen Bayern und dem Kaiserdeutschland mit dem republikanischen Aushängeschild kann nicht mehr sein. Ein Revolutionsgericht wird jeden Versuch reaktionärer Machenschaften rücksichtslos ahnden. Die

Lügenfreiheit der Presse hört auf. Die Sozialisierung des Zeitungswesens sichert die wahre Meinungsfreiheit des revolutionären Volkes.

Die neue Gewalt wird so schnell wie möglich Neuwahlen der Betriebsräte auf revolutionärer Grundlage anordnen, auf denen von unten herauf sich das Rätesystem aufbauen soll, das die Entscheidung über alle seine Angelegenheiten in die eigenen Hände des arbeitenden Volkes legt. Nur des arbeitenden Volkes! Die Kapitalisten werden von der Mitbestimmung an den Geschicken des Landes ausgeschlossen.

Aus dem Rätesystem wird die sozialistische Gesellschaft herauswachsen, die keinen arbeitslosen Wohlstand und keine Armut der Fleißigen mehr kennen wird. Im Bunde mit dem revolutionären Rußland und Ungarn wird das neue Bayern die revolutionäre Internationale herstellen und der Weltrevolution die Wege ebnen.

Proletarier! Haltet Frieden miteinander! Es gibt nur einen gemeinsamen Feind: die Reaktion, den Kapitalismus, die Ausbeutung und Bevorrechtung! Gegen diesen Feind müssen alle Kämpfer für Freiheit und Sozialismus geschlossen zusammenstehen.

An die Arbeit! Jeder auf seinen Posten!

Es lebe das freie bayerische Volk! Es lebe die Räterepublik!

Erich Mühsam."

Diesen Aufruf ergänzte ich noch durch folgende

„Erklärung. Die Leitung der Kommunistischen Partei Deutschlands (Spartakusbund), Ortsgruppe München, stellt sich aus prinzipiellen Gründen außerhalb der provisorischen Verwaltung der Räterepublik. Durch die Anordnung der neuen Betriebswahlen auf revolutionärer Grundlage, aus denen die proletarische Gewalt endgültig hervorgehen soll, wird hoffentlich der Gegensatz sehr bald überbrückt sein.

Für meine Person erkläre ich, daß ich einen nach außen sichtbaren Posten in der jungen Räterepublik so lange nicht annehmen werde, bis nicht die Einigung der Arbeiterschaft vollständig gelungen sein wird. Es wäre mir unerträglich, wenn ich mich an verantwortlicher Stelle im Widerspruch gerade zu den Genossen befände, die mir bisher die nächsten im Kampfe waren und denen ich mich nach wie vor in Übereinstimmung im Wollen und Streben aufs engste verbunden fühle.

9. April 1919.   Erich Mühsam."

Die Kommunisten machten am 9. April angesichts des Drängens der Arbeiterschaft die erste Konzession an die gegebene Lage. Sie bewirkten die Wahl revolutionärer Obleute aus den Betrieben und sandten sie mit nur beratender Stimme in den Zentralrat. Es waren, soweit ich mich entsinne, zehn Männer, darunter die Genossen Leviné und Dietrich. In der ersten Sitzung des Zentralrats, an der sie teilnahmen, herrschte eine besonders große Zerfahrenheit. Deputationen aller möglichen Interessengemeinschaften kamen und trugen Gleichgültigkeiten vor, die man ins endlose diskutierte. Es war ein ganz planloses Arbeiten. Die Kommunisten hielten denn auch nicht mit ihrer Kritik zurück, lehnten aber meine dringende Aufforderung, sich aktiv und mitverantwortlich zu beteiligen, um endlich Ordnung und System in das Chaos zu bringen, entschieden ab. Am nächsten Tag hatte ich eine längere Aussprache mit Leviné unter vier Augen; es war das erste und letzte Mal, daß wir von Person zu Person miteinander redeten. Genosse Leviné nahm die Gelegenheit wahr, mir die Genugtuung zu geben, daß er die Ehrlichkeit meiner Handlungsweise in allen Punkten zugab. Auf meine Bitten, die Obstruktion aufzugeben und einzugreifen, gab er bestimmte ablehnende Antwort mit der Begründung, daß er sich nun von der Hoffnungslosigkeit dieser Regierungstätigkeit durch eigenen Augenschein überzeugt habe. Auf den Einwand: „Wir können die Karre doch nicht im Dreck steckenlassen", meinte er lakonisch: „Dann ziehen Sie sie wieder heraus!", gab dann aber zu, daß die Auslieferung des Landes an die Regierung Hoffmann natürlich nicht in Frage kommen könne. Ich legte Leviné direkt nahe, uns gewaltsam auszuheben, um dem unmöglichen Zustand ein Ende zu machen und die revolutionäre Arbeit sicherzustellen; er hielt die Lage dafür nicht für reif, sprach aber ausdrücklich aus, daß die zu erwartenden revolutionären Kämpfe gegen die Bourgeoisie doch schließlich von den Kommunisten würden ausgetragen werden müssen. Ein Ausgleich der Gegensätze kam nicht zustande, doch schloß die Unterredung mit einem Händedruck, der alle persönlichen Differenzen zwischen uns aufhob und mir die Hoffnung gab, auch noch zu einer Übereinstimmung im Handeln zu gelangen.

Aus dem Lande kamen die ungünstigsten Nachrichten. Während sich die Räterepublik in Südbayern im allgemeinen festigte und ausbreitete, war im Norden ein schwerer Rückschlag erfolgt. In Würzburg, wo die Räterepublik von dem zufällig dort auf einer Agitationsreise anwesenden KPD-Genossen Waibel ausgerufen war und die ganze Bewegung unter Leitung der Kommunistischen Partei stand, hatte es Straßenkämpfe gegeben, die mit einer Niederlage der Revolutionäre geendet hatten. Genosse Waibel sowie die beiden am 5. April zur Aufklärung dorthin geschickten Münchener Genossen Hagemeister und Sauber (Vorsitzender des Landessoldatenrats USP) waren dabei verhaftet worden. Wir ordneten zu ihrer Sicherung sofort die Festsetzung von Geiseln an. – Dieser Erfolg der Gegenrevolution war für Nordbayern entscheidend. Er steifte Hoffmann das Rückgrat, um von Bamberg aus in großem Maße eine bewaffnete Aktion gegen München zu organisieren. Oberst Epp entfaltete eine mächtige Tätigkeit zur Aufstellung weißgardistischer Freikorps, die württembergische mehrheitssozialistische Republik bot Militär zur Unterstützung an. Noskes Anerbieten, von Reichs wegen in Bayern einzumarschieren, wurde vorläufig mit Rücksicht auf die preußenfeindliche Stimmung der bayerischen Bauernschaft abgelehnt, zumal die Annahme den Verzicht auf das Reservat Bayerns bedeutet hätte, eine Armee unter eigener Oberhoheit zu halten, wie es selbst den Weltkrieg hindurch bestanden hatte. Erst als sich Bayerns eigener Landesschutz trotz der württembergischen Hilfe zu schwach erwies, um den Willen des revolutionären Proletariats, das in der zweiten Hälfte des April endlich geeint in der Verteidigung der Räterepublik bewaffnet bereitstand, zu brechen, wurde Noske mit seinen Berufsmörderbanden geholt. Die militärische Selbständigkeit Bayerns mußte zum Preise dafür aufgegeben werden. – Für uns war die Notwendigkeit, eine Rote Armee auf die Beine zu bringen, aber brennend geworden, und Genosse Reichhardt arbeitete eifrig an dieser Aufgabe. Wie tief aber der Verrat nistete, beweist folgende Tatsache: Ein führendes Mitglied des Landessoldatenrats, der Mehrheitssozialist Simon (nicht zu verwechseln mit dem früheren Minister Simon), legte Reichhardt einen fertig ausgearbeiteten

Plan zur Aufstellung einer Roten Armee vor. Trotzdem wurden Gerüchte laut, er stehe insgeheim mit der Gegenregierung Hoffmann in Verbindung. In einer Zentralesitzung überraschte ihn Landauer mit der direkten Aufforderung, sich gegen den Vorwurf zu rechtfertigen. Simon versicherte seine Ehrlichkeit und versprach, um jeden Zweifel aus der Welt zu schaffen, sofort alle Ämter niederzulegen und nach Nürnberg zu fahren, wo er seine frühere Zivilbeschäftigung wieder aufnehmen werde. Landauer und ich verlangten, ihn an der Abreise zu hindern und in Schutzhaft zu nehmen, wurden aber überstimmt. Simon reiste ab, und eine Woche später stand sein Name mit dem Schneppenhorsts und Hoffmanns unter den Aufrufen, die den Arbeitermassenmord propagierten. Als Simon in meinem Prozeß als Zeuge erschien, gab er zu, daß er bereits, als er die Rote Armee vorbereiten half, die Beziehung zu Bamberg unterhielt. Noch krasser fast ist der Fall des von der Bauernschaft aufgestellten Volksbeauftragten für Landwirtschaft, Steiner. Der Mann gab von München aus heimlich den Bescheid an Hoffmann, daß er als Landwirtschaftsminister wieder in sein Kabinett eintreten wolle. Er war also gleichzeitig Volksbeauftragter der Räterepublik und Minister der Gegenregierung, was natürlich auch erst später ans Licht kam.

Die Arbeiterschaft hatte das Gefühl dafür, daß die Ursache der Verfahrenheit des öffentlichen Betriebs in der Uneinigkeit des Proletariats, in der Nichtanerkennung der Räterepublik durch die Kommunisten zu suchen war. So ergriffen die Betriebsräte von sich aus die Initiative zur Konsolidierung der Verhältnisse. Durch Plakate wurden zum 11. April (Freitag) abend sämtliche Betriebsräte Münchens zur Versammlung in den Hofbräusaal zusammengerufen. Zugleich wurden die Führer aller sozialistischen Parteien sowie diejenigen Genossen eingeladen, die, ohne einer Partei anzugehören, an sichtbarer Stelle standen. „Fernbleiben wird als Schuldbekenntnis aufgefaßt". Die Versammlung war überfüllt. Ein Mehrheitssozialist legte zunächst unter dem Gelächter der Arbeiter ein Bekenntnis zur Demokratie ab, während ein anderer Sozialdemokrat den Parteigenossen energisch abschüttelte und sich unbedingt für die Räterepublik aussprach. Toller sprach für die Unabhängigen – er war inzwischen an Niekischs Platz zum Vorsitzenden des Zentralrats aufgerückt –, verteidigte das gegenwärtige Regime und griff die Kommunisten scharf an. Dann erhielt Landauer das Wort, der seine Dü-

pierung durch Schneppenhorst offen zugab, die Ausrufung der Räterepublik aber entschieden verteidigte und zur Einigkeit aufrief.
Darauf kam ich an die Reihe. Ich bekannte, daß ich die Berechtigung
der ablehnenden Haltung der KPD nachträglich eingesehen hätte,
das längere Außenstehen der Kommunisten jedoch für verhängnisvoll halte, da den Vorteil von der Uneinigkeit nur die Reaktion habe,
die jetzt schon zeige, daß sie ihn zu nutzen verstehe und sich überall
zum Schlage rüste. Ich beschwor die Kommunistische Partei, ihren
Widerstand aufzugeben und sofort aktiv einzugreifen, um dadurch
der Diktatur des Proletariats Inhalt und Festigkeit zu schaffen. Der
sehr starke Beifall, den besonders Landauer und ich fanden, bewies,
daß wir der eigenen Ansicht des Proletariats Worte gegeben hatten.
Für die KPD war Genosse Levien erschienen, der sich auf eine absolut intransigente Haltung verbiß. Eine Minderheit seiner Parteigänger stimmte ihm zu, während die große Mehrheit ihren Willen zur
Einigung nachdrücklich zu erkennen gab. Levien fand einen Helfer
in der Person eines Berliner Kommunisten, der unter größter Unruhe die Einigung des Proletariats im Prinzip verwarf, solange sie
nicht auf dem Boden der KPD stattfinde. Eine große Reihe von Rednern trat aus der Versammlung selbst für die Beilegung des Zwistes
ein. Levien antwortete mit größter Ausdauer jedem einzelnen und
blieb auf der Ablehnung bestehen. Ich sprach dann noch einmal und
erklärte, daß die Versammlung revolutionärer Betriebsräte als allein
berechtigte Vertretung des Proletariats zu bestimmen habe, ob die
gegenwärtige Räteregierung als Organ der proletarischen Diktatur
anzusehen sei und das Vertrauen des Proletariats habe. Ich sprach
dabei aus, daß die Verweigerung des Vertrauensvotums mir erwünscht sei, da dann die Bürde von uns revolutionären Regierungsmitgliedern genommen sei, unter diesen undankbaren Verhältnissen die Verantwortung zu tragen, und die Kommunisten gezwungen seien, verantwortlich mitzuwirken. Es sei im Fall der Mißtrauenskundgebung gegen uns Aufgabe dieser Versammlung, sofort ein
neues Provisorium zu schaffen und womöglich aus ihrer Mitte heraus Genossen zu bestimmen, die die nächsten Maßnahmen zu veranlassen hätten. Sollte aber die Versammlung dem bestehenden
Zentralrat ihr Vertrauen bekunden, so würden wir unsere Pflicht
nach Kräften weiterhin erfüllen in dem Bewußtsein, daß der Vorwurf, wir seien die Vertreter einer „Scheinräterepublik", ehrlicher

wiese dann nicht mehr erhoben werden könne. Alle anwesenden Mitglieder des Zentralrats erklärten, die Versammlung als souveräne Vertretung des Proletariats anzuerkennen und sich ihrem Beschluß bedingungslos zu fügen. Ein aus der Mitte der Betriebsräte eingebrachter Antrag, der bestehenden Räteregierung das Geschick des Landes weiterhin anzuvertrauen, wurde darauf mit überwältigender Mehrheit gegen ein paar Dutzend Stimmen angenommen. (Ich selbst stimmte dagegen). Levien erklärte auch nach der Vertrauenskundgebung, daß das Verhalten der KPD trotzdem das gleiche bleiben werde.

Am Samstag, dem 12. April, war die Lage offenkundig sehr ernst geworden. Die Regierung Hoffmann hetzte das Land in unglaublicher Weise gegen München auf, gegen uns bekanntere Führer wurden die ungeheuerlichsten Verleumdungen in die Welt gesetzt, von denen besonders die Behauptung, wir hätten in München die Kommunisierung der Frauen bereits eingeführt (jedem Bolschewisten müsse jede Frau nach Belieben zur Verfügung stehen), auf die naive Bevölkerung Eindruck machte. Die militärische Lage schien durch den Abfall Augsburgs, wenn auch nicht unmittelbar bedrohlich, so doch keineswegs sicher. Das Fehlen von Waffen für die Arbeiterschaft war eine furchtbare Gefahr, wenn auch die Entwaffnung der Bourgeoisie anscheinend gut durchgeführt wurde. Doch war unser Mißtrauen gegen die Sozialdemokraten außerordentlich groß, besonders, da in den letzten Tagen die Gewerkschaftsführer und Auerochsen sich auffällig von den Sitzungen des Zentralrats fernhielten, was dessen Arbeiten allerdings etwas förderte. Ob unmittelbar etwas von dieser Seite geplant war und was überhaupt geplant war, war noch nicht zu erkennen. Aber der Verdacht, daß die Mehrheitler auch in München schon mit der Bourgeoisie einen geheimen Pakt geschlossen hätten, war allgemein. Das Bürgertum war furchtbar aufgeregt, da trotz der Mangelhaftigkeit aller diktatorischen Maßregeln doch schon eine Reihe von Symptomen da waren, die den Unterschied einer Räterepublik von einem Bourgeoisstaat deutlich machten. Vor allem wirkte die Besetzung der Banken, die Rationierung der Depotabhebungen und die Aufhebung des Bankgeheimnisses niederschlagend auf die Kapitalisten. Durch die Entwaffnung der Polizei fühlten sie sich in ihrer Sicherheit, durch das Revolutionstribunal in ihren konterrevolutionären Bestrebungen, durch

Wadlers sehr energische Tätigkeit als Wohnungskommissar in ihrem Besitzrecht auf die häusliche Bequemlichkeit schwer bedroht. Dazu hingen die Ankündigungen Gesells gegen das spekulierende Kapital und Neuraths Vorbereitungen zur Schließung aller überflüssigen Betriebe wie ein Damoklesschwert über ihrer Existenz. Gründe genug, um etwas Entscheidendes zu versuchen.

Der Schlag wurde in der Nacht zum 13. April (Palmsonntag) ausgeführt, und zwar unter Leitung und auf Anstiften von Mehrheitssozialisten. Früh um vier Uhr wurde ich aus dem Bett heraus von Angehörigen der Republikanischen Schutztruppe, die uns kurz zuvor ihrer unbedingten Treue versichert hatte, verhaftet und zum Hauptbahnhof gebracht, wo sich im Laufe der Morgenstunden noch zwölf Genossen einfanden. Es waren Plakate angeschlagen, die im Namen der Kasernenräte den Sturz der Räteregierung verkündeten und die Regierung Hoffmann als allein rechtmäßig proklamierten. Einige Genossen, darunter der Volksbeauftragte Soldmann, waren aus dem Wittelsbacher Palais herausgeholt worden, wo sie in nächtlicher Arbeit ihre Pflicht taten. Mehrere außer mir, unter anderen Genosse Dr. Wadler, waren in ihren Wohnungen festgenommen. Der Rest war bei der Festnahme von Geiseln überrascht und verhaftet worden. Wir blieben bis mittags im Bahnhofsgebäude, in beständiger Erwartung eines Angriffs des Proletariats zu unserer Befreiung. Dann wurden wir in einem Extrazug unter starker militärischer Begleitung nach Nordbayern verschleppt.

Der Sturm auf den Bahnhof erfolgte einige Stunden nach unserer Abreise und führte zum vollen Erfolg der Arbeiter, die nun unter Leitung der KPD die Räteregierung neu errichteten. Den weiteren Verlauf habe ich nicht miterlebt und überlasse es daher andern, die ferneren Ereignisse, frei von einer Parteilichkeit, die nach der einen Seite mit Füßen tritt, nach der andern lobhudelt, zu schildern. Bemerken möchte ich, daß Landauer gleich nach der Auflösung des früheren Zentralrats eine Erklärung veröffentlichte, worin er die neue Sachlage begrüßte, die kommunistische Räteregierung anerkannte und sich ihr für alle verlangten Dienste zur Verfügung stellte. Die Kommunisten hatten in den zweieinhalb Wochen ihrer Herrschaft mit ganz ähnlichen Schwierigkeiten zu kämpfen wie in den sechs Tagen vorher wir, nur daß ihre Arbeit nicht mehr von den Auerochsen, sondern von den Unabhängigen sabotiert wurde. Ihr großes Verdienst war, daß sie in kurzer Zeit eine schlagkräftige Rote Armee aufzustellen vermochten. Der Zwang, alle Kräfte auf die militärische Verteidigung der Räterepublik zu konzentrieren, entschuldigt völlig, daß die diktatorische Niederzwingung des Kapitalismus auch unter ihrem Regime kein rascheres Tempo annehmen konnte als unter unserm. Die vielen Mißgriffe in der Auswahl der Personen, denen höchst verantwortliche Aufgaben übertragen wurden und die dem Verrat auch jetzt noch allerorts Zugang verschafften, sind dem Mangel an revolutionärer Erfahrung und der Plötzlichkeit zuzuschreiben, mit der alle Maßnahmen ergriff en werden mußten. Ich weiß zu gut, welcher Anteil an allen Übelständen während der zweiten Räterepublik unserem übereilten Handeln am 4. und 6. April zufällt, als daß ich als Ankläger gegen die kommunistischen Genossen auftreten möchte.

Der Zweck dieser Aufklärung war der, unser Verhalten psychologisch zu erklären, uns gegen den ruchlosen Vorwurf zu verteidigen, als hätten wir, speziell Landauer und ich, gegen die dieser Angriff gemünzt ist – aus Literateneitelkeit ein im Kaffehaus ausgehecktes Abenteuer verwirklichen wollen, und darzutun, daß wir unter einem von außen einwirkenden Zwang gehandelt haben. Daß unser Handeln fehlerhaft war, habe ich zugegeben. Als mildernde Umstände nehme ich aber noch einmal in Anspruch: Die Forderung der Augsburger in Generalstreik getretenen Arbeiter, den gleichzeitigen Paktbruch der Regierung Hoffmann, die Suggestion des ungarischen Beispiels, die Hoffnung, unsererseits auf Österreich und Norddeutschland beispielgebend zu wirken, und vor allem die Geheimdiplomatie der KPD, die – im Gegensatz zu ihrer bisherigen engen Verbindung besonders mit mir – niemanden von uns zur Beratung der entscheidenden Beschlüsse hinzuzog, zur wichtigsten Sitzung am 4. April nachmittags trotz wiederholter Einladung niemanden delegierte und endlich am Abend ihre Erklärungen durch Unbekannte und unter Gründen, die in keiner Weise stichhielten, abgeben ließ. So offen ich bekenne, daß die kommunistischen Genossen im Prinzip im Recht und wir im Unrecht waren, glaube ich doch heute noch, daß ihr taktisches Verhalten in jenen Tagen und während der ganzen Woche vom 6. – 13. April verhängnisvoll fehlerhaft war und daß die rechtzeitige Unterstützung der revolutionären Elemente in der Räteregierung gegen die Sabotage der Sozialdemokraten einen, wenn nicht siegreichen, so doch in jeder Hinsicht vorteilhafteren Verlauf der ganzen Revolutions-Episode herbeigeführt hätte. Die Beteiligung der Kommunisten in Nordbayern beweist, daß durchaus nicht alle Genossen der KPD unser Vorgehen als Farce betrachteten. Die Verwirrung aber, die durch die Gegenorder der Parteileitung in München entstand, trägt in starkem Maße die Schuld daran, daß sich die Konterrevolution schnell und ungefährdet sammeln konnte. Die Teilnahme der Partei an der Räteregierung von Anfang an hätte, selbst wenn die schärfste Kritik gegen die Initiatoren zugleich eingesetzt hätte, das revolutionäre Proletariat in Einigkeit und Begeisterung aufstehen lassen. Die Auerochsen wären am dritten Tage, als Hoffmann in Bamberg die Gegenregierung errichtete, von den Massen selbst aus allen Ämtern entfernt und wie die Bourgeoisie behandelt worden. Die Unsicherheit unter den Arbeitern und Soldaten, die den Palmsonntags-Putsch ermöglichte, hätte nicht Platz gegriffen.

Bekanntmachung der „Republikanischen Schutztruppe" vom 13. April 1919

Der heroische Kampf, den die Münchener Arbeiter in den ersten Maitagen für die Räterepublik führten und an dem die Proletarier, die in der ersten Woche uns gestützt hatten, in gleicher Weise teilnahmen wie die Anhänger der KPD, die furchtbaren Blutopfer, die das Proletariat der kommunistischen Idee darbrachte, und die Gräber der Ermordeten, unter denen der Name Gustav Landauers neben dem Eugen Levinés im Herzen des Münchener Proletariats eingegraben bleibt, mögen der geschichtlichen Forschung, die das Geschehen jener Tage aufhellen soll, den Stachel nehmen, der sich gegen Revolutionäre von unbefleckter Reinheit des Wollens kehrt, und gegen den gemeinsamen Feind richten, der den Verrat in die Revolution trug, um ihr eine Frühgeburt abzutreiben und durch sie ihren Tod herbeizuführen. Welche Machenschaften den Augsburger Beschluß herbeiführten, welche Kräfte hinter allem öffentlichen Geschehen arbeiteten, wer zu denen gehört, die die Falle aufstellten, und wer zu denen, die mit uns darin gefangen wurden, das ist bis jetzt noch nicht festgestellt. Dem geeinten Willen aller ehrlichen kommunistischen Revolutionäre, gleichviel wie sie am 6. April Partei nahmen, wird es gelingen, auch in diese dunkle Frage Licht zu werfen.

Genossen! Nehmt diese Aufklärung in dem Geist auf, in dem sie Euch vorgelegt wird. Es spricht ein Mann zu Euch, der sich schuldig weiß, taktische Fehler gemacht zu haben, dem aber sein reines Gewissen erlaubt, seine eigene Teilnahme an der Geschichte der bayerischen Räterepublik in voller Offenheit vor Euch auszubreiten. Ich verlange von Euch nicht die Billigung meines Verhaltens, aber ich hoffe, daß Ihr aus meiner Darstellung den Eindruck gewonnen habt, daß ich als ehrlicher Genosse gehandelt habe, und daß Ihr mich freisprecht von dem Vorwurf, aus leichtfertiger und gewissenloser Eitelkeit einen sträflichen Streich gegen das Proletariat und gegen die Weltrevolution verübt zu haben.

Ansbach, September 1920

Erich Mühsam.

———

Kurt Eisner; geb. 1867, ermordet am 21. Februar 1919
(Postkarte 1919 | commons.wikimedia.org)

Mein Gegner Kurt Eisner

(Februar 1929)[1]

Erich Mühsam

„Das deutsche Volk ist besiegt worden, sein Reich ist zusammenge-
brochen, und mit einem Mal steht es an der Spitze aller Völker im
Ringen um Gerechtigkeit und Vernunft in den öffentlichen Einrichtungen; ein Mann, der ein kümmerliches, reines, ehrenhaftes Leben
als hungernder Schriftsteller bisher geführt hat, Kurt Eisner, steht
mit einem Mal, bloß weil er ein Mann des Geistes ist, dieser tapfere
Jude, moralisch als Haupt Deutschlands da, ungeahnte Kräfte regen
sich …" So steht es in einem Briefe, den am 28. November 1918 Gustav Landauer an Fritz Mauthner schrieb, um ihn, den Skeptiker, für
die Revolution zu begeistern. (*„Gustav Landauer. Sein Lebensgang in
Briefen."* Rütten & Loening 1929. Ein unendlich reiches Werk, eine
Quelle der Leidenschaft, der Lebensmeisterung und der Weisheit.)
Am nächsten Tage erklärt sich Landauer in einem Brief an Auguste
Hauschner „mit allem, was Eisner grade in den letzten Tagen getan
hat, höchlich zufrieden", womit die Veröffentlichung von Gesandt-
schaftsakten über den Kriegsursprung gemeint war; aber schon am
8. Dezember heißt es bedenklicher in Mitteilungen an Charlotte Landauer: „Das Ministerium ist nicht Eisner, und auch er tut jetzt manches, um die Parteien und die zu ihnen gehörigen Ministerkollegen
zu befriedigen, was ich für falsch halte. Die Einberufung des Landtags hat bei allen Revolutionären, auch bei mir, sehr böses Blut gemacht; er selbst wollte es auch nicht, aber er hielt die Konzession für
nötig. Das Weihnachtsfest, das gleichzeitig Eisners Ministerkollege
Auer im Offizierskasino des Münchener Leiberregiments mit dem
Grafen Arco als Gastgeber feierte, verbrachte Kurt Eisner mit Frau
und Kindern bei dem Anarchisten Landauer in dessen Häuschen in
Krumbach. Dadurch wurde der durch den Tod Hedwig Lachmanns

---

[1] Textquelle | Erich MÜHSAM: *Mein Gegner Kurt Eisner*. In: Die Weltbühne Jg. 25/I,
Nr. 8 vom 19.02.1929, S. 290-293.

verwaisten Familie „im Schmerzlichsten geholfen" (an Mauthner, 26. Dezember). Die persönliche Freundschaft schläfert nicht die Kritik ein: „Mit K. E. bin ich im wesentlichen einig", schreibt Landauer am 3. Januar 1919 an Hermann Croissant; „aber was er tut, ist ja nicht er, sondern die Differenz, die übrig bleibt, wenn er die Feinde der Revolution von sich abzieht", und am 12. Januar an Adolf Neumann: „Eisner ist von der Situation und von seiner komplizierten Politik dahin gedrängt worden, die Unpolitischen und Narren unter seinen Freunden, d. h. fast seine einzigen Freunde, zu Feinden zu machen". Tags darauf aber noch härter an Margarete Susmann: „Kurt Eisner hat reinen Geist, reinste Ziele; aber er hat, aus Vorsicht, Klugheit, Humanität und Optimismus, seinen eigenen Weg verlassen und den der Klugheitspolitik gewählt; es hat ihm vor der revolutionären Energie gegraust; zwischen Spartakus und Kompromiß hat er seinen eigenen Weg, den er nicht mit solcher Klarheit erkannt wie ich, verloren, vertagen „zu müssen geglaubt. Es rächt sich, daß er so lange Sozialdemokrat gewesen ist; es rächt sich an der ganzen deutschen Revolution, daß die Sozialdemokratie ihr Träger sein muß." Dasselbe Gefühl, daß Eisner doch nicht der Mann sei, der der Revolution den großen Auftrieb zu geben vermöchte, von dem Landauer die Erneuerung des Geistes, die Verwirklichung des Sozialismus erhoffte, klingt dann immer deutlicher, immer resignierter aus den Briefen heraus, bis es am 25. Januar in einem Schreiben an Georg Springer den erbitterten Ausdruck findet: „… und selbst so geisterfüllte Männer wie Kurt Eisner werden in dem Augenblick geistlos, wo sie vom Sozialismus zu reden anfangen."

Zum zehnjährigen Todestage Kurt Eisners, in Erinnerung an einen Mord, der in dem irrenden, schwankenden, abgleitenden Manne den zielklaren, aufrechten, revolutionsentschlossenen Willen einer in Aufruhr geratenen Masse treffen wollte und traf, wollte ich zuerst einem andern Toten der Revolution das Wort lassen, einem, der schon bei Eisners Bestattung berufen gefunden wurde und sich selber berufen fand, ihm den Nachruf zu sprechen. Landauer stand der Person Eisners freundschaftlich nahe, glaubte an seine Eignung für die Aufgabe, zu der der Zusammenbruch des alten Deutschlands rücksichtslos erneuernde Kräfte rief, stellte sich ihm stützend und helfend an die Seite und hoffte noch auf seine revolutionäre Besinnung, als auch ihm schon klar war, daß Eisner hierzu das Amt des Ministerpräsidenten äußerlich wie innerlich von sich tun mußte.

Ich teilte Landauers Meinung gar nicht, trat Eisners Revolutionspolitik von Anfang an schroff entgegen und fand auch zu ihm als Mensch keine Brücke, obwohl die gleichzeitige Freundschaft mit dem an geistiger Bedeutung uns beide hoch überragenden Gustav Landauer, der mit seinen von uns beiden gleichmäßig entschieden abgelehnten Mittlersbemühungen nie nachließ, manche Voraussetzung wenigstens zu einer verstehenden persönlichen Beziehung hätte schaffen können. Doch war unsre schon zum Jahre 1902 zurückreichende Bekanntschaft, die mich seit Eisners Tätigkeit für die Berliner Freie Volksbühne, seiner Redaktionsführung in Nürnberg, seiner Kritikerzeit an der ‚Münchner Post‘ und besonders seit dem Ausbruch des Krieges immer wieder mit ihm in Berührung gebracht hatte, nie über die gegenseitige Beobachtung kühler Höflichkeit hinausgelangt. Wohl sprachen wir uns in den ersten Kriegsjahren öfter als vorher, ich kam auch mehrmals in sein Haus, da es ja selbstverständlich war, daß die in München ganz wenigen und sehr vereinsamten offenen Kriegsgegner unter einander Fühlung suchten, doch waren die Gegensätze unsrer Auffassungen schon früh spürbar, da er seine Haltung wesentlich vom Einfluß der Unabhängigen, hauptsächlich Eduard Bernsteins, bestimmen ließ, während ich mit den Revolutionären Internationalisten, besonders Westmeyer in Stuttgart und Knief in Bremen, sympathisierte.

Gegen Ende 1916 besuchten mich einige Jugendgenossen und forderten mich auf, mich zu den Diskussionsabenden einzufinden, die Eisner organisiert hatte und bei denen er im Anschluß an die Kriegsereignisse seine politischen Ansichten entwickelte. Die jungen Leute fanden seine pazifistisch-revolutionären Auffassungen nicht radikal genug und wünschten durch meine Beteiligung eine Kritik zu Worte zu bringen, wie sie sich in ihrem proletarischen Klassengefühl geltend machte. Da in Bayern das Kriegsrecht bedeutend milder gehandhabt wurde als im übrigen Deutschland, die Schutzhaft zum Beispiel überhaupt erst nach der blutigen Niederschlagung der Revolution von der Republik eingeführt wurde, konnten wir ohne große Vorsichtsmaßregeln und kaum spürbar behelligt allwöchentlich zusammenkommen und unsre Meinung recht offen ausdrücken. Die Gegensätze zwischen Eisner und mir traten bald hervor und nahmen im Sommer 1917 bereits scharfe Formen an. Eisner sah in Kerenski nicht nur den Befreier Rußlands, sondern in seiner Kriegspolitik die entscheidende Wendung im Weltkrieg, da nun eine Entente von lauter demokratisch regierten Staaten den vereinten zentraleuropäischen und balkanischen Obrigkeits-Monarchien gegenüberstand und der Ausgang des Krieges, dessen militärischer Teil ja damals jedem Sehenden längst klar sein mußte, die radikale Demokratisierung auch Deutschlands und Oesterreichs herbeiführen müßte. Die deutsche Revolution, die Eisner wünschte und anstrebte, wollte er auf ein Minimalprogramm stellen: Schleunigster Friedensschluß unter Zugrundelegung der Wilsonschen Grundsätze, Ersetzung des stehenden Heeres durch eine Miliz, demokratisch-parlamentarische Verfassungen in Reich und Ländern, verbürgte Einwirkung der Arbeiterorganisationen, vor allen der Gewerkschaften, auf alle gesetzlichen Maßnahmen. In dem Verhalten der russischen Opposition, besonders seit der Durchreise Lenins und Trotzkis durch Deutschland, sah er einfach eine Vorschubleistung für den deutschen Militarismus, die er sogar auf sehr unsaubere Motive zurückführte. Darüber kam es zwischen uns zu außerordentlich erregten Auseinandersetzungen, die nach der Oktoberrevolution, die ich mit höchster Begeisterung, Eisner mit bitterstem Groll aufnahm, zur völligen Entfremdung und zu meinem Fernbleiben von den Diskussionsabenden führten.

Erst der Januarstreik führte uns wieder zusammen, aber nur zu einer kurzen heftigen Aussprache auf der Straße während eines Demonstrationszuges. Eisner erklärte mir wütend, er werde sich die Führung der Bewegung nicht aus den Händen nehmen lassen; er werde zu verhindern wissen, daß ich mit meinen putschistischen Hetzreden seine Kreise störe. Tatsächlich gab er die Parole aus, daß mir in keiner Versammlung das Wort gegeben werden solle, so daß sich meine Beteiligung an jener Bewegung auf Straßenpropaganda und subversive Betätigung beschränken mußte. Dadurch entging ich dem Schicksal, dem Eisner selbst verfiel: der Verhaftung als Rädelsführer. Man beschränkte sich darauf, mich einige Wochen später in Zwangsaufenthalt zu bringen.

In den ersten Novembertagen kehrte ich nach München zurück; Eisner war schon vorher aus dem Gefängnis entlassen worden. Unsre Begegnungen hatten von jetzt ab nur noch den Charakter von

Zusammenstößen. Als er am 9. November im Landtagssaal die neue Regierung vorstellte und Erhard Auer als Innenminister nannte, rief ich ihm von der Tribüne aus zu: „Dann haben wir schon die Gegenrevolution!" Als am selben Tage der Revolutionäre Arbeiterrat mich in seine Mitte kooptierte, wodurch ich „Mitglied der revolutionären Regierung" wurde, weigerte sich Eisner tagelang, seinen Namen unter den Ausweis zu setzen und tat es erst unter gelindem Druck. Ende des Monats stellte ich die erste Organisation auf die Füße, die sich die Bekämpfung der Eisnerschen opportunistischen Konzessionspolitik programmatisch zur Aufgabe stellte, die „Vereinigung revolutionärer Internationalisten", und unsre gegenseitige Bekämpfung ging nun in die Formen erbitterter Feindseligkeit über. Die neue „Vereinigung", der „Revolutionäre Arbeiterrat", dessen Vorsitzender offiziell Eisner noch war, der aber in entschiedener Opposition gegen ihn stand, und der sich eben erst in München konstituierende „Spartakusbund" nahmen in engster Verbindung mit einander den Kampf gegen die Regierung auf, der Kurt Eisner vorstand, und wenn auch als ihre verhaßtesten Exponenten die Sozialdemokraten Auer, Timm und Roßhaupter angegriffen wurden, so verlor doch der Ministerpräsident selber durch sein Lavieren und Paktieren mehr und mehr von der großen und heißen Liebe, die er sich durch seine tapfere persönliche Haltung im Januar und am 7. November bei den Arbeitern erworben hatte. Am schwersten schadete ihm bei ihnen der Schlag, den er am 10, Januar 1919 gegen uns führte, als er, um die gegen den Willen des revolutionären Proletariats angesetzten Wahlen zur Nationalversammlung vor Störungen zu sichern, zwölf der bekanntesten Radikalen verhaften ließ. Eine ungeheure Demonstration vor seinem Ministerium erzwang noch am gleichen Abend unsre Freilassung; Eisners Popularität aber hatte einen schlimmen Stoß erhalten.

Der Ausfall der Wahlen und die Intrigen, die in seiner Abwesenheit während der berner Sozialistenkonferenz seine Ministerkollegen Auer und Roßhaupter gegen ihn angezettelt hatten, nahmen Eisner in seinem letzten Lebensmonat die Sicherheit des Handelns, auf die er zuerst seine immerhin eigenwillige und von der Ebert-Scheidemann-Taktik sehr vorteilhaft abstechende Politik gestützt hatte. Die Nationalisten wurden frecher und frecher. Aber unser Verlangen, ihnen durch Unterdrückung ihrer reaktionären Presseorgane und Konventikel die Gurgel zuzudrücken, mit Radikalmitteln durchzugreifen, blieb erfolglos. Dagegen ließ Eisner es zu, daß Auer gegen die Kommunisten immer rigoroser vorging, so daß sich die Kluft zwischen ihm und den radikalen Arbeitern dauernd erweiterte. Der „Revolutionäre Arbeiterrat" lud ihn vor, und ich bekam den Auftrag, die Beschwerden zu formulieren, was ich mit äußerster Schärfe tat. Dabei traten dann Gegensätze zutage, die mir und meinen Gesinnungsfreunden völlig klar machten, daß Eisner für unsre aufs Ganze gehenden Ziele gar kein Verständnis hatte. „Was soll eigentlich diese Revolutionsspielerei nach der Revolution noch?" fragte er, worauf ich ihm unter Beifall der Arbeiter die Antwort gab: „Wir sind nicht der Meinung, daß die Revolution damit ihren Zweck erfüllt hat, daß Kurt Eisner Ministerpräsident ist. Entfernen Sie die Konterrevolution aus den Ämtern oder treten Sie ab. Es gab keine Gemeinsamkeit mehr zwischen ihm und der vorwärts drängenden Revolution. Im Rätekongreß, in Versammlungen, in der radikalen Presse steigerten sich die Angriffe gegen die Regierung, ohne Eisner auszunehmen. Zugleich geriet er in das von Verleumdungen und wüster Mordhetze geheizte Kesseltreiben der Monarchisten, die von den Auer nahestehenden Kreisen eher ermutigt als gebremst wurden. So ging Eisner am 21. Februar den Weg zur Eröffnung des Landtags, in der Aktentasche die Kapitulation vor den Feinden der Revolution, seine Demission.

Auf diesem Wege erschoß ihn der jugendliche Offizier Graf Arco, der Weihnachtsgastgeber Erhard Auers. Eisner starb den Märtyrertod des Revolutionärs und gab mit seinem Tode der Revolution, die er resignierend preisgeben wollte, neues Leben. Ich schrieb in meiner Zeitschrift ‚Kain' diese Sätze: „Hier sind dem Ermordeten harte, bittere Worte gesagt worden. Wer aber lesen kann, wird finden, daß sie aus verschmähter Liebe kamen, aus enttäuschter Hoffnung, aus Angst für den Getadelten selbst. Der Mann, der an der Novemberrevolution stärksten, entscheidenden Anteil hatte, der sich vor der Geschichte den Ruhm des Neuerers wie wenige andere erworben hatte, war kein Radikaler. Er war ein aufrechter, tapferer Revolutionsentzünder, ein fanatischer Kämpfer für sein eignes Werk, aber kein Grundmauern-Einreißer. Der erste Akt der Revolution war ihm die Revolution selbst; der dramatische Teil der Historie schien ihm nur noch der Abrundung zu bedürfen, um dann den epischen der evolutionistischen Weiterentwicklung folgen lassen zu können. Sein eigener tragischer Tod hat diesen Traum zerstört. Als Kronzeugen seines eignen Irrtums tragen wir Kurt Eisner zu Grabe, sagen wir ihm bewegt und dankbar, traurig und nachdenklich Lebewohl.“

Mühsams Freund Gustav Landauer; geb. 1871, ermordet von
rechten Militärs am 2. Mai 1919 in München-Stadelheim
(Aufnahme von Heinrich Hoffmann | commons.wikimedia.org)

Lügen um Landauer

(1929)[1]

Erich Mühsam

Es ist notwendig, deutlich zu reden.

Die Erinnerung an die Ereignisse vor zehn Jahren regt viele Leute an, ihr Gedächtnis anzustrengen und mit dem Anspruch des Beteiligten oder doch des Augenzeugen, der damals schon alles richtig vorausgesehen hat und an dessen Verhalten kein Fehlerchen auszusetzen war, Geschichte zu schreiben. Die geistige Verwahrlosung unsrer Zeit wird durch nichts besser gekennzeichnet, als durch die Beobachtung, daß bei dieser Geschichtsschreibung in den seltensten Fällen das Bestreben bemerkbar wird, zur künftigen Feststellung der Wahrheit beizutragen. Fast überall ist der Wunsch zu erkennen, durch Kneten der Wahrheit Geschichte zu machen.

Gewöhnlich geschieht die Geschichtsfälschung durch Aussortierung der nachweisbaren Tatsachen. Man läßt Unbequemes aus der Darstellung heraus, ordnet das Übrige so an, daß der bestellten oder genehmen Auffassung gemäß das zu Lobende in Weihrauch, das zu Tadelnde in Kloakendunst gehüllt scheint und alle Kritik so eingerichtet wird, daß das eigne Programm nur von Heroen, das Programm der Nachbarschaft nur von Trotteln oder Schurken verfochten wurde.

Am 2. Mai 1919 wurde Gustav Landauer als Opfer der schwarzen Listen, die die nach Bamberg geflüchtete Gegenregierung gegen die bayerische Rätegewalt unter den Weißgardisten hatte verbreiten lassen, im Stadelheimer Gefängnis ermordet. Es versteht sich, daß sich am 2. Mai 1929 die Freunde Landauers verpflichtet hielten, die große Bedeutung des Mannes aus seinen Schriften, Briefen, Reden und Handlungen für die Mit- und Nachwelt aufzuzeigen. Ein Toter, dessen Walten und Wollen starke Lichter auf das Bild seiner Zeit

---

[1] Textquelle | Erich MÜHSAM: *Lügen um Landauer*. In: Die Weltbühne, Jg. 25/I, Nr. 23 vom 04.06.1929, S. 845-848.

setzte und der als Märtyrer für sein Walten und Wollen starb, hat Anspruch auf hohe Ehrung zu seinem zehnjährigen Todestage.

Niemandem, der aus anderm Denken zu andern Schlüssen kam als der Tote, kann aber das Recht bestritten werden, selbst in der Gedächtnisstunde Kritik zu üben und sich gegen die Auffassungen des Gefeierten abzugrenzen. Doch muß Verwahrung dagegen eingelegt werden, wenn die Kritik die Wahrheit verbiegt, sei es, um den zum eignen Bundesgenossen zu machen, der gar kein Bundesgenosse war, sei es gar, um sich selbst auf Kosten des Kritisierten in vorteilhafter Stellung vorzuführen.

So kraß es ist: die sozialdemokratische Presse hat Landauer Nachrufe gewidmet, in denen sie ihn beinahe für sich in Anspruch nimmt. Sie muß daher daran erinnert werden, daß Landauers ganzer politischer Lebenslauf ein einziger leidenschaftlicher und empörter Kampf gegen die Sozialdemokratie war, gegen ihre unsozialistische Theorie, gegen ihre unproletarische Politik, gegen ihre gegenrevolutionäre Gesamthaltung. Aber sie haben ja auch Karl Liebknecht und Rosa Luxemburg, die Opfer ihres Ordnungsdranges, mit sabberigen, Nachrufen zum Zehnjahrestage ihrer Ermordung nicht verschont, und mit Eugen Leviné, den eine in der Mehrheit sozialdemokratische Regierung standrechtlich ermorden ließ, werden sie es, fürchte ich, auch so machen. Der ‚Vorwärts‘ bestritt mir sogar das Recht, bei einer Landauer-Gedächtnisfeier die Maiopfer des Zörgiebel in die Trauer um die Toten der deutschen Freiheitssehnsucht mit einzubeziehen, in deren vorderste Reihe Gustav Landauer gehört. Es sei billig, von einem Toten zu behaupten, er hätte, wenn er lebte, dies oder jenes „angestellt“. Der ‚Vorwärts‘ wird nicht in der Lage sein, in Landauers Leben auch nur eine Andeutung davon zu finden, daß er je seine Sympathie der „Staatsautorität“, statt ihrem Jagdwild zugewendet hätte. Ich aber bin in der Lage, aus dem stenographischen Bericht über die Tagung des Kongresses der Arbeiter-, Bauern- und Soldatenrate in München (Seite 81) folgendes Intermezzo mitzuteilen. Am 1. März stellte ein Sozialdemokrat namens seiner Freunde im Kongreß den Antrag, die vom Revolutionären Arbeiterrat in den Zentralrat delegierten drei Mitglieder zu entfernen. Er holte sich von Landauer diese Antwort: „Hier redet einer, der sein Recht, unter Ihnen zu wirken, nur daher hat, daß der Revolutionäre Arbeiterrat ihn hierher delegiert hat. Und in diesem Augenblick geschieht der Antrag, wir sollen von der Mitarbeit ausgeschlossen sein. Genosse Niekisch, wollen Sie die Liebenswürdigkeit haben, mich zur Ordnung zu rufen; denn ich muß, ich kann nicht anders, etwas sagen, was sehr unparlamentarisch ist: In der ganzen Naturgeschichte kenne ich kein ekelhafteres Lebewesen als die Sozialdemokratische Partei."

Hoffentlich genügt das, um den Ermordeten ein für alle Male vor der posthumen Freundschaft von Leuten zu schützen, für die er niemals etwas empfunden hat, was der Freundschaft entfernt ähnlich sähe.

Immerhin mag die Reklamation eines großen Toten für die Sache kleiner Lebender aus einem löblichen Schamgefühl oder doch aus einem verständlichen Alibibestreben erklärlich sein und somit als fromme Lüge anerkannt werden. Was soll man aber dazu sagen, wenn das Andenken einer bedeutenden Persönlichkeit am Jahrestage der Ermordung mit schmutzigen Lügen besudelt wird, um ihre Bedeutung aus teils politischen, teils persönlichen Gründen vor der Nachwelt herabzuwürdigen? Das Mitglied der Kommunistischen Partei, Otto Thomas, hat das getan. Mir gebietet Freundschaft und Verehrung, nicht nur die Wahrheit festzustellen – das ist an dem Orte geschehen, wo die Lästerung verübt wurde –, sondern den Verleumder vor die Schranken zu fordern, seine Motive aufzuklären und sein Gesicht aufzudecken.

Thomas wagt es, außer andern falschen Darstellungen des Verhaltens Landauers bei der Ausrufung der bayrischen Räterepublik, die Beschuldigung gegen den Toten zu erheben, er habe „aus maßloser Eitelkeit" dieses Ereignis geschoben, um sich zu seinem Geburtstage am 7. April eine private Überraschung zu arrangieren. Wahr ist, wie ich in meiner Broschüre *„Von Eisner bis Leviné"* und jetzt auf Thomas' Frechheit von neuem nachgewiesen habe, daß Landauer derjenige war, der der Hinauszögerung der Ausrufung, die am 5. April erfolgen sollte, am heftigsten widersprochen hat. Jetzt zieht sich sein später Angreifer darauf zurück, ihm selbst habe ein Privatbrief Landauers vorgelegen, worin er das Zusammentreffen im Datum als Geburtstagsgeschenk bezeichnet. Das hätte freilich auch meinem toten Freund Hagemeister passieren können, der am 5. April oder mir selbst, der ich am 6. April zur Welt kam. Die Entschuldigung macht Thomas' Behauptung noch viel abscheulicher,

da sie klarlegt, wie er mit einem elastischen *Hysteron proteron* aus der
Feststellung der Gleichzeitigkeit nach vollzogenem Ereignis in einer
ganz intimen Auslassung die vorbedachte Herbeiführung eines außerordentlich bedeutungsvollen politischen Aktes zum Zwecke der
Befriedigung einer lächerlichen Privatmarotte machte.

Diese Lüge, die den Gegner der offiziellen kommunistischen
Parteipolitik jener Tage als Musik zu seiner Totenfeier verächtlich
machen soll, ist nicht mehr und nicht weniger wert als die andre, die
Otto Thomas den Arbeitern von 1929 vorsetzt, es habe „ein merk-
würdiger Konkurrenzkampf zwischen Landauer und dem heutigen
Sozialfascisten Niekisch um das Amt des Volksbeauftragten für
Volksbildung" stattgefunden. Also Postenstreberei auch noch!
Nicht nur hat da kein Konkurrenzkampf stattgefunden, sondern
Landauer war derjenige, der nach der Ermordung Eisners die Anregung gab, Niekisch im neuen Ministerium das Kultusressort zu
übertragen. Bei der Proklamierung der Räterepublik aber ist der
Vorschlag, Landauer das Kommissariat für Volksaufklärung anzuvertrauen (den formellen Antrag dazu habe ich gestellt), der einzige
gewesen, um den von Anfang an kein Streit entstanden ist. Also Verleumdung um der Verleumdung willen.

Otto Thomas war noch Mitglied der Sozialdemokratischen Partei, als die Räterepublik in Bayern entstand. Er hatte als Arbeitersek-
retär dieser Partei den ganzen Krieg hindurch angehört, hielt bis zuletzt patriotisch durch, stand gegen Eisners Versuche, den Widerstand der Arbeiter zu wecken, und gegen den Munitionsarbeiter-
streik im Januar 1918 stramm an der Seite Erhard Auers, bekämpfte
im Provisorischen Nationalrat innerhalb der sozialdemokratischen
Fraktion alle Bestrebungen, die Novemberrevolution im Geiste des
Sozialismus vorwärts zu treiben, blieb auch nach Eisners Ermordung Freund der Auer, Roßhäupter und Endres und Feind derer,
die in den freien Räten des Proletariats die Organe des Fortschritts
sahen und nahm noch als Delegierter der Sozialdemokratie an den
Vorbereitungen der Neugestaltung der Dinge teil, die sich aus der
Zusammenballung der Ereignisse entwickelt hatten. Ob er damals
gegen die Räterepublik war oder zu denen gehörte, die Eugen Leviné mit seiner leidenschaftlichen Warnung meinte, die Sozialdemokraten machten nur mit, um uns zu verraten, mag Thomas selber
entscheiden.

Noch die Ausrufung der Räterepublik selbst sah Landauers Entlarver als Abgesandten der Sozialdemokratischen Partei anwesend. Plötzlich aber, als die Kommunisten sich in bitterster Gegnerschaft abseits stellten, entdeckte Thomas sein revolutionäres Herz und schwenkte mit kühnem Salto über die Unabhängigen Sozialisten hinweg zu den Kommunisten hinüber. Am 11. April fand im großen Hofbrausaal in München eine Riesenversammlung der Betriebsräte statt, und dort griff Landauer den anwesenden Otto Thomas hart an und illustrierte an seinem Beispiel, daß man nicht grade uns die Gemeinschaft mit unsicheren Kantonisten vorzuwerfen brauche. Solange ich Thomas am Werke sah, war er nicht eben ein feuriger Räterepublikaner. Sein Verhalten nach dem Palmsonntagsputsch, bei dem ich gefangen genommen wurde, und nach dem die Kommunistische Partei die Räterepublik tapfer und entschlossen gegen die Partei verteidigte, der Thomas noch eine Woche zuvor angehört hatte, kenne ich nicht. Ich weiß nur, daß er nicht unter den vielen Hunderten war, die dabei wie Landauer und Leviné ums Leben kamen, und auch nicht unter den Tausenden, die von den Stand- und „Volks"gerichten abgeurteilt wurden. Als seine frühern Parteigenossen mit Hilfe der Monarchisten über seine neuen Gesinnungsgenossen restlos gesiegt hatten, wurde Otto Thomas Redakteur der kommunistischen ‚Neuen Zeitung‘ in München.

Er blieb es bis Anfang 1921. Ich habe vor kurzem meine Gefängnistagebücher aus Niederschönenfeld zurück erhalten. Da finde ich unter dem 9. Februar 1921 folgende Aufzeichnung: „… In einer Versammlung im Zirkus Krone haben Otto Graf und Otto Thomas begeisterte Kriegsfanfaren geblasen, die nationalen Studenten zur Bildung einer gemeinsamen Front gegen das Ententekapital aufgerufen und damit den Enthusiasmus der ‚kommunistischen‘ Arbeiter erweckt. Ja, als Gareis (USP) sehr vernünftig den Klassenstandpunkt vertrat, wurde er niedergeschrien und ihm während der Rede – ganz wie bei der alten Sozialdemokratie – das Wort entzogen." Thomas wurde damals, mit Graf zusammen, aus der KPD ausgeschlossen. Später, als man den Nationalbolschewismus („Sozialfascismus" nennt es heute, da Niekisch ungefähr dasselbe propagiert, derselbe Otto Thomas) schon liebevoller beurteilte, durfte er wieder eintreten, während Graf den Weg zu der Partei fand, aus der Thomas gekommen war. (Wie weit die Behauptung begründet ist,

die Redaktion der ‚Neuen Zeitung‘ habe damals unter dem materiellen Einfluß des Bundes Oberland gestanden, soll in diesem Zusammenhange unerörtert bleiben.) Am 9. August 1923 aber schrieb
ich in mein Tagebuch: „… In der ‚Roten Fahne‘ umarmen sich Radek
und Reventlow, in Jena wird vor den versammelten Völkischen neben Artur Dinter[2] unser ehrenwerter Otto Thomas angehört und an-
gejubelt …“

In der Entgegnung auf meine Zurückweisungen seiner Unwahrheiten aber zieht sich Otto Thomas auf die Beschwichtigung zurück,
er habe nur klarstellen wollen, „daß die Politik nicht Landauers Gebiet“ war. Da sind wir einig; eine Politik, die sich redlich und klug
dünkt, wenn sie sich leichter mit dem Blutsünden-Dinter im Hurra-
schreien verbindet, als einem großen ermordeten Revolutionär, der
anders dachte als die Parteiparolen der Auftraggeber opportun finden, die Reinheit der Persönlichkeit zu belassen – eine solche Politik
war nicht Landauers Gebiet.

———

---

[2] [Artur Dinter (1876-1948), Schriftsteller, Antisemit (u. a. „Die Sünde wider das
Blut“, Roman 1917), völkischer Politiker; ab 1925 NSDAP-Mitglied.]

Rückblick:
Ein Tagebucheintrag Mühsams
zu Gustav Landauer

Niederschönenfeld,
Montag, den 20. Juni 1921[3]

„[…] Seit langem stellen mich gewisse Leute, allen voran der widerliche Demagoge Pierre Ramus in Wien und ein Neffe Landauers in Heidelberg, Walter Landauer, wie einen Lügner hin, weil ich den toten Freund gegen die verruchten Versuche in Schutz nahm, ihn zu einem Schwarmchristen zu machen, dessen revolutionäre Gesinnung vor allen revolutionären Taten halt mache. Trotz Landauers Unterschrift unter den Proklamationen der Räterepublik, worin die Bewaffnung des Proletariats als erste Forderung aufgestellt war, behaupten diese Gesellen dreist, er sei strikter Gegner jeder Waffengewalt gewesen. Um Beweise fürs Gegenteil wäre mir nicht bange, wenn man mich nicht als völlig unglaubwürdig und tendenziös voreingenommen verschriee, – und ich bin ja durch die Zensur verhindert, mich zu wehren und den Toten zu schützen. Jetzt aber erfuhr ich gestern etwas, was mir völlig neu war und ungeheuer charakteristisch für Landauers wahres Wesen ist. Ertl, ein durchaus zuverlässiger[4]* Genosse, erzählte mir ganz zufällig von dem Sturm auf den Bahnhof in München am 13. April 1919 nach meiner und meiner Kameraden Festsetzung beim Palmsonntagsputsch. Damals hat Landauer persönlich an dem Versuch, uns zu befreien – wir waren ja aber schon verschleppt – teilgenommen und zwar mit dem Gewehr in der Hand und hat kräftig daraus geschossen. Ich bat Ertl, sich ganz genau zu besinnen, ob kein Irrtum möglich sei, was er als vollständig ausgeschlossen bezeichnete. Landauer habe in der Bayerstraße im Eingang zum Café Glaßner gestanden. Er sei in der Lage, mindestens 20 Augenzeugen dafür zu benennen. – Ich glaub's unbesehn. Landauer hat immer betont, daß man wohl wünschen

---

[3] Textquelle | Erich Mühsam: *Tagebücher*. Herausgegeben von Chris Hirte und Conrad Piens. 15 Bände. Berlin: Verbrecher Verlag 2011 bis 2019. Hier nach dem frei aufrufbaren Online-Portal: www.muehsam-tagebuch.de.
[4] * dies Urteil mußte revidiert werden. Doch bleibt grade die Angabe über Landauer glaubhaft. (Durchsicht im Mai 22).

darf, die Revolution möge möglichst unblutig verlaufen; ich habe ihn aber auch einmal gradezu zornig gesehn, als er gegen die Phrase ‚kein Blutvergießen!' loszog. Er sagte damals wörtlich – ich erinnere mich sehr deutlich –, ‚Kein Blutvergießen ist Unsinn! Wer Revolution will, muß sie ganz wollen und in Kauf nehmen, was sie mit sich bringt. Bis jetzt hat es noch nie eine unblutige Revolution gegeben, wir müssen sehen, möglichst wenig Menschenleben zu opfern.' – 1909 in Zürich in der Versammlung in der „Eintracht" gab Gustav Landauer das Signal zum gewaltsamen Hinausschmeißen der Sozialdemokraten, bei der ersten Sitzung des Münchner Arbeiterrats, als wir die Gewerkschaftsbonzen aus dem Deutschen Theater rausfeuerten, hat Landauer fest mit den Fäusten zugegriffen.[5]** Sein angeblicher Kampf gegen die Bewaffnung der Arbeiterschaft beschränkte sich auf die Warnung, man möge um Gottes Willen nicht die Maschinengewehre unter die Verfügung der Gewerkschaftsfunktionäre stellen. Ich könnte eine ganze Serie von Äußerungen Landauers zur Gewaltfrage feststellen, lege mir aber mit Rücksicht auf die latente Drohung, daß dieses Heft den Weg seiner Vorgänger gehn könnte, Zurückhaltung auf. Daß ich jetzt weiß, Landauer hat seinerzeit, um mich und die übrigen aus den Fäusten der Aschenbrenner-Sippe zu befreien, selbst am Straßenkampf teilgenommen, verschönt mir sein Bild unbeschreiblich. Ich werde dafür sorgen, daß der Vorgang durch Augenzeugen in genügender Zahl allen Fälschungen dieses großen Revolutionscharakters zum Trotz bleibend für die Geschichte festgelegt wird. Das bin ich meinem Lehrer, Freund und Kampfgenossen schuldig."

---

[5] ** als es am 7. April hieß, Studenten wollten das Wittelsbacher Palais stürmen, nahm L[andauer]. eine Handgranate zur Abwehr in die Hand (Zeugen Toller, Niekisch etc).

Über Erich Mühsam und die Revolution

Textdokumentation von Beiträgen aus
der Zeitschrift „Graswurzelrevolution"
und anderen Quellen

Erich Mühsam (Fotografie aus dem Jahr 1928,
kurz vor seinem 50. Geburtstag | commons.wikimedia.org)

Mühsam

(September 1919)[1]

Ferdinand Hardekopf

Wie Fontane, Ibsen, Sudermann ist er, ein mürrischer Adept, hinter Pharmazeutentischen umhergestolpert und hat, nach pedantischen Rezepten, das Widrige zusammengegossen. Brüsk entlief er dem Drogendunst: ins Freie. Etablierte, an einem Neujahrstage, sein neues Leben: des Literaten, der ein Antiliterat, des Politikers, der ein Antipolitiker ward und sein wollte. Man befand sich im postnaturalistischen, prähysterischen Berlin. Auf bürgerliche Sofakissen hatten die, einst sozialdemokratisch vermummten Leaders des Realismus sich lukrativ zurückgezogen. Und mit der Jugend kam eine Epoche fatalistischen Geltenlassens, sublimer Schwäche, verästelter Selbstsucht herauf. Man betete Worte an, wie „differenziert", „erlesen", „egozentrisch", „genießerisch", „opalisierend". Altruistische Neigungen zu gestehen, hätte keiner gewagt: zu schneidend lag Nietzsches Hohn bereit. Ein imaginärer Sozialismus verebbte in Experimenten, wie der Gründung der „Neuen Gemeinschaft", eines tragikomischen Zusammenwohnens Entwurzelter in einem großen, sanatoriumförmigen Hause unweit von Berlin. Mystisch floß von der Abendzinne dieses *phalanstère* eine violette Fahne über die Wipfel des märkischen Kiefernwaldes. Der Liebesversuch scheiterte. Erich Mühsam, in seinen Bann geraten, wird ihn früh als empfindlerische Naivität erkannt haben. Doch begegnete er in diesen Sphären einem Manne, der besser fundierte Visionen wußte, und der später die zwölf Thesen des Sozialistischen Bundes ins Menschengewissen hämmern würde: Gustav Landauer. Mühsam, in leidenschaftlicher Abwendung von der Genußgier der Aestheten, entschied sich für eine radikalaktive Hingabe an Erniedrigte und Beleidigte. Auf allen Stationen seines Passionsweges ist er dieser Aufopferung treu geblieben: die ihn jetzt, für fünfzehn Lebensjahre, in eine republikani-

---

[1] Textquelle | Ferdinand HARDEKOPF: *Mühsam*. In: Die weißen Blätter, 6. Jg., Heft 9 (September 1919), S. 401–404.

sche Frohnveste führen soll. Aber das wird niemand für denkbar halten.

Einem Mißverständnis, das die Zeit sich erspart zu sehen wünschte, ist dieser Freund der Armen nicht ausgewichen: er hat es, der Konvention trotzend, unterlassen, die Würde eines Propheten anzulegen. Den Revoltierten durfte man für einen irdischen Menschen halten. Das war gefährlich und empört manchmal selbst Empörer. Ihrer gebieterischen Fingerzeige hätte Mühsam gespottet. Der Stil, den er für die häretische Partie seiner Existenz bestimmte, schien auf einer romantischen Eskamotage derselben Widerstände zu beruhen, von deren dumpfer Hartnäckigkeit der ökonomische Forscher so bitterlich doch überzeugt war. Auf daß die Last ihn nicht erdrücke, lernte er die Magie, sie verschwinden zu lassen, wann immer er wollte: er verstand sich auf die Verzauberungen der Bohème. Und brauchte es nicht zu arrangieren, daß, unter Zi[…]nern[2], seine Rolle sozial repräsentativ wurde: dem Inventar des fünften Standes fügte der defroquierte[3] Patriziersohn den Typus des Schriftstellers bei, den die verletzte Bourgeoisie systematisch blockiert. Dieser Dichter hat viel gehungert. Aus der Misère machte er Verse. Sein erster Band: *„Die Wüste"* gibt, ironisch glossiert, den verzweifelten Kampf der Phantasie gegen Not und seelische Angst. In diese narkotischen (und schon klassischen) Blätter ist die Atmosphäre eines Elends eingefangen, das, trotz allem, gehirnlich immer wieder in Frage gestellt wird.

Der Revolutionär im Café: dieses Bild enthielt eine moralische Stachelung. Den snöbischen Insassen wards bänglich. Es war neu und beunruhigend, daß ein begabter, kluger Literat dem Willen zur Güte Leben und Kunst opferte. Selbst Freunde suchten sich, gelegentlich, mit leisem Hohn zu helfen. „Mühsam, hast du heute wieder *rege Interessen*?" fragte ein junges Mädchen, verzehrend schön wie ein Profil des Filippo Lippi. „Rege Interessen": so nannten die Zarten, die es mit Beardsley hielten, alles Menschenfreundliche, das in proletarische Stickluft führte. Mühsam lächelte. Er war zu wenig Don Quichote, um innerhalb der *décadence* auf Proselyten aus zu

---

[2] [Das Wort (heute stattdessen: ,Sinti und Roma') kann hier aufgrund gegenwärtiger Verlags-Normen nicht mehr getreu gemäß dem – keineswegs diskriminierenden – Sprachgebrauch von 1919 wiedergegeben werden; pb.]

[3] [nach dem Französischen: *amtsenthobene*; hier auch: *enterbte*]

sein. Aber er ließ das entzückende Kind und ging zu seinen Arbeitern, in die Spelunke.

Er ist später, in München, zu den Allerelendesten gegangen, zu denen, auf die das Klassenbewußtsein säuberlich Organisierter herabblickt, wie auf etwas Unreines. Zu denen, die „unterhalb" der Arbeiterschicht hausen. Und deren Verrufung schon im Jahr 1847 vorbereitet worden war durch den Satz, den Marx und Engels in ihr „kommunistisches" Manifest schrieben: „Das Lumpenproletariat, diese passive Verfaulung der untersten Schichten der alten Gesellschaft, wird durch eine proletarische Revolution stellenweise in die Bewegung hineingeschleudert; seiner ganzen Lebenslage nach wird es bereitwilliger sein, sich zu reaktionären Umtrieben erkaufen zu lassen." Diese generelle Diffamation ist von Mühsam stets als Infamie empfunden worden. Widerwärtig war ihm das *hautaine*[4] Preisgeben von Menschen, die man doch interessant und bemitleidenswert findet, wenn sie, literarisch zurechtgemacht (wie in Gorkis *„Scenen aus der Tiefe"*) auf eine hell erleuchtete Schaubühne treten. Erich Mühsam wagte sich in die wirklichen Höhlen und Höllen, in denen Verwahrloste zusammenhocken. Und sprach, ein Bruder, zu Brüdern und Schwestern. Suchte aus Verschüttung glimmenden Glanz zu locken. Bezahlte für Dirnen, Diebe, Apachen Wurst und Bier. Verfiel deshalb, als Narr, dem gellenden Hohn der Journalisten und, als Verschwörer, einer Anklage wegen „Geheimbündelei", von der er freigesprochen wurde. Was dieser Staatsfeind getan hatte, war praktisches Christentum, realisierter Dostojewski, ein enthusiastischer Heilungsversuch an Aufgegebenen: am fünften Stande. Ein Akt allmenschlicher Solidarität, den die Sozialgeschichte aufbewahren wird.

Verfolgungen und Prozesse haben Mühsams Weg garniert. Der Oberen Mißtrauen weckte er früh: durch sein Friedrichshagener Wochenblatt *„Der arme Teufel"*. Man kennt die Meublierung eines insurrektionellen Daseins: Zeitschriften, Begeisterung, Meetings, Polemik, Detektivs. Dicht flogen des Geschickes Pfeil und Schleudern. Krankheit. Wirrnis. Enttäuschung. Wandern durch Regen und Kälte. *Et toujours la purée noire.*[5] Zu einer Konzentration seiner Ab-

---

[4] [hochmütige]

[5] [Und immer wieder der schwarze Brei.]

sichten gelangte Mühsam in der Monatsschrift „*Kain*", die er, von 1911 bis 1914, zu München herausgab. Wie Baudelaire, nahm er Partei für den ersten Rebellen, gegen den glatten, selbstgefälligen Abel. Die vierzig Hefte dieser Revue hat er allein vollgeschrieben. Inbrunst strömte da in sehr dokumentierte Artikel. Durch viele Monate ging ein „*Tagebuch aus der Untersuchungshaft*": wertvoll in seiner Anschaulichkeit.

Zwischendurch wuchs des Autors künstlerisches *oeuvre*. „*Der Krater*" brachte fliegende, fließende Lyrik. „Und nach dem Takte reget, und nach dem Maß beweget sich alles an mir fort." Viele dieser beschwingten Gedichte reißen Menschen rhythmisch zusammen, beflügeln Sinn und Schritt von Massen. Dessen wäre modischer Manierismus nicht fähig. Aber die Herren, die gegen die rätselhafte Standesbezeichnung „Expressionisten" keinen Einwand erheben, halten den Dichter Mühsam für literarisch „überrundet". Ist diese Meinung wichtig?

Man lese den zusammenfassenden Gedichtband: „*Wüste – Krater – Wolken*". Und spiele Mühsams bestes Theaterstück:

„*Die Freivermählten*", ein Thesendrama, das gewisse Abreden der Sexualmoral unterminiert: Übereinkünfte „Aufgeklärter". Erwiesen wird das Philistrische, das in „freien" Lebensformen stecken kann; gefordert: absolute Selbstbestimmung des Weibes. Eifersucht: die infamste Form des Besitzneides". Ein Bühnenthema, das jedermann interessiert.

Die „*Freivermählten*" gehören zur sozialen Tendenzliteratur so unzweideutig wie *Figaros Hochzeit, Uncle Toms cabin*, Multatulis *Kolonialromane*. Kunst als Willensäußerung, als Gärstoff. Aber „Politik" war aus Mühsams theoretischem Laboratorium verbannt. In Sonderheit fand er, auf den Gedankenpfaden großer Lehrer, Parlamente verdächtig: approbierte Auspuffrohre der Energie. Durch soziale, nicht durch parlamentarische Aktionen erränge das Proletariat sich die Zukunft. Standen Reichstagswahlen bevor, so ging dieser *Outsider* in die Versammlungen der Partei des Herrn von Vollmar und forderte die Arbeiter zur Wahlenthaltung auf. Man schlug und verleumdete ihn. Er hatte nichts anderes erwartet. Verkannt zu werden, gehörte ja zum Metier.

Was folgte, weiß man. Krieg. Die Republik Bayern. Mühsam, sich in Kämpfe um staatliche Organisation begebend, muß, in bewußter Bescheidung, auf viel „Utopisches" verzichtet haben. Seit Dezember 1918 erschien eine neue Folge des „*Kain*": die letzte Nummer am 28. März 1919. Krisis. Im April wurde Mühsam verhaftet. Im Juli war der Prozeß. 42 Jahre + 15 = 57. Aber das ist absurd, meine Herren.[6]

————

Zum Verfasser | *Ferdinand Hardekopf* (1876-1954), Journalist, Schriftsteller, Lyriker und Übersetzer. „Im Jahr 1916 ging Hardekopf, da er Pazifist war, ins Exil in die Schweiz. … Anfang der 1920er Jahre kehrte er wieder nach Deutschland zurück. Da er im Berlin der Zwanziger Jahre nicht Fuß fassen konnte, wanderte er 1922 endgültig aus und ging nach Paris. Hier übersetzte er die Werke bedeutender zeitgenössischer französischer Schriftsteller, unter anderem von André Gide und Jean Cocteau … Zudem verfasste er Beiträge für französische Zeitungen, in den 1930er Jahren vor allem für das *Pariser Tageblatt* …" (wikipedia.org, 01.05.2025).

---

[6] In einer stark bearbeiteten Neufassung (auch neuer Titel) erschien dieser Essay von 1919 fünfzehn Jahre später, um im Exil an Mühsams Schicksal als politischer Gefangener der deutschen Faschisten zu erinnern: Ferdinand HARDEKOPF, *Erich Mühsam. Der Dichter und Märtyrer des Mitleids*. In: Pariser Tageblatt vom 10. Juni 1934. Die Schlusspassage dort lautet: „Im April [1919] wurde Mühsam verhaftet, im Juli zu 15 Jahren ‚Festung' verurteilt – zu einer (in Niederschönenfeld, Bayern) rigoros verschärften Haft, die seine Gesundheit schwer schädigte. Im Jahre 1924 freigelassen, ging er nach Berlin und gab dort, keiner politischen Partei zugehörig, eine neue Zeitschrift ‚Fanale' heraus – bis die braune Nacht über ihm zusammenschlug, über ihm: dem herzensguten Menschen, dem klugen Denker und hochbegabten Poeten, den seine Freunde stets lieben werden als treuesten Kameraden und einen ‚Burschen von unendlichem Humor'." – Ein Monat nach Erscheinen dieses Artikel wurde Erich Mühsam am 10. Juli 1934 im KZ Oranienburg ermordet.

Erich Mühsam, 1878-1934
(Postkarte 1928 | Repro nach: www.dhm.de)

Tripper, Bandwurm, Anarchie

Erich Mühsams Tagebücher bieten Einblick ins Seelenleben,
in die Ideenwelt, in Irrungen und Wirrungen
eines sympathischen Anarchisten

(Graswurzelrevolution 372 | 1. Oktober 2012)[1]

Bernd Drücke

[Rezension zu] Erich MÜHSAM: *Tagebücher*. Band 1: 1910-1911, herausgegeben von Chris Hirte und Conrad Piens, Leinenband mit Lesebändchen, Verbrecher Verlag, Berlin 2011, 352 Seiten, 28 Euro, ISBN 978-3-940426-77-2 / Erich MÜHSAM: *Tagebücher*. Band 2: 1911/1912, Verbrecher Verlag, Berlin 2012, 375 Seiten, 28 Euro, ISBN 978-3-940426-78-9

Juli 2012, zwei Wochen Kreta, zwei Wochen offline. Genug Zeit, um sich bei rund 35° Grad im Schatten der Lektüre der prächtig aufgemachten Tagebücher Erich Mühsams zu widmen.

Erich Mühsam (1878-1934) war neben Gustav Landauer, Rudolf Rocker und Ernst Friedrich einer der bekanntesten und einflussreichsten Anarchisten in Deutschland.

Seine schrägen und oft genialen Gedichte finden sich heute in unterschiedlichen, auch musikalischen Interpretationen, beispielsweise von Konstantin Wecker, Harry Rowohlt, Christoph Holzhöfer und Slime, wobei mir Dieter Süverkrüps Schallplatte „Erich Mühsam: Ich lade euch zum Requiem" als besonders gelungene Auslegung von Mühsam-Texten erscheint.

Mühsam publizierte unzählige Gedichtbände, Bühnendramen, Sachbücher und politische Aufsätze. Als Schriftsteller berühmt wurde er vor allem durch seine satirischen Artikel und Gedichte. *„Sich fügen heißt lügen"* und *„Der Lampenputzer"* gehören bis heute nicht nur zum libertären Liedgut.

---

[1] Textdokumentation hier mit freundlicher Genehmigung der Redaktion ‚Graswurzelrevolution' nach der Online-Fassung (https://www.graswurzel.net/gwr/2012/10/tripper-bandwurm-anarchie/).

Als anarchistischer Agitator war Mühsam 1919 maßgeblich an der Ausrufung der Münchner Räterepublik beteiligt. Dafür saß er fünf Jahre in Festungshaft. 1933 wurde er verhaftet und schließlich am 10. Juli 1934 auf bestialische Weise im KZ Oranienburg von SS-Schergen ermordet. Er wurde nur 56 Jahre alt.

Zenzl und die Odyssee der Bücher | Wenige Tage nach der Ermordung ihres Mannes gelang es Mühsams Witwe Zenzl, seinen schriftlichen Nachlass nach Prag zu schmuggeln. Nach drei Jahren im tschechischen Exil folgte sie 1936 einer Einladung in die Sowjetunion. Man hatte ihr versprochen, Erichs Werke „in vielen Sprachen" zu veröffentlichen. So gelangten die Tagebücher und Briefe nach Moskau.

Dort wurden sie „ausgewertet", und es ist anzunehmen, dass sie vom sowjetischen Geheimdienst als Belastungsmaterial gegen deutsche ExilantInnen missbraucht wurden. Einige Tagebücher und viele Briefe, die dabei abhanden kamen, bleiben wohl für immer verschwunden. Wenig später, auf dem Höhepunkt der stalinistischen „Säuberungen", wurde Zenzl als „Trotzkistin" verhaftet. Bezichtigt hatte sie Herbert Wehner, der 1926 als junger Anarchosyndikalist Sekretär im Hause Mühsam war und ab 1927 ein eifernder KPD-Funktionär wurde, bevor er nach dem Zweiten Weltkrieg Karriere in der SPD machte.

Zenzl wurde in der Haft misshandelt. Sie überlebte achtzehn Jahre Gefängnis, Straflager und Verbannung, bevor sie 1955 in die DDR ziehen durfte.[2]

Dort ließ sie Mikrofilmkopien vom Nachlass anfertigen, der im Moskauer Gorkij-Institut lagert, und bemühte sich um die Veröffentlichung der Mühsam-Schriften.

Doch die Mikrofilme gelangten nicht in ihre Hände. Das ZK der SED übergab sie der Ostberliner Akademie der Künste. Zenzl kämpfte bis zu ihrem Tod am 10. März 1962 gegen diese Beschlagnahme und setzte durch, dass 1958 eine Auswahl von Mühsams Gedichten und die *„Unpolitischen Erinnerungen"* in der DDR erscheinen durften.

---

[2] Vgl. https://www.muehsam-tagebuch.de/tb/vorwort.php#_ftn22

Der Bandwurm zieht sich durch das Buch | „Erich Mühsam, Dichter, Anarchist, Antifaschist und vieles andere – oft wurde er für antiquiert erklärt, und genauso oft hat er neue Anhänger und Verehrer gefunden. Das Geheimnis seiner Strahlkraft und seiner fortwährenden Aktualität ist nicht einfach zu erklären. Wir finden auch, es soll ein offenes Geheimnis bleiben, eins, das weiter neugierig macht und immer neue Fragen provoziert. Antworten jedenfalls gibt es in Hülle und Fülle – in Mühsams Tagebüchern", so die konservative FAZ, die sich in ihrem Feuilleton gelegentlich libertäre Tendenzen erlaubt.

100 Jahre nachdem Mühsam den ersten Band der Tagebücher zu Papier gebracht hatte, haben Chris Hirte und Conrad Piens 2011 den ersten (und 2012 den zweiten) von 15 Bänden herausgegeben.

Unter anderem auf den Feuilletonseiten von *FAZ*, *Spiegel*, *SZ*, *ND* und *taz* wurde das Buchprojekt bejubelt. Der erste Band wurde daraufhin ein Bestseller und die Herausgeber müssen sich heute keine Sorgen mehr um die Finanzierung der bis 2018 geplanten, fast 7.000 Seiten umfassenden Folgebände machen.

Eine Fundgrube | Erich Mühsam hat in seinen Tagebüchern alles beschrieben, was er erlebt, gedacht und gefühlt hat. Das ist ehrlich, manchmal genial, manchmal haarsträubend oder nervig banal.

Sein Liebesleben und seine begeisterte Triebhaftigkeit beschreibt er bisweilen im Stil eines frühen Charles Bukowski. Sein Bandwurm kriecht mühsam von Kapitel zu Kapitel und der Tripper, den er monatelang mit sich herumschleppt, hüpft fröhlich von Tagebuchseite zu Tagebuchseite und über auf eine Geliebte, mit der er vor lauter Geilheit schläft, obwohl er um seine Krankheit weiß.

Tagebucheintrag vom 27. Mai 1911: „Von vorgestern ist einiges zu notieren, vor allem eine arge Sünde. Emmy verführte mich zum Koitus. Ich warnte sie, ich sträubte mich, ich kämpfte gegen mich, aber ich war schwach. Nun werde ich sie wohl angesteckt haben, und Kätchens Tripper wird die Runde durch München machen." (S. 131)

Was heute mit dem englischen Modebegriff „Polyamory" bezeichnet wird, wurde vor 100 Jahren von Erich Mühsam als „Freie Liebe" propagiert: „Ich habe diese Tage viel an diese Liebe und an die Frieda gedacht. Wie ungeheuer töricht sind die Menschen, die da meinen, ein Herz könne nicht gleichzeitig nach mehreren Seiten gezogen werden. Meine Liebe zu Frieda leidet gar nicht durch diese Aufwallung. Denke ich Friedels, dann füllt sich alles Herz mit Sehnsucht und Zärtlichkeit, und doch zweifle ich nicht einen Moment an der Richtigkeit und dem Wert des Gefühls, das mich dem Puma verbündet." (S. 207, Bd. 1)

Es geht in Mühsams Tagebüchern nicht nur um Sex und Liebe. Befremdlich wirkte auf mich seine immer wieder geschilderte Hassliebe zum Vater, der Erich als Kind brutal misshandelt hatte und auf dessen Tod der erwachsene Mühsam nicht zuletzt wegen des zu erwartenden Erbes hoffte.

Anarchismus und Antimilitarismus | Auch sein wechselhaftes Verhältnis zu seinem Mentor Gustav Landauer wird von Mühsam immer wieder angesprochen.

Als Redakteur der *Graswurzelrevolution* kann ich viele Parallelen zur heutigen GWR-Zeitungsarbeit entdecken, wenn es z. B. um die Auseinandersetzungen des *Sozialist*-Autors Mühsam mit dem *Sozialist*-Redakteur Landauer geht. Vor 100 Jahren spielte die vom libertären „Sozialistischen Bund" mit einer durchschnittlichen Auflage von 2.000 herausgegebene und von Landauer redaktionell verantwortete Zeitschrift *Der Sozialist* eine ähnliche Rolle bei der Verbreitung und Diskussion anarchistischer und antimilitaristischer Ideen wie heute die *Graswurzelrevolution*. Von den bürgerlichen Medien wurde *Der Sozialist* – ähnlich wie die heute existierenden anarchistischen Zeitschriften – weitgehend ignoriert, was Mühsam zu Recht beklagte: „Der ‚Sozialist', das bestgeschriebene und bestgeleitete Blatt, das zur Zeit in Deutschland erscheint, wird nie und nirgends erwähnt. Alles trottet im alten Stumpfsinn weiter. Und die Sozialdemokratie hütet ihre Lämmer am bravsten, auf daß sie nicht etwa auf die Idee kommen mögen, es gäbe außer dem allgemeinen Wahlrecht in Preußen noch Dinge, die eines Kampfes wert sind." (S. 12)

Mühsams antimilitaristische Grundhaltung kommt in den Tagebüchern immer wieder zum Vorschein: „Ich las dieser Tage die in den Verlag des ‚Sozialistischen Bundes' übergegangene Broschüre des Dr. Hermann Wetzel ‚Die Verweigerung des Heerdienstes und die Verurteilung des Krieges und der Wehrpflicht in der Geschichte der Menschheit'. Eine überaus wertvolle erfreuliche Schrift, die in großen Zügen brevierhaft den Gedanken des Weltfriedens und der Gewaltlosigkeit als Erkenntnis der Großen aller Zeiten nachweist." (S. 91)

Von einer Begegnung mit dem Militarismus in Bern berichtete er am 21. Juni 1911: „Etwas, was ich neulich auf der Straße sah und was mich abscheulich bewegte, will ich notieren. […] In der Länggasse kam mir mit Musik und Getrommel eine Abteilung Soldaten entgegen. Als sie näher kamen, sah ich, daß in den Uniformen lauter Knaben steckten, ein langer Zug, Gewehre über den Schultern. Ich war tief empört und angewidert von dieser ‚Jugendwehr'. Kinder mit Mordwaffen umgehn zu lehren, sie zu Massenmörderei zu erziehen, ehe sie noch ausgewachsen sind. Pfui Teufel! Aber echt schweizerisch-demokratisch!" (S. 158)

Kriegstreiberei? Pfui Deibel! | Würde Mühsam in der heutigen Zeit leben, hätte ihn die Propaganda, die die antideutsche Rumsfeld-Linke ab 2001 z. B. in der Wochenzeitung *Jungle World* für die NATO-Kriege gegen den Irak und gegen Afghanistan betrieben hat, sicher ähnlich angewidert wie seinerzeit die militärischen und propagandistischen Vorbereitungen zum Ersten Weltkrieg.[3]

Im Grabe umgedreht hätte er sich vermutlich, wenn er mitbekommen hätte, in welchem Verlag seine Tagebücher jetzt erscheinen. Der „Verbrecher Verlag" steht der *Jungle World* nahe. Er publiziert zwar auch Lesenswertes, zum Beispiel zu B. Traven, vor allem aber Bücher, in denen antideutsche Bellizisten wie Thomas von der Osten-Sacken und Tjark Kunstreich NATO-Kriege gegen den Irak, Afghanistan und den Iran propagieren.

Am 8./9. September 2012 hat das *Neue Deutschland* ein Interview mit dem „Verbrecher"-Verleger Jörg Sundermeier abgedruckt. Das ND fragte u. a.: „Ihr Verlag zeichnet sich nicht gerade durch ein anarchistisches Verlagsprogramm aus. Warum geben ausgerechnet Sie die Tagebücher heraus?"

Darauf Sundermeier: „Niemand anderes wollte es zu den Bedingungen der Herausgeber tun. Die meisten Verlage wollten entweder

---

[3] Siehe dazu: *Linke Bellizisten auf Gespensterjagd*. Militärpolitische Normalisierung mit Antisemitismus- und Antiamerikanismus-Vorwürfen, Artikel von Alfred Schobert, in: GWR 266, Februar 2002, www.graswurzel.net/266/jungle.shtml

entsetzlich viel Geld oder das Projekt nicht in dem Umfang anfassen. Wir waren dann die Verrückten, die zu diesem verrückten Projekt am besten passten."

Erich Mühsams Tagebücher neben „Wenn man dich nicht fragt, sag nein. Deutsche, Pazifisten und Antiimperialisten im Krieg gegen den Krieg gegen den Terror", dem Buch von *Jungle World*-Redakteur Joachim Rohloff? Nein, das passt nicht!

Niemand wollte die Bücher zu den Bedingungen der Herausgeber verlegen? Unsinn. Unter anderem der Verlag Graswurzelrevolution wurde von Chris Hirte und Conrad Piens nicht angesprochen.

Warum also ausgerechnet ein zum „linken" Bellizismus neigender Verlag?!

Das hätte mensch dem Antimilitaristen und Anarchisten Erich Mühsam nicht antun müssen.

Fazit | Erich Mühsams Tagebücher erreichen nicht die hohe Qualität seiner schon zu Lebzeiten veröffentlichten Schriften. Gründliches Redigieren und das Herauskürzen vieler Banalitäten und Dönekes (aus der Münchner Bohème) hätte dem Projekt gut getan.

Im Vergleich etwa mit Emma Goldmans großartigem „Gelebtes Leben" (Edition Nautilus, Hamburg 2010) sind Mühsams Tagebücher zwar unterhaltsam, aber über weite Strecken zu eitel, bis hin zur Belanglosigkeit.

Jeder Besuch von Museum, Theater, Kneipe und Oper wird minutiös protokolliert, jede Krankheit bis ins kleinste Detail beschrieben und jede Affäre süffisant ausgebreitet.

Trotzdem kann diese Strandlektüre nicht nur Bohème- und AnarchismusforscherInnen wärmstens empfohlen werden. Sie macht Spaß und bietet eine einmalige Sicht ins seelische Innenleben, in die Irrungen und Wirrungen unseres Genossen Erich Mühsam.

Erich Mühsam und
der deutsche Kolonialismus

(Graswurzelrevolution 490 | 7. Juni 2024)[1]

Andreas Bohne

Vor 90 Jahren, am 10. Juli 1934, wurde der Anarchist und Antimilitarist Erich Mühsam nach 16-monatiger „Schutzhaft" und Folter von SS-Männern im KZ Oranienburg auf bestialische Weise ermordet. Mühsam wurde nur 56 Jahre alt. Bereits in der Nacht auf den 28. Februar 1933 hatte die SA ihn verhaftet. Mühsam war ein herausragender anarchistischer Schriftsteller, regelmäßiger Autor in der „Weltbühne" und Herausgeber und Redakteur der anarchistischen Monatszeitschriften „Kain" und „Fanal". 1919 war er entscheidend an der Ausrufung der Münchner Räterepublik beteiligt. Dafür wurde der Publizist zu 15 Jahren Festungshaft verurteilt, aus der er nach fünf Jahren im Rahmen einer Amnestie freikam. Aktiv war Mühsam unter anderem in der „Anarchistischen Vereinigung" und der anarchosyndikalistischen „Freien Arbeiter Union Deutschlands" (FAUD). Mühsams Verhältnis zum deutschen Kolonialismus beleuchtet Andreas Bohne mit dem folgenden Artikel, der in dieser Ausgabe durch weitere Beiträge zum 90. Todestag Mühsams ergänzt wird. (GWR-Red.)

„Ich verstehe nichts von Kolonialpolitik – zugegeben! – Ich will auch gar nichts von Kolonialpolitik verstehen." Diese Aussage von Erich Mühsam aus der sechsten Ausgabe des ersten Jahrgangs seines *„Kain"* gibt nur die halbe Wahrheit preis.

Es stimmt, dass Mühsam sich spät und nur sehr wenig – vergli-

---

[1] Textdokumentation hier mit freundlicher Genehmigung der Redaktion ‚Graswurzelrevolution' nach der Online-Fassung (https://www.graswurzel.net/gwr/2024/06/erich-muehsam-und-der-deutsche-kolonialismus/).

chen mit anderen politischen Geschehnissen – zur (deutschen) Kolonialpolitik äußerte. Dass er aber nichts verstünde, ist kaum gelten
zu lassen. Er durchblickt die Brutalität und den Gegensatz zur herrschaftsfreien Gesellschaft, die er sich erträumt, sehr deutlich. Und
seine Auseinandersetzung mit und seine harsche Kritik an dem Kolonialismus hatte ähnlich wie sein Engagement während der Münchener Räterepublik oder für die Rote Hilfe etwas Konkretes – und
nicht nur Träumerisches. Über Erich Mühsam wurde vieles gesagt
und geschrieben. Seine anti-kolonialen Gedanken sind bisher kaum
aufgegriffen worden. Sie mit seinem politischen Leben und Denken
ansatzweise zu vernetzen, soll im Folgenden versucht werden.

Sechs Jahre nach seiner Geburt in Lübeck am 6. April 1878 wurde
das Deutsche Reich eine weitere europäische Kolonialmacht. 1884
wurden die ersten Kolonien, – euphemistisch als „Schutzgebiete"
bezeichnet –, gegründet. In den folgenden Jahren schloss Mühsam
Schule und Ausbildung in Lübeck ab und seine ersten Jahre in Berlin
und auf Wanderschaft waren vorwiegend von seinem Lebensstil der
Bohème geprägt. Seine schriftstellerischen und politischen Tätigkeiten nahmen dennoch Fahrt auf, wie die Mitarbeit an der neugegründeten Zeitschrift *„Der arme Teufel"* (1902) oder die abgefassten Gedichte für andere Zeitungen bezeugen.

Sie sind es auch, die eine erste tiefere Hinwendung und Befassung mit der kolonialen Thematik zeigen. In den Gedichten, abgedruckt im *„Wahren Jacob"*, nimmt er sich des OvaHerero-Nama-
Krieges und der deutschen militärischen Reaktion an.

Aus Gedichten wie „Der friedliche Michel" oder „Politikaster"
spricht der Spott und der Sarkasmus gegen die Heuchelei des deutschen Bürgertums und die Politik. Nach außen hin, ganz offiziell,
gäbe sich das Deutsche Reich friedlich, jedoch wenn unterdrückte
Völker wie die OvaHerero bewaffnet rebellieren, dann, so Mühsam,
„schickt [man] Herrn von Trotha!". Damit zielt Mühsam auf Lothar
von Trotha, der nach seiner Ankunft in der deutschen Kolonie Südwestafrika den berüchtigten Vernichtungsbefehl zum ersten (deutschen) Völkermord im 20. Jahrhundert gab. Antimilitarismus, eines
seiner Themen, verknüpft Mühsam mit seiner antikolonialen Agitation. Er kritisierte die Brutalität eines Carl Peters, eines Lettow-Vorbecks oder von Trotha, wenn sie die vermeintlichen Zivilisierungsmissionen brutal durchsetzten. Und er schreibt Gedichte zur Ab-

rechnung mit der Obrigkeit. So wird Fürst von Bülow, der die Phrase des „Platzes an der Sonne" geprägt hat, mit Hohn aufgrund seiner kolonialen Abenteuer überzogen.

Mühsams Zeit in München ab 1909 ist geprägt durch die Herausgabe seines bohème-anarchistischen Magazins „*Kain*", das von 1911 bis zum Verbot 1914 monatlich mit einer Auflage von 3.000 Exemplaren und dem Untertitel „Zeitschrift für Menschlichkeit" erscheint und 1918 eingestellt wird. Den Titel wählt Mühsam, weil er in der biblischen Figur des Kain den „ersten Rebellen der Menschheit" sieht.

Auch die Gründung der „Gruppe Tat" vor dem Ersten Weltkrieg lassen seinem Leben und politischen Aktionen etwas Stetigkeit geben. Während er seine antikoloniale Haltung anfangs noch über Spottgedichte transportiert, bietet ihm „*Kain*" den notwendigen Raum für seine abrechnenden Texte. Und gerade an den Plänen von Politikern wie Gustav Stresemann, des völkischen Alldeutschen-Verbands oder der Mannesmann-Brüder, mit „Westmarokko" eine weitere deutsche Kolonie zu begründen, kann er sich abarbeiten. Kolonialpolitik ist für ihn staatlich gelenkte Unterdrückung, Ausbeutung und Bevormundung, ein komplettes Gegenbild zum herrschaftsfreien Agieren und Denken. Er ist angewidert, wie der Kolonialismus als westliche Zivilisierungsmission gerechtfertigt wird. „Wem gehört Marokko? Den Franzosen? Den Deutschen? Den Spaniern? Allen dreien? Meine Auffassung mag weltfremd sein; ich finde, Marokko gehört den Marokkanern", formuliert er 1911. Aber der Griff nach Marokko unterliegt vor allem ökonomischen Interessen und ist Streitobjekt zwischen französischem und deutschem Kapital. Mühsam sieht darin – so scheint es – einen Vorgriff auf den Ersten Weltkrieg. Aber Börsianer und Politiker streiten zwar, kämpfen wollen sie jedoch nicht. Dafür gibt es das Volk, die Armen auf beiden Seiten, die sich in der Armee durch ihre Not verdingen müssen. Er verknüpft die Kolonialpolitik mit der Aufforderung an Rebellion und Verweigerung in Europa.

Sein antikoloniales Verständnis traf ebenso auf seine Ablehnung der Sozialdemokratie und des Parlamentarismus zu. In seinem bekannten Text „Humbug der Wahlen" kritisiert er, dass trotz der hohen Anzahl sozialdemokratischer Parlamentarier zwischen 1903 und 1907 sie nichts verhindert hätten: „Die Sozialdemokraten haben es mit all ihrem Krakeel nicht zu verhindern vermocht, dass Herr v. Tirpitz uns ein Flottengesetz nach dem andern bescherte. Das Bürgerliche Gesetzbuch, das Vereinsgesetz, sämtliche Kolonialgesetze mit all ihren militärischen Folgerungen sind trotz ihres Widerspruchs in ihrer Anwesenheit beschlossen worden." Auch als die sozialdemokratische Gallionsfigur August Bebel stirbt, benennt er dessen Schwenk von der fundamentalen Ablehnung der deutschen Kolonialpolitik hin zu einer Kolonisation Marokkos unter „geeigneten Mitteln" als Kennzeichen des späten Bebels und der sozialdemokratischen Politik, die sich weder dem wirtschaftlichen Interesse noch dem patriotischen Taumel entziehen will.

Sein Egalitarismus ist Mühsam wichtig. In seiner letzten „Kain"-Ausgabe vor dem Ersten Weltkrieg schreibt er unter selbstgemachtem und von außen beeinflusstem Druck jedoch: „Aber ich weiß mich mit allen Deutschen einig in dem Wunsch, dass es gelingen werde, die fremden Horden von unseren Kindern und Frauen, von unseren Städten und Äckern fernzuhalten". Dieser Satz bringt ihm nicht nur Kritik von anarchistischer und linker Seite, er beschäftigt Mühsam selbst intensiv. Wenige Monate später, im Januar 1915, bringt er seine Beschäftigung zum Ausdruck, lehnt seine Worte ab und betont die Gleichheit aller, auch aller Opfer, wenn er schreibt: „Es ist nicht wahr, dass unsere Frauen und Kinder, unsere Städte und Felder mehr wert wären als die der Galizier, Kaukasier, Polen, Bosnier, Siebenbürger, Wallonen, Franzosen, Elsässer, Ägypter, Marokkaner, Buren oder Zulukaffern. – Ich schäme mich meiner selbstischen Wallung und will sie öffentlich widerrufen, sobald es geht."

Hier kommt sein Gleichheitsgedanke zum Vorschein, ebenso seine eigene Reflexions- und Kritikfähigkeit. Später wird er die Toten unter Schwarzen Soldaten in Europa und in den Kolonien betonen – jedoch bedient er sich gleichzeitig einer rassistischen Sprache und ist somit auch Kind seiner Zeit. In mehreren Ausführungen seines Tagebuches nutzt er das N-Wort. Zweischneidig sind seine Äußerungen, welche Afrikaner*innen eine Zivilisiertheit absprechen. Gleichzeitig aber den Deutschen ebenso. Denn das Abschlagen und die Mitnahme des Schädels von Sultan Mkwawa, der sich den deutschen Kolonialtruppen in Ostafrika widersetzte, empfindet er als inhumanen Akt. Fast lassen sich Ähnlichkeiten zu den heutigen Äußerungen deutscher Politiker*innen und Museolog*innen feststel-

len, wenn Mühsam anlässlich von Forderungen, den Schädel nach
dem Ende des Ersten Weltkriegs nach England weiterzugeben, no-
tiert: „Aber interessant ist das Geplärr darüber, dass es eine Demütigung vor dem N-Wort sei, was man uns da zumutet. Soweit sind
die Begriffe schon verwirrt. Einem N-Wort-Fürsten den Kopf ab-
hauen und ihn als Siegesbeute mit sich fortführen in das europäische Kulturland Deutschland, das ist keine Demütigung, aber den
Schädel denen wieder zuführen, die darin wahrscheinlich einen in
Pietät verehrten Gegenstand sehen, das fühlt das republikanische
Deutschland als Herabwürdigung."

Für seine prominente Rolle während der kurzzeitigen Münchener Räterepublik wird er verhaftet und zu 15 Festungshaft verurteilt. Nach für fünf Jahren wird er amnestiert. Im März 1921, im Gefängnis Niederschönenfeld einsitzend, erscheint „Das schwarze
Schmachlied". Die letzte Strophe lautet:

„Strömt herbei in schwarzer Masse
und schießt los mit lautem Krach
Säubert die Germanenrasse.
Sei willkommen, schwarze Schmach."

Das Gedicht ist Produkt der Tschekagruppe, einer Gruppe von
linksradikalen Häftlingen. Mühsam – geistiger Kopf der Gruppe –
hat den Text nie selbst veröffentlicht, dennoch wurde er bekannt.
Der Text, weniger Ausdruck einer kämpferisch-revolutionären Haltung, sondern Lust an der derben Provokation, nimmt die rassisti-
sche Propaganda der „Schwarzen Schmach" aufs Korn. Ein Großteil
der Deutschen – nicht nur völkische und nationalistische Kreise –
sehen in der Besetzung des Rheinlandes durch Schwarze Soldaten
eine Schande. Dass mit dem Gedicht ein empfindlicher Nerv rechter
Kreise getroffen wurde, zeigen die bis heute in sozialen Medien kur-
sierenden Abscheubekundungen aus den entsprechenden Kreisen.[2]

Nach dem Ersten Weltkrieg lässt Mühsam seine Berührungs-
ängste gegenüber der KPD, auch angesichts der revolutionären Aktivist*innen wie Luxemburg, Liebknecht, Leviné und anderen, etwas fallen, was in seiner kurzfristigen Mitgliedschaft kumuliert,

---

[2] Ich danke Chris Hirte für den Hinweis.

ohne seine grundsätzlichen Vorbehalte gegenüber Parteistrukturen, -apparat und -taktik aufzugeben. Am 11. September 1919 tritt Mühsam der KPD bei, die er jedoch relativ schnell nach nur sechs Wochen wieder verlässt. Auch in der Roten Hilfe wird Mühsam aktiv, tritt 1929 aus, weil er in ihr eine Organisation der KPD sieht. Ähnlich ist es mit einer anderen Organisation: Die kritische Nähe zu der KPD sorgt sicherlich für sein Engagement in der „Liga gegen koloniale Unterdrückung". Diese wurde am 10.2.1926 gegründet. Wenig bekannt ist, dass Mühsam ein Gründungsmitglied war und als geschäftsführendes Ausschussmitglied wirkte. Sein Engagement ist nur konsequent – immer wieder äußert er seine „große Freude [...] an dem prachtvoll tapferen Befreiungskampf der marokkanischen Rebellen" und hofft, dass, wenn die Kolonisierten „den Begriff der Sammlung im Bündnis erfasst haben", die Kolonialherren vertrieben werden. Neben linken Größen wie den „roten Medienzar" Willy Münzenberg, Georg Ledebour – der bereits 1905 die deutschen Kolonialverbrechen gegen die OvaHerero im Reichstag scharf kritisierte –, Helene Stöcker oder Virendranath Chattopadhyaya ist er im ersten Vorstand der Liga aktiv. Auf den ersten Blick erscheint das Gründungsmanifest verwirrend, steht auf dem Titelblatt als Überschrift: „Deutschland braucht Kolonien" und „Deutschland ohne Kolonien – Ein Rumpf ohne Glieder". Was als vermeintlich propagandistisches Pamphlet daherkommt, ist in Wirklichkeit eine Abrechnung mit den kolonialrevanchistischen und -apologetischen Sichtweisen der Befürworter. Deren (vermeintliche) Argumente für Kolonien als notwendig für Handel, Weltprestige und Zivilisation werden widerlegt.

Er scheint aber auch hier nur ein kurzes Betätigungsfeld für ihn, den unstetigen Geist, zu finden. Auf einem Rundschreiben der Liga vom Juli 1926 ist er schon nicht mehr aufgeführt. Ein Grund mag die Gründung seiner neuen Zeitschrift *Fanal* im Oktober 1926 sein. Hier kann er – ähnlich wie im *Kain* – frei schreiben was er denkt, bis seine „Anarchistische Monatsschrift" (Untertitel) im Juli 1931 wegen „Verächtlichmachung der Reichsregierung" verboten wird. Der Sichtweise der „Liga" bleibt er zwar treu, wenn er über deren ersten antikolonialen Kongress in Brüssel 1927 berichtet und betont: „Der Befreiungskampf der Kolonialvölker, dieser wichtige Teilkampf der Weltrevolution, hat begonnen". Damit setzt er den antikolonialen Kampf gleichberechtigt mit den Kämpfen der Arbeiter*innen in Europa. Dennoch finden sich in den folgenden Jahren kaum noch Äußerungen zum Kolonialismus, wenn er auch immer wieder antikoloniale Bewegungen weltweit wie in Indien erwähnt und sie mal kritisch, mal begeistert beschreibt. Dennoch, sein agitatorisches Betätigungsfeld wird zunehmend der Kampf gegen den zunehmenden Faschismus und für eine linke Gegenwehr.

Enden möchte ich mit dem ergänzten Eingangszitat, bringt es doch die Ansicht Mühsams auf den Punkt: „Denn, scheint mir Politik selbst schon wahnwitziges Getue, so dünkt mich Kolonialpolitik vollends unmenschliches Verbrechen."

*Dr. Andreas Bohne ist Leiter des Referats Afrika der Rosa-Luxemburg-Stiftung in Berlin. Seine Interessensgebiete sind deutsche Kolonialgeschichte, rechte Akteur*innen und Politik des Südlichen Afrika.*

100 Jahre Räterepublik

Fünf Thesen zur Bayerischen Revolution 1919
(Graswurzelrevolution 435 | 20. Dezember 2018)[1]

Simon Schaupp

Die Bayrische oder Münchner Räterepublik war im April 1919 der vier Wochen währende Versuch, in dem im November 1918 gegründeten Freistaat Bayern eine sozialistische Republik nach rätedemokratischem Muster zu verwirklichen. Die Regierung der Räterepublik war zunächst geprägt von anarchistischen und pazifistischen Intellektuellen, unter ihnen Gustav Landauer, Erich Mühsam, Ret Marut und der Nachfolger Kurt Eisners im Vorsitz der USPD, Ernst Toller, – später von KPD-Mitgliedern. Die Ausrufung des Freistaats Bayern war im Zuge der Novemberrevolution erfolgt, die das Ende des Ersten Weltkriegs eingeläutet und das gesamte Deutsche Reich erfasst hatte (vgl. GWR 434). Ende 1918 waren Kaiser Wilhelm II., der bayerische König und die anderen Monarchen der deutschen Teilstaaten gestürzt worden. In ganz Deutschland hatten sich revolutionäre Arbeiter- und Soldatenräte gebildet. Die dieser Revolution folgende Entwicklung führte nach bürgerkriegsähnlichen Kämpfen zur Zerschlagung der Rätestrukturen.

Den folgenden Artikel von Simon Schaupp veröffentlichen wir als Vorabdruck aus dem von Anna Leder und Andreas Pavlic herausgegebenen Buch „Die Rätebewegung in Österreich. Von sozialer Notwehr zur konkreten Utopie"[2]
(GWR-Red.)

---

[1] Textdokumentation hier mit freundlicher Genehmigung der Redaktion ‚Graswurzelrevolution' nach der Online-Fassung (https://www.graswurzel.net/gwr/2018/12/100-jahre-raeterepublik/).

[2] Simon Schaupps Artikel ist ein Vorabdruck aus dem im Mandelbaum Verlag in Wien erscheinenden Buch: Anna LEDER / Andreas PAVLIC (Hg.), Die Rätebewegung in Österreich. Von sozialer Notwehr zur konkreten Utopie, 244 Seiten, 17 €.

Im Frühjahr 2019 jährt sich die bayerische Räterepublik zum hundertsten Mal. Im Zuge dessen kommt es zu einigen neuen Publikationen zu diesem Thema, die durch eine interessante Übereinstimmung auffallen. In mehreren dieser Bücher wird das Bild von der Räterepublik als Phantasieprodukt einer Handvoll spleeniger Literaten verbreitet. Bereits die Titel der entsprechenden Werke sprechen dabei Bände. Allen voran: „Träumer. Als die Dichter die Macht übernahmen" (Weidermann 2017).

These I: *Die Revolution war ein Produkt der Selbstorganisation der Proletarisierten, nicht der Phantasie von Dichtern*

Eigentlich versteht sich von selbst, dass die Vorstellung abwegig ist, die Schriftsteller hätten die Revolution, die als historisches Ereignis ja nicht abgestritten werden kann, quasi herbeigedichtet. Einen wichtigen Grund hat diese immer wiederkehrende Implikation aber in der unausgewogenen Quellenlage, in der Schriftsteller_innen weit überproportional vertreten sind. Der Hauptgrund dafür liegt in eben jenen Umständen, welche die Revolution zu beseitigen suchte: Der immensen materiellen und kulturellen Ungleichheit. Während am Anfang des 20. Jahrhunderts die Abkömmlinge des Bürgertums unvergessliche Kulturwerke schaffen, können die Proletarisierten oft noch nicht einmal lesen und schreiben. Und selbst wenn sie es können, dann bleibt nach einem zehnstündigen Arbeitstag kaum mehr die Zeit Memoiren zu verfassen. Die Tatsache, dass also fast alle Augenzeugenberichte aus der Zeit der Räterepublik aus bürgerlichen Quellen stammen, führt, zusammen mit dem endgültigen Versäumnis einer systematischen Befragung proletarischer Zeitzeugen, zu ernsthaften Problemen in der Geschichtsschreibung. Denn der Großteil des Bürgertums bringt, wie es zum Beispiel in den immer wieder neuaufgelegten Tagebüchern des Privatgelehrten Viktor Klemperer heißt, der Revolution „nicht die geringste Sympathie" entgegen (Klemperer 1919, S. 25).

Eine politisch-historische Untersuchung der Räterepublik kommt dagegen nicht um ein gewisses Maß an Sozialgeschichte herum. Bei einer solchen Analyse können die Proletarisierten nicht nur als Statist_innen im Hintergrund dienen, sondern müssen als die wesentlichen politischen Akteure der Ereignisse ins Zentrum gerückt werden. Ein zentraler Faktor für das Revolutionär-Werden dieser Massen ist ihre materielle Not am Ende des Ersten Weltkriegs. Spätestens seit dem sogenannten ‚Kohlrübenwinter 1916/17‘ herrschen in ganz Europa Hungersnöte. Ein Großteil der verfügbaren Nahrungsmittel wird zur Verpflegung der Armeen an der Front reserviert, so dass für die Bevölkerung in den Städten nur wenig übrigbleibt. Das Gesundheitsministerium registrierte bis Ende 1918 im Deutschen Reich 763.000 Todesfälle aufgrund von Hunger und Unterernährung. Zum Hunger kommt jedoch eine weitere Plage hinzu, die insbesondere die Proletarisierten trifft: Die ‚Spanische Grippe‘. Allein in München werden zwischen 25.000 und 30.000 Infizierte gezählt. Sogar die Schulen bleiben aufgrund der Spanischen Grippe zeitweise geschlossen. Die Pandemie fordert im Deutschen Reich etwa 300.000 Todesopfer. Aufgrund des Krieges verbreitet sich die Seuche rasch über den gesamten Erdball. Weltweit erliegen ihr zwischen 25 und 50 Millionen Menschen. Damit ist die Seuche mit dem Ausbruch der Pest von 1348 vergleichbar. Die US-amerikanische Armee hat im Ersten Weltkrieg ungefähr die gleiche Zahl an Infanterie-Soldaten durch die Grippe wie durch Kampfhandlungen verloren und allein in Indien sind mehr als 17 Millionen Menschen daran gestorben (Hieronimus 2006).

Nicht zuletzt die Hungersnot und die Seuchen sind es, die den Proletarisierten Europas die Begeisterung für den Krieg endgültig austreibt. Sie haben genug von der Verschwendung von Menschenleben und Wohlstand, von Krankheit und Tod. So kommt es ab 1916 zu immer größer werdenden Hungerdemonstrationen, die teilweise in gewaltsame Ausschreitungen ausarten. In dieser Situation versuchen Pazifist_innen und Linke den Zorn auf den Obrigkeitsstaat und dessen Krieg zu lenken, in dem sie die Ursache für die Not ausmachen. So agitieren sie im Januar 1918 für einen reichsweiten Streik der Munitionsarbeiter_innen, um einen sofortigen Frieden zu erzwingen. Im Zuge der Vorbereitung des „Januarstreiks“ werden in den Münchner Rüstungsbetrieben unter Anführung von Sarah Sonja Lerch und Kurt Eisner – beide von der sozialistischen Unabhängigen Sozialdemokratische Partei Deutschlands (USPD) – Massenversammlungen der Arbeiter_innen abgehalten. Gegen den Widerstand der Sozialdemokratie entscheiden sich die Arbeiter_innen für den Streik, der eine einzige Forderung stellt: sofortigen Frieden. Damit kommt es zur ersten Form einer revolutionären Selbstorganisation der Proletarisierten. Der Streik, an dem im gesamten Deutschen Reich hunderttausende Arbeiter_innen teilnehmen, wird unter Einsatz von Polizei und Militär niedergeschlagen. Sarah Sonja Lerch stirbt nach ihrer Verhaftung unter ungeklärten Umständen im Gefängnis. Viele der für die Beendigung des Krieges Streikenden werden zur Strafe zum Militär eingezogen. Die entstehenden Strukturen der Selbstorganisation, revolutionäre Obleute und erste Arbeiter_innen-Räte bleiben jedoch erhalten und agieren trotz der Repression weiter (Gerstenberg 2018).

Die zweite Stufe der Selbstorganisation wird erreicht als sich Soldaten massenhaft den Revolutionär_innen anschließen. Aufgrund dieses Zusammenschlusses wird eine Friedensdemonstration am 7. November 1918 nicht niedergeschlagen, sondern mündet in den Sturz der Wittelsbacher Monarchendynastie, die zuvor über 738 Jahre in Bayern regiert hat. Noch in derselben Nacht konstituieren sich formelle Arbeiter- und Soldatenräte und wählen Kurt Eisner zum Ministerpräsidenten. Sofort nach dem Umsturz versuchen die Revolutionär_innen, die Selbstorganisation auf eine dritte zentrale Gruppe auszuweiten: Die Bauernschaft. Aus dem Bayerischen Bauernbund soll ein Bauernrat hervorgehen. Hier kommt die Selbstorganisation jedoch bald an ihre Grenzen. Die Industriearbeiter_innen und die Soldaten haben den Vorteil, dass sie ihrer Tätigkeit ohnehin in riesigen Massenorganisationen nachgehen, in denen Agitation und revolutionäre Organisierung einigermaßen leicht sind. Die Bauernschaft ist dagegen über weite Distanzen verteilt, was die Kommunikation und damit auch die Organisierung deutlich erschwert. Eisner strebt in seiner Regierung, an der er auch seine Feinde aus der SPD an zentralen Stellen beteiligt, einen Kompromiss zwischen Parlamentarismus und Rätedemokratie an. Die Sozialdemokratie versucht jedoch systematisch, die Selbstorganisation der Proletarisierten auszuhebeln und den alten monarchistischen Staatsapparat zu erhalten. Als Eisner von einem Rechtsextremen ermordet wird, eskaliert der Konflikt. Der Landtag flieht, wodurch der Rätekongress die Regierungsmacht faktisch allein in den Händen hält. Als auffliegt, dass die Sozialdemokratie in Nürnberg eine gegenrevolutionäre Koalition mit den rechten Parteien DDP und BVP schmiedet, wird der Bruch vollständig vollzogen. Mit massiven Demonstrationen und Ankündigung eines Generalstreiks, erzwingen revolutionäre Arbeiter_innen und Soldaten die Ausrufung einer reinen Räterepublik am 7. April 1919. Eine Woche später wagt die Sozialdemokratie im Bund mit bürgerlichen und rechtsextremen Kräften einen Putsch. Die provisorische Räteregierung ist weitgehend paralysiert. Wieder sind es die Betriebs- und Soldatenräte, die in spontaner Selbstorganisation eine revolutionäre Selbstverteidigung aufstellen und den Putsch niederschlagen (Schaupp 2017).

In zeitgenössischen Texten wird das Modell der Rätedemokratie immer wieder dem „Parteiführertum" entgegengestellt. Anstelle professioneller Politiker_innen sollen die Proletarisierten aus ihren Betrieben oder Kasernen Delegierte wählen, die sie persönlich kennen. Diese werden zwar meist nicht mit imperativen Mandaten ausgestattet, können aber jederzeit abberufen werden, wenn sie sich von ihrer Basis entfremden. Nach demselben Prinzip delegieren die jeweiligen Räte dann weitere Beauftragte für spezifische Angelegenheiten oder höhere Koordinationsebenen. Das einzige Mal, dass dieses Prinzip bundesweit angewendet wird, ist der Reichskongress der Arbeiter- und Soldatenräte, der vom 16. bis zum 21. Dezember 1918 in Berlin tagt. Die Art und Weise wie die Delegierten bestimmt werden, bleibt dabei den lokalen Räten überlassen. Als Faustregel gilt, dass auf etwa 200.000 Einwohner_innen ein Delegierter kommt. Aus den Soldatenräten soll ein Delegierter auf jeweils 100.000 Militärangehörige gewählt werden (Vollzugsrat 1918). Da jedoch die Mehrheit der Delegierten Sozialdemokraten sind, bleibt der aus der Versammlung gewählte Zentralrat während der folgenden Wochen der revolutionären Kämpfe in ganz Deutschland inaktiv. Er erhebt auch keinerlei Einspruch gegen die sukzessive Zerschlagung der Rätestrukturen. Am 4. Februar 1919 überträgt er seine nominelle Macht dann vollends an die Weimarer Nationalversammlung und wird aufgelöst. In Bayern existieren allerdings für ungefähr ein halbes Jahr tatsächlich funktionierende Rätestrukturen.

Bezüglich der Akteure der Revolution lässt sich also folgendes feststellen: Richtig ist, dass unter den führenden Köpfen der Räterepublik eine erstaunlich hohe Anzahl von Literaten vertreten war. Da man in diesen Positionen sonst eher an Großindustrielle und Militärs gewohnt ist, war diese Tatsache damals – und scheint es heute noch – irritierend. Diese Literaten, zu denen Kurt Eisner, Ernst Toller, Gustav Landauer, Erich Mühsam und andere zählen, hätten die Revolution aber kaum herbeischreiben können. Stattdessen stützen sie sich auf eine Basis von kämpfenden Arbeiterinnen und Arbeitern, die diesen Intellektuellen genau deshalb vertrauen, weil sie sich in deren Schriften besser verstanden fühlten als in den Erlassen des besiegten Obrigkeitsstaates. Die Räterepublik war also keine Phantasie von Literaten, sondern Produkt der Selbstorganisation der Proletarisierten.

These II: *Frauen waren an wichtigen Stellen an der Revolution beteiligt, wurden dann aber zurückgedrängt*

Mehr noch als Männer waren Frauen von den materiellen Nöten des Krieges betroffen. Zu den allgemeinen Gefahren kommt bei ihnen noch eine besondere Arbeitsbelastung hinzu: Erwerbslose Frauen und Mädchen, Hausfrauen und Mütter sind an die „Arbeitsfront" beordert worden. Das Verbot von Frauenarbeit im Bergbau war zwischenzeitlich aufgehoben worden. Besonders stark hat der Anteil von Arbeiterinnen in der Rüstungsindustrie zugenommen. Die Munitionsarbeiterinnen drehen Patronenhülsen und fräsen Gewinde für Granaten und Sprengminen. Ihr Lohn ist dabei im Durchschnitt um die Hälfte niedriger als derjenige ihrer Kollegen. Hinzu kommt freilich nach wie vor die Reproduktionsarbeit im Haushalt. Einige Frauen in den Rüstungsbetrieben verüben kleine Sabotageakte. Sie füllen zu wenig Sprengstoff in die Granaten, sodass die Zünder nicht heranreichen, sie machen die Zünder unbrauchbar oder lassen aufrührerische Flugblätter auf den Toiletten liegen (Gerstenberg 2018). Immer wieder finden in München Frauendemonstrationen für den Frieden statt, während des Januarstreiks waren sie maßgeblich an der revolutionären Agitation beteiligt.

Am 16. Dezember 1918 wird in München die strömungsübergreifende linke Frauenplattform „Bund sozialistischer Frauen" (BSF) gegründet. Auf Initiative des BSF hin wird dem Ministerium für soziale Fürsorge am 11. Februar 1919 ein eigenes Referat für Frauenrecht angegliedert. Es nimmt im Wittelsbacher Palais seine Arbeit auf. Der Bund schlägt für die Leitung des Referates die parteilose Sozialistin Gertrude Baer vor. Unter ihr beschäftigt sich das Referat hauptsächlich mit der Arbeitssituation von Frauen, die aufgrund der zahlreichen männlichen Frontheimkehrer mit Massenentlassungen konfrontiert sind. Baer gerät immer wieder in Konflikt mit ihrem Vorgesetzten, dem Sozialminister Unterleitner. Sie hat es nicht nur schwer weil sie eine Frau ist, sondern auch ihre Parteilosigkeit ist dem Sozialdemokraten ein Dorn im Auge. So wird das Referat bereits Anfang April 1919 wieder aufgelöst (Sternsdorf-Hauck 1989).

Auf Druck der Frauen wird zunächst das Gesinderecht aufgehoben, das Hausher_innen die Verfügungsgewalt über die komplette Lebensführung ihrer Hausangestellten zugesprochen hatte. Dem BSF gehen die neuen Regelungen jedoch noch nicht weit genug. Er problematisiert den Status der Dienstmädchen und der weiblichen Hausarbeit grundsätzlich. Heymann schreibt in einem Artikel, dass es generell unter der Würde des Menschen sei, einen anderen bedienen zu müssen. Sie fordert „Zentralhaushaltungen" mit vielen Familienwohnungen, in denen Essen, Heizung, Wäsche und so weiter gemeinsam geregelt werden. Auch Krippen, Kindergärten und Horte sollten an diese Haushalte angeschlossen sein. Die Arbeiten sollen weiter von Hausangestellten ausgeführt werden, allerdings unter geregelter Arbeitszeit und gegen gute Bezahlung. Außerdem müsse der höchste Stand der Technik eingesetzt werden, wie zum Beispiel „Vacuummmaschinen zum Reinigen der Wohnungen." Die Vorschläge zielen darauf ab, dass Hausangestellte sich fortan weigern sollen, in Einzelhaushalten zu dienen. Neben dem Nutzen für alle Beteiligten sei ein solches Modell auch ökonomisch wesentlich vernünftiger, da es immense Kosten einspare. „Der kapitalistische Staat hat abgewirtschaftet", schließt sie ihren Artikel. „Wir gehen mit Riesenschritten der Sozialisierung entgegen." (zit. n. Sternsdorf-Hauck 1989, S. 33)

Feministische Erfolge gibt es auch auf einem anderen Gebiet. Als Maßnahme gegen konterrevolutionäre Aktivitäten wird in der Räterepublik ein Revolutionstribunal eingerichtet. Darin werden erstmals Frauen als Richterinnen zugelassen. Bisher durften diese zwar Jura studieren, nicht aber als Juristinnen arbeiten. Das bayerische Revolutionstribunal ist damit das erste deutsche Gericht, in dem Frauen als Richterinnen arbeiten. Darüber hinaus beantragt die Referentin für Frauenrecht im Ministerium für soziale Fürsorge bei Delikten, die von Frauen begangen worden sind oder in denen Frauen als Klägerinnen auftreten, eine paritätische Besetzung des Gerichts mit Männern und Frauen. Während seiner gesamten Tätigkeit verhängt das Tribunal kein einziges Todesurteil und nur wenige Freiheitsstrafen, weshalb es als relativ harmlos gilt. Ein weiterer Erfolg der Frauen wird bereits unter Eisner erzielt: Erstmals in der Geschichte Deutschlands erhalten Frauen das Wahlrecht.

Aber auch die Rätestrukturen selbst haben ein Problem mit männlicher Dominanz. Auf der Frauenkonferenz der USPD hält die Frankfurter Revolutionärin Toni Sender eine Rede, die die Rolle von Frauen in der Revolution anschaulich beschreibt: „In den Arbeiterräten selbst fanden wir nur eine ganz spärliche Anzahl weiblicher Vertreter, die in gar keinem Verhältnis stand zu der Anzahl der erwerbstätigen Frauen. Aber gar erst in den Vollzugsausschüssen: Dort war nur in den allerseltensten Fällen eine weibliche Delegierte aufzufinden." Eine solche patriarchale Struktur der Räte widerspreche jedoch ihrem demokratischen Grundgedanken. So wirft sie ihren ebenfalls anwesenden männlichen Genossen vor: „Die Räte können nur dann Ausdruck des Massenwillens werden, was sie ja sein sollen, wenn das Recht der Mitwirkung und Mitbestimmung nicht für eine ganze Hälfte des Proletariats toter Buchstabe bleibt. Als Sozialisten verlangen wir ja grundsätzlich das Recht der sozialen und menschlichen Gleichberechtigung, über das Recht politischer Gleichberechtigung hinaus. Wie wollten wir das verkennen, dass die Frauen am besten selbst die Sachverwalter ihrer eigenen Interessen sein werden." Deshalb, erklärt Sender, müsse es eigene Frauenräte geben (Sender 1920).

Auch auf einer Sitzung des Gesamträtekongresses in München fordert der BSF die Errichtung eigener Frauenräte. Der Antrag wird aber nur von den Linksradikalen unterstützt, so dass es zu keiner formalen Repräsentation der Frauen kommt. Darüber hinaus gibt es in der vierten Phase der Revolution einen regelrechten antifeministischen Backlash unter den Linken. Während vorher Frauen an führenden Stellen in den revolutionären Organisationen vertreten waren, werden sie nun wieder zurückgedrängt. So setzt Eugen Leviné in der Münchner KPD durch, dass Frauen keine Parteiverlautbarungen mehr unterzeichnen dürfen und aus Führungsposten entfernt werden (Schaupp 2017). Zusammenfassend kann festgehalten werden: Frauen waren, insbesondere in der Frühphase, führend an der Revolution beteiligt und wurden später gezielt zurückgedrängt.

These III: *Die Räterepublik war nicht auf München beschränkt,
sondern erstreckte sich über ganz Bayern*

Für die bayerische Revolution hat sich Großteils der Name „Münchner Räterepublik" eingebürgert. Dadurch wird der Eindruck vermittelt, die Revolution habe nur in München stattgefunden. Tatsächlich war München unbestreitbar das Zentrum der revolutionären Aktivitäten, aber die Räterepublik erstreckte sich de facto über ganz Bayern. Es gab Rätestrukturen bis in die kleinsten Provinzdörfer. Orte wie Bad Aibling, Kolbermoor oder Urfeld waren revolutionäre Hochburgen. Insgesamt lässt sich festhalten, dass die Rätebewegung vor allem an denjenigen Orten stark ist, in denen Arbeiter_innen in Industriebetrieben massenhaft zusammenarbeiten.

Bereits am ersten Tag nach dem Sturz der Monarchie erklären nicht nur alle bayerischen Großstädte ihre Unterstützung des sozialistischen „Volksstaats". Auch aus 32 kleineren Städten treffen begeisterte Telegramme ein. In den folgenden Tagen wird sich die Rätebewegung in allen Regierungsbezirken noch bis in die kleinsten Ortschaften ausbreiten – und zwar ohne äußeres Eingreifen, sondern durch spontane revolutionäre Aktionen der Arbeiter_innen, sowie lokalen sozialistischen Parteien und Gruppen. In kaum einer dieser Ortschaften werden dabei die Münchner Deklarationen einfach kopiert. Die lokalen Machtverhältnisse werden auf je eigene Weise gegen die Widerstände der örtlichen Eliten geändert. Die bis zu diesen Tagen so gut wie gar nicht politisch repräsentierten proletarisierten Massen halten plötzlich die Macht in den Händen. Allerdings bleiben die kommunalen Verwaltungsapparate unter Eisner weitgehend unangetastet und die monarchistischen Beamten walten weiter ihres Amtes (Seligmann 1998).

Später ist es die Nachricht von der Ermordung Eisners, die in ganz Bayern eine Art zweite Revolution auslöst. In unterfränkischen Würzburg besetzt der Soldatenrat das Rathaus und ruft die Räteregierung aus. In Rosenheim wird die rote Fahne auf dem Rathaus gehisst und von einer mehrere tausend Menschen umfassenden Menge der Rücktritt des Bürgermeisters erzwungen. Das Rathaus wird von zweihundert Mann Republikanischer Schutztruppe besetzt. Im oberbayerischen Ingolstadt übernimmt der Arbeiter- und Bauernrat die Kontrolle über die Verwaltung. In Schweinfurt werden Post- und Telegrafenamt durch Mitglieder des Arbeiter- und Soldatenrats. Im oberpfälzischen Leonberg zieht die Trauerdemonstration zum Schloss des verhassten Grafen von der Mühle-Eckhart. Sein Schloss wird vollständig geplündert und verwüstet. Der dazugehörige Park wird enteignet und für die Bebauung mit kostenlosen Wohnungen für Arbeitslose vorgesehen. Die Polizei wird vollständig entwaffnet. Im schwäbischen Augsburg verwüstet noch am Tag des Mords eine wütende Menge die Redaktionen der bürgerlichen Zeitungen, das Bischofspalais und das Justizgebäude. Außerdem stürmen die aufgebrachten Arbeiter_innen das Gefängnis und befreien alle Gefangenen. Der lokale Arbeiter- und Soldatenrat besetzt alle öffentlichen Gebäude und stellt die bürgerlichen Zeitungen unter Zensur (Seligmann 1998).

Die letztendliche Ausrufung der Räterepublik geschieht nicht etwa auf Initiative Münchens, sondern vor allem auf Druck der Industriearbeiterschaft in Nürnberg und Augsburg. Letztere droht an, in den Generalstreik zu treten, bis die Räterepublik ausgerufen sei. Zuvor hatten vor allem die Vereinigungen der Arbeitslosen diese Forderung in täglichen Demonstrationen zum Ausdruck gebracht. Nun schließen sich viele Arbeiter_innen- und Soldatenräten an. Besonders wichtig für die Ausbreitung der Räterepublik in der Provinz ist die Rolle der Bauernschaft. Diese war über die gesamte Zeit der Revolution durch den Bayerischen Bauernbund (BBB) in den verschiedenen Regierungen vertreten. Als am 4. April 1919 über die Ausrufung der Räterepublik beraten wird, erklärt der Vertreter des BBB, dass die Bauernschaft einer Räterepublik nur dann zustimmen werde, wenn bäuerlicher Grundbesitz vorerst nicht sozialisiert werden würde. Da die Teilnahme der Bauernschaft für alle Anwesenden zwingende Voraussetzung ist, sieht sich die Versammlung gezwungen, die Forderungen der Bauern anzunehmen. Während der Räterepublik selbst stellt die Bauernschaft die Revolutionär_innen immer wieder vor Probleme. Viele Bauern haben Angst, dass die Kommunist_innen ihnen ihre Höfe wegnehmen wollen. Durch die

Kontrolle über die Nahrungsmittel stellen die Bauern eine ernstzunehmende politische Macht dar, zudem ist nur eine Minderheit von ihnen revolutionär eingestellt. So werden in der vierten Phase der Revolution über München von einem Flugzeug aus Flugblätter der sozialdemokratischen Gegenregierung abgeworfen. Diese verkünden, dass die Bauernschaft von Franken, der Oberpfalz und dem Ries eine Lebensmittelsblockade gegen München verhängt haben. Der Vorsitzende der Münchner KPD, Eugen Leviné, fordert, dass dieses Problem nach dem russischen Vorbild gelöst werden müsse und Strafexpeditionen die Bauern dazu zwingen sollen, wieder Lebensmittel zu liefern. Tatsächlich wird von diesem Vorgehen aber wieder Abstand genommen. So herrscht im revolutionären München bald eine Hungersnot (Schaupp 2017).

Im Münchner Rätekongress wird die rätedemokratische Repräsentation der Provinz immer wieder diskutiert. Einerseits sieht man sich aufgrund der angespannten Lage, die immer schneller auf einen Bürgerkrieg zusteuert, dazu gezwungen, im Zweifelsfall schnelle Entscheidungen zu treffen. Andererseits mahnen die Räte aus der Provinz immer wieder ihr Mitbestimmungsrecht an. Meist wird dann versucht, einen Kompromiss zwischen Agilität und Inklusivität zu finden. Auch nach der Niederschlagung der Rätebewegung in München wird die Rolle der Provinzstädte noch einmal deutlich: Die Reste der Roten Armee ziehen sich ins südöstlich der Landeshauptstadt gelegene Rosenheim und nach Kolbermoor zurück, wo es jeweils eine starke revolutionäre Basis gibt. Dort kämpfen sie noch mehrere Tage weiter. Insgesamt lässt sich also festhalten: Die Räterepublik war nicht auf München beschränkt, sondern erstreckte sich über ganz Bayern.

These IV: *Mit der Gegenrevolutionären Koalition erweckte die Sozialdemokratie eine bereits besiegte Rechte wieder zum Leben*

Zentraler Gegner der Revolution war in allen fünf Phasen die Führung der Sozialdemokratie.[3] Die politische Rechte hat zu dieser Zeit

---

[3] Im Gegensatz zur Führung nahmen viele Mitglieder der SPD an revolutionären Aktivitäten teil und hatten teilweise auch wichtige Ämter in den revolutionären Organisationen inne.

ihre Macht fast vollständig eingebüßt. Ihre zentrale Organisation war im monarchistischen Deutschland das preußische Militär. Das aber hat nach der deutschen Niederlage im Weltkrieg nicht nur seine materielle Macht verloren, sondern auch sein Ansehen in der Bevölkerung fast vollständig verspielt. Die SPD-Spitze um Erhard Auer sieht jedoch nach dem Sturz der Monarchie in den Überbleibseln des monarchistischen Verwaltungsapparats seinen zentralen Verbündeten für sein Anliegen, Bayern in parlamentarische Bahnen zu lenken und die Rätedemokratie auszuhebeln. Die Tatsache, dass Eisner nichts dafür tut, die monarchistischen Beamten aus ihren Positionen zu ersetzen, gibt Auer dabei den entscheidenden Vorteil. So schickt das Innenministerium beispielsweise Antworten auf Anfragen und Beschwerden der lokalen Räte in der Provinz nie an die anfragenden Räte selbst zurück, sondern auf dem herkömmlichen Verwaltungsweg an die jeweiligen Magistrate.

Von Anfang an bereitet Auer aber auch schon die gewaltsame Niederschlagung der Rätebewegung vor. Zu diesem Zweck gründet er Weihnachten 1918 gemeinsam mit monarchistischen Militärs und Vertretern des Münchner Bürgertums eine Bürgerwehr. Beteiligt sind auch die Münchner Sektion des Deutschen Alpenvereins, sowie der Turnerverein und verschiedene Studentenverbindungen. Erzbischof Faulhaber will die Bürgerwehr zu gegebener Zeit durch das Läuten der Münchner Kirchenglocken zum Kampf zu rufen lassen. Auer erklärt, dass er als Innenminister die Polizei unter Kontrolle habe und sogar die Polizeireviere zu Waffendepots für die Bürgerwehr umfunktionieren könne. Es wird ein detaillierter Plan zur Besetzung wichtiger öffentlicher Gebäude vorbereitet. Die SPD-Anführer Auer und Buttmann scheuen sich nicht einmal davor, den Aufruf zur Bildung einer gegenrevolutionären Bürgerwehr eigenhändig zu unterzeichnen und überall in München plakatieren zu lassen. Später zwingt Eisner die beiden Sozialdemokraten zwar dazu, ihre Unterschriften zu widerrufen, die Bürgerwehr arbeitet aber im Geheimen weiter.

Auch vor einer Zusammenarbeit mit der präfaschistischen Thule-Gesellschaft schreckt die SPD-Führung nicht zurück. Dabei handelt es sich um einen vor allem antisemitisch motivierten Geheimbund um den Esoteriker Rudolf Glauer. Dieser gründet sich zum Kampf gegen den Linksruck in Bayern, für den sie eine jüdische

Verschwörung verantwortlich machen. Zunächst beschränkt sie sich auf antisemitische Propaganda, dann gründet sie den „Kampfbund Thule" als militärischen Arm ihrer Geheimgesellschaft. Später wird aus dieser Terrorgruppe das Freikorps Oberland hervorgehen, das sich der Bekämpfung von Revolutionär_innen in ganz Deutschland verschreibt. Ihr erstes Ziel ist die Entführung Kurt Eisners und die Installation von Erhard Auer als Ministerpräsident. Bei einer Rede Eisners in Bad Aibling unternehmen sie den entsprechenden Versuch. Es ist jedoch eine große Zahl linker Arbeiter aus dem nahen Kolbermoor anwesend, die Eisner schützen. So misslingt die erste Gewaltaktion (Gilbhard 2015).

Später führt das ehemalige Thule-Mitglied Anton von Arco Valley ein Attentat auf Eisner aus. Arco Valley wurde zuvor aus der Thule-Gesellschaft ausgeschlossen, nachdem man dort herausgefunden hatte, dass seine Großmutter Jüdin ist. Um seine antisemitische Gesinnung zu beweisen, erschießt Arco Valley den Ministerpräsidenten. Zu diesem Zeitpunkt ist die Spaltung zwischen Sozialdemokratie und Linken bereits so weit fortgeschritten, dass letztere davon sofort davon ausgehen, dass hinter der Ermordung Eisners nur Auer stecken könne. Ein Linker stürmt in den Landtag und eröffnet das Feuer. Auer wird schwer verwundet. Seinen Platz nimmt der nicht minder gegenrevolutionär gesinnte Johannes Hoffmann ein. Während dieser einerseits mit den Vertretern des Rätekongresses über eine neue sozialistische Regierung verhandelt, leitet er gleichzeitig die Bildung einer bürgerlichen Gegenregierung mit den bereits ausgeschalteten rechten Parteien BVP und DDP ein. Nach der Ausrufung der Räterepublik bildet er mit diesen in Bamberg eine Gegenregierung, deren primäres Ziel der Sturz der Räte ist.

Zunächst reaktiviert Hoffmann die Pläne eines Putsches in München. Auch hier koordiniert sich die Sozialdemokratie mit der Thule-Gesellschaft, die versucht, die Räte zu infiltrieren und Informationen zu beschaffen. Der Putsch scheitert jedoch an einem Koordinierungsfehler. Eigentlich hätte gleichzeitig mit dem Losschlagen der Putschisten in München gegenrevolutionäre Truppen von Ingolstadt aus auf die Landeshauptstadt vorstoßen sollen. Diese Truppen werden dann aber nie in Bewegung gesetzt (Schaupp 2017). Daraufhin fragt Hoffmann beim Reichsmilitärminister, seinem Parteigenossen Noske, um Entsendung der Reichswehr an. Da die Reichswehr weitgehend demobilisiert wurde und die verbleibenden Soldaten zu großen Teilen Revolutionäre sind, verbündet sich die Sozialdemokratie für ihre Konterrevolution zudem mit den rechtsextremen Paramilitärs der Freikorps. Der wichtigste Freikorpsverband ist dabei der „Grenzschutz Ost". Der Kommandant des Verbandes ist Oberst Franz Xafer von Epp, der bereits als Kolonialsoldat in China an der Niederschlagung des Boxeraufstandes und in Deutsch-Südwestafrika am Genozid an den Nama und Herero teilgenommen hat. Nun zieht er auf dem Truppenübungsplatz Ohrdruf in Thüringen mit der Unterstützung des sozialdemokratischen Militärministers immer mehr reaktionäre Milizionäre zusammen. Er findet seine Rekruten vor allem unter den Bauern und Studenten (Seligmann 1998).

Finanziert werden die Freikorps vor allem mittels Spenden aus dem Bürgertum. So wird es möglich, dass der Sold bei den reaktionären Truppen doppelt so hoch ist wie bei der Roten Armee, was schlussendlich für viele hungernde Männer den Ausschlag gibt, sich ihnen anzuschließen. Für jeden „Bereitschaftstag" wird außerdem eine zusätzliche Prämie von fünf Mark gezahlt, für jeden „Kampftag" zehn Mark. Außerdem gibt es Prämien für jeden Gefangenen. Dieses Provisionssystem trägt mit zur Brutalität der weißen Truppen bei. Um gefahrlos zu „Kampftagen" zu kommen, beschießen sie immer wieder unbewaffnete Arbeiter_innen oder nehmen wahllos Gefangene. Trotzdem halten die Generäle die meisten ihrer Truppen für unzuverlässig, da es immer wieder zu Desertionen kommt. Ein geheimer Befehl ordnet deshalb strenge Kasernierung und häufiges Quartierwechseln in den besetzten Städten an, um die „zersetzende Wirkung des Verkehrs mit der Arbeiterbevölkerung" zu vermeiden (Wollenberg 1929, S. 95).

So kommt es während des Vorrückens der Reichswehr und Freikorps immer wieder zu Massakern an der Zivilbevölkerung. Dies wird durch die Regierung Hoffmann dadurch ‚legalisiert', dass den gegenrevolutionären Truppen befohlen wird, Revolutionär_innen an Ort und Stelle zu erschießen. In einem Offiziers-Handbuch zur Bekämpfung von „Spartakisten" heißt es zudem: „Die Gruppen haben ihre Aufträge mit Gewalt durchzuführen, jedes Verhandeln mit dem Feinde oder mit der Bevölkerung ist verboten. Milde wird als Schlappheit, Gutmütigkeit als Unzuverlässigkeit der Truppen gedeutet." Deshalb müsse den Truppen auch, wann immer möglich, der Einsatz von schwerem Kriegsgerät wie Flammenwerfern erlaubt werden. Am Ende wird zusammengefasst: „Je schärfer die Mittel desto schneller der Erfolg." Nach der Niederschlagung der Räterepublik und über tausend Toten resümiert ein Kommandeur, diese Richtlinien hätten sich „voll bewährt." (zit. n. Jones 2017, S. 311) Die Bürgerschaft zeigt sich den gegenrevolutionären Truppen dankbar: ganze 690.000 Mark werden gesammelt und sollen unter den Soldaten verteilt werden. Zusammenfassend lässt sich also festhalten: Die Rechte war mit der Niederlage des Deutschen Reichs im Weltkrieg weitgehend besiegt, wurde aber von der Sozialdemokratie im gegenrevolutionären Bündnis wieder in den Sattel gehoben.

These V: *Die Niederschlagung der Räterepublik war*
die Geburtsstunde des Nationalsozialismus

Mit den Freikorps und der Thule-Gesellschaft hat die SPD Kräften zur Auferstehung verholfen, die eigentlich bereits besiegt schienen. Im Falle der Thule-Gesellschaft geht die politische Ausrichtung jedoch weit über das hinaus, was vor dem Ersten Weltkrieg im Deutschen Reich an rechter Ideologie kursierte. Ziel der Gesellschaft ist es, der „jüdischen Weltverschwörung" mit eigenen konspirativen Mitteln das Handwerk zu legen. Zu diesem Zweck wollen die Geheimbündler eine nationale Diktatur errichten, unter der schließlich alle Juden aus dem Deutschen Reich vertrieben werden sollen – ein Vorhaben, das in der bayerischen Bevölkerung einigen Anklang findet. Passend dazu bestimmt der Bund die folgenden Wahlsprüche: „Halte dein Blut rein" und „Bedenke, daß du ein Deutscher bist". Als Erkennungszeichen verordnet Rudolf Glauer das von einem Strahlenkranz eingefasste Hakenkreuz und das blanke Schwert. Der Gruß der Mitglieder bei ihren Treffen soll „Heil und Sieg" lauten.

Zunächst macht sich die Thule-Gesellschaft antisemitische Propaganda zu ihrer zentralen Aufgabe. Zu diesem Zweck kauft Glauer mit dem Vermögen seiner Frau die Zeitung *Münchner Beobachter*. Unter seiner Chefredaktion wird das Boulevardblatt zum Zentralorgan der Thule-Gesellschaft, in dem diese gegen Juden und Revolutionäre hetzt. Von den Behörden des jungen „Volksstaats" bleiben sie in ihren Umtrieben zunächst ungestört. Als für den 12. Januar 1919 Landtagswahlen festgesetzt werden, sehen die Reaktionäre ihre Chance wieder die politische Oberhand zu gewinnen. So beauftragt der Thule-Führer Glauer den Sportredakteur des Münchner Beobachters, Karl Harrer, sich in einem obskuren „Freien Arbeiterausschuss" zu engagieren, aus dem dann unter Harrers Vorsitz die Deutsche Arbeiterpartei (DAP) entsteht. Wenig überraschend sind ihre politischen Eckpfeiler, der völkische Nationalismus und der Antisemitismus (Gilbhard 2015).

Als am 26. April 1919 das Versteck der Thule-Gesellschaft im Hotel Vier Jahreszeiten auffliegt, wird unter anderem Rudolf Glauer verhaftet. Im Hotel sind Dokumente und Ausweise der Räteregierung gefälscht worden. Mehrere Thule-Agenten haben die kommunistische Partei und die Rote Armee infiltriert und bespitzelt. Die Erkenntnisse wurden direkt an die Gegenregierung in Bamberg weitergeleitet. Außerdem sind systematisch Kämpfer für die Freikorps rekrutiert worden. Einer der Verhafteten gibt an, Thule habe allein aus München 400 bis 500 rechte Kämpfer mobilisiert und mit gefälschten Papieren nach Bamberg geschmuggelt. Nun werden *Thule*-Mitglieder und Spitzel im Münchner Luitpoldgymnasium eingesperrt und sollen vor das Revolutionstribunal gestellt werden. Damit ist es in München zur ersten aktiven Auseinandersetzung der revolutionären Arbeiterbewegung mit dem entstehenden Faschismus gekommen.

Als am 30. April 1919 Reichswehr und Freikorps auf München vormarschieren und immer wieder Nachrichten von Massakern in der Stadt kursieren, entschließen sich die Rotgardisten in der Luitpoldkaserne, zehn dort festgehaltene Gefangene zu erschießen. Die meisten von ihnen gehören zu den festgesetzten Thule-Mitgliedern. Später wird diese einzige belegte Hinrichtung der Räterepublik als „Geiselmord" firmieren. Die Gegenregierung lässt verkünden, man habe die Leichen verstümmelt aufgefunden und die abgeschnittenen Geschlechtsteile in Mülleimern entdeckt. Als zwei Tage später herauskommt, dass es sich um eine Lüge handelt, hat die Nachricht bereits ihre Wirkung getan. Besonders die Freikorps, die sich der Thule-Gesellschaft verbunden fühlen, werden in ihrem Hass noch weiter angestachelt. Vermutlich auch um ihre Verbindung zu Thule zu demonstrieren, marschieren viele Freikorps in München mit

Hakenkreuzen auf ihren Stahlhelmen ein (Jones 2017). Am 4. August 1919 wird unter dem Namen Thule-Gesellschaft zur Erforschung deutscher Geschichte und Förderung deutscher Art e.V. die Geheimorganisation der rechtsextremen Konterrevolutionäre ins Münchner Vereinsregister eingetragen. Fortan kann sie offiziell und legal ihrer reaktionären Hetze nachgehen.

Am 1. Dezember 1919 wird das Kriegsrecht über München aufgehoben, aber Bayern bleibt zunächst von einer reaktionären Militärjunta beherrscht. Ein großer Teil der Freikorps wird in die Reichswehr übernommen. So auch das Freikorps Epp, das bei der Niederschlagung der Räterepublik am blutigsten vorgegangen ist und eine Vielzahl von Zivilisten und Gefangenen wie Gustav Landauer ermordet hat. Wenig später bekommt das Freikorps erneut die Chance, gegen die verhassten Kommunisten vorzugehen, als es in der Märzrevolution 1920 gegen die Rote Ruhrarmee eingesetzt wird. Als in Bayern der Aufstieg des Nationalsozialismus beginnt, rühmen sich Franz Xafer von Epp und seine Offiziere Röhm, Heß, Dietl, Frank und Strasser, dass das Freikorps Epp eine der „Geburtszellen der Bewegung“ gewesen sei. Andere Freikorpseinheiten bilden sogenannte Wehrverbände oder sie kommen bei paramilitärischen Verbänden wie dem Stahlhelm oder der SA unter. Ehemalige Angehörige von Freikorps betätigen sich zudem in „Einwohnerwehren“ und machen mit politischen Morden – unter anderem an Finanzminister Erzberger und Reichsaußenminister Rathenau – von sich reden (Schaupp 2017). Diejenigen Freikorpsverbände, die tatsächlich aufgelöst werden, sehen sich von Arbeitslosigkeit bedroht und in ihrem militaristischen Stolz gekränkt. Unter anderem deshalb kommt es im März 1920 zum Kapp-Putsch, der aber nach fünf Tagen angesichts des erfolgreichen Generalstreiks der Arbeiter_innen wieder zusammenbricht. Im Nachklang dessen sorgt das Freikorps Epp gemeinsam mit der rechtsextremen Einwohnerwehr Georg Escherich und dem Münchner Polizeichef in Bayern für den Sturz der Sozialdemokratischen Regierung unter Johannes Hoffmann. Neuer Ministerpräsident wird der rechte Monarchist Gustav von Kahr. Dieser schließt alle Sozialdemokraten aus der Regierung aus, startet eine Kampagne zur Ausweisung sogenannter „Ostjuden“ und weitet die Repressionen gegen Linke aus. So will er aus Bayern eine „Ordnungszelle des Deutschen Reiches“ machen. Zur selben Zeit überführt Adolf Hitler die von der Thule-Gesellschaft ins Leben gerufene DAP in die NSDAP. Aus der Thule-Zeitung Münchner Beobachter wird der Völkische Beobachter, das Zentralorgan der Nazis. Zusammenfassend kann also festgestellt werden: Die Niederschlagung der Rätebewegung war die Geburtsstunde des deutschen Faschismus.

Quellen:

GERSTENBERG, Günther (2018): Der Kurze Traum vom Frieden. Ein Beitrag zur Vorgeschichte des Umsturzes in München 1918 mit einem Exkurs über Sarah Sonja Lerch in Gießen von Cornelia Naumann. Lich: Edition AV

GILBHARD, Hermann (2015): Die Thule-Gesellschaft. Vom okkulten Mummenschanz zum Hakenkreuz. München: Clemens Kiessling.

HIERONIMUS, Marc (2006): Krankheit und Tod 1918: zum Umgang mit der Spanischen Grippe in Frankreich, England und in dem Deutschen Reich. Münster: Lit.

JONES, Mark (2017): Am Anfang war Gewalt. Die deutsche Revolution 1918/19 und der Beginn der Weimarer Republik. Berlin: Propyläen.

KLEMPERER, Viktor, (1919 [2015]): Man möchte immer weinen und lachen in einem. Revolutionstagebuch 1919. Berlin: Aufbau.

SCHAUPP, Simon (2017): Der kurze Frühling der Räterepublik. Ein Tagebuch der bayerischen Revolution. Münster: Unrast.

SELIGMANN, Michael (1998): Aufstand der Räte. Die erste bayerische Räterepublik vom 7. April 1919. Grafenau-Döffingen: Trotzdem.

SENDER, Toni (1920 [2007]): Die Frauen und das Rätesystem. In: PANTHER, Theo (Hg.): Alle Macht den Räten! II. Rätemacht in der Diskussion. Münster: Unrast, S. 396-407.

STERNSDORF-HAUCK, Christiane (1989): Brotmarken und rote Fahnen. Frauen in der bayrischen Revolution und Räterepublik 1918/19. Frankfurt a. M.: ISP.

VOLLZUGSRAT DER GROß-BERLINER A.S.-RÄTE (1918 [2007]): Einladung zur Delegiertenversammlung der Arbeiter- und Soldatenräte. In: PANTHER, Theo (ed.): Alle Macht den Räten! Münster: Unrast, S. 182-184.

WOLLENBERG, Erich (1929 [1972]): Als Rotarmist vor München. Hamburg: ISP.

„An den Kerkertoren hat der Bruderzwist zu schweigen"

Erich Mühsams Aktivität für die Rote Hilfe Deutschlands | RHD

(Graswurzelrevolution 409 | 1. Mai 2016)[1]

Silke Makowski

Anarchistischer Schriftsteller, Bohemien, Räterevolutionär – und Aktivist der Roten Hilfe Deutschlands: Zu den weniger bekannten Aspekten von Erich Mühsams Leben und Wirken gehören sein Engagement in der KPD-nahen Solidaritätsorganisation und sein Einsatz für politische Gefangene. Nachdem er selbst während seiner Haftzeit intensiv von der Roten Hilfe unterstützt worden war, wirkte er über Jahre hinweg als Redner und Autor für diese Sache.

Nach der blutigen Niederschlagung der Rätebewegung durch rechte Freikorps und der Inhaftierung von Zehntausenden linker AktivistInnen waren ab 1919 im gesamten Reichsgebiet lokale Unterstützungsgruppen gegründet worden. Sie organisierten materiellen und politischen Beistand für die politischen Gefangenen und für die oftmals notleidenden Familien, deren Hauptverdiener in den Kämpfen getötet oder zu langer Haft verurteilt worden waren.

Als 1921 nach dem Mitteldeutschen Aufstand erneut eine massive Verfolgungswelle gegen die linke ArbeiterInnenbewegung einsetzte, rief die Kommunistische Partei zur Gründung von Rote-Hilfe-Komitees auf, die 1924 in der Roten Hilfe Deutschlands zusammengefasst wurden.

Innerhalb weniger Jahre entwickelte sich die RHD zu einer der bedeutendsten linken Massenorganisationen und erreichte bis 1932 einen Mitgliederstand von fast einer Million. Obwohl der Zentralvorstand stets von der KPD dominiert war, kam der strömungsübergreifende Anspruch in der alltäglichen Praxis ebenso wie in der

---

[1] Textdokumentation hier mit freundlicher Genehmigung der Redaktion ‚Graswurzelrevolution' nach der Online-Fassung (https://www.graswurzel.net/gwr/2016/05/an-den-kerkertoren-hat-der-bruderzwist-zu-schweigen/).

Zusammensetzung der Mitgliedschaft deutlich zum Ausdruck:

Ein Großteil der Roten HelferInnen war parteilos, und die Unterstützungstätigkeit beschränkte sich keineswegs auf linientreue KommunistInnen, sondern bezog Angehörige unterschiedlicher Bewegungen mit ein. So ist es wenig erstaunlich, dass in einer der ersten Kampagnen die Freilassung Erich Mühsams gefordert wurde.

Der anarchistische Dichter hatte sich 1919 in der Münchner Räterepublik engagiert und war nach der brutalen Niederschlagung der Bewegung am 12. Juli 1919 standgerichtlich zu fünfzehn Jahren Festungshaft verurteilt worden. Im Herbst 1920 wurde er in die berüchtigte Festung Niederschönenfeld verlegt, wo ein besonders schikanöser und gesundheitsgefährdender Strafvollzug herrschte. Durch die katastrophalen Haftbedingungen verschlechterte sich sein Gesundheitszustand ständig, und schließlich verlor er das Hörvermögen auf einem Ohr.

Die jahrelange Haft spiegelt sich in Mühsams literarischem Schaffen dieser Jahre wider. Bereits im Sommer 1919 entstand sein berühmtes Gedicht *„Der Gefangene"*, dessen Zeile „Sich fügen, heißt lügen!" zum geflügelten Wort wurde, und zahlreiche weitere Gedichte und Texte kreisen um dieses Thema.

In seiner politischen Alltagspraxis wurden der Kampf gegen das Gefängnisregime und die Organisierung von Solidarität ebenfalls zentral. Zu Beginn seiner Haft erhielt er aus dem anarchistischen Spektrum finanzielle Unterstützung, die er an seine Mitgefangenen verteilte. Dabei kam es kurzzeitig zu Differenzen mit KPD-Anhängern, die ihm unterstellten, Gelder zu veruntreuen und aus seinem Bekanntheitsgrad persönliche Vorteile zu ziehen. Derartigen Vorwürfen stellte sich die frisch gegründete Rote Hilfe entgegen, deren Vorsitzender Wilhelm Pieck, der zugleich KPD-Spitzenpolitiker war, dem Dichter sein Vertrauen aussprach. Zu den Bemühungen der Organisation gehörten breite Öffentlichkeitsarbeit und materielle Unterstützung ebenso wie der Versuch, den Dichter durch einen Gefangenenaustausch mit der Sowjetunion freizubekommen.

In der Haft befasste sich Mühsam mit juristischen Fragen, um für eine Verbesserung der Haftbedingungen zu kämpfen und seine Mitgefangenen bei rechtlichen Schritten zu beraten. 1923 erschien die Broschüre *„Das Standrecht in Bayern"*, in der er sich kenntnisreich mit dieser Sonderjustiz auseinandersetzte. Nach einer Schilderung der

Abläufe der Münchner Räterepublik und der folgenden Repressionswelle gegen die AktivistInnen untersuchte er die Rechtmäßigkeit des angewandten Sonderrechts, insbesondere des Standrechts und des Hochverratsparagrafen, deren Anwendung er als „groteske Verkennung der staatsrechtlichen Lage" (Erich MÜHSAM, Das Standrecht in Bayern, Berlin 1923, S. 36) bezeichnete.

Durch gegenseitige Solidarität und in gemeinsamen Einreichungen wehrten sich die Häftlinge gegen die Schikanen, die regelmäßig in den Publikationen der Roten Hilfe thematisiert wurden. Die bedeutendste Kampagne, die auf die kollektive Initiative der Räterevolutionäre zurückging, war die Bekanntmachung des Tods von August Hagemeister und die Forderung, die Verantwortlichen vor Gericht zu stellen. Hagemeister war am 16. Januar 1923 in Niederschönenfeld an einer Rippenfellentzündung gestorben, nachdem der Anstaltsarzt ihn als „Simulanten" abgewiesen hatte. In einer gemeinsamen Beschwerde wandten sich die Festungsgefangenen aller politischen Strömungen an den bayerischen Landtag und machten auf diese Weise die mörderischen Zustände publik, wodurch die „Hölle Niederschönenfeld" reichsweit zum Inbegriff des willkürlichen und schikanösen Strafvollzugs wurde.

Im Jahr 1924 hatte sich der Gesundheitszustand Mühsams so stark verschlechtert, dass sein Leben in Gefahr war, woraufhin die RHD ihre Bemühungen für seine Freilassung intensivierte. Im Juli 1924 sprachen seine Ehefrau Zenzl Mühsam und der Anarchopazifist Ernst Friedrich vor 2000 Menschen, die sich in Berlin unter dem Motto „Rettet Erich Mühsam!" versammelt hatten. Prominente wie Kurt Tucholsky, Albert Einstein und Else Lasker-Schüler konnten ebenso für Petitionen gewonnen werden wie bekannte SozialdemokratInnen, und die KPD setzte sich unermüdlich für eine Amnestie ein. Daneben beteiligten sich viele anarchistische Strukturen an den Aktionen.

Am 20. Dezember 1924 kam der Anarchist gemeinsam mit mehreren weiteren Räterepublikanern endlich auf Bewährung frei und wurde in München von zahlreichen ArbeiterInnen begeistert in Empfang genommen. Als er am nächsten Tag nach Berlin weiterreiste, begrüßten ihn auch dort 5000 UnterstützerInnen mit der „Internationalen". In einer Grußbotschaft bedankten sich die frisch Entlassenen bei der Roten Hilfe, doch für Mühsam war es mit diesen

herzlichen Worten nicht getan. Vielmehr war es ihm von diesem
Zeitpunkt an ein zentrales Anliegen, als Teil der Solidaritätsorganisation für die Freiheit der 7000 noch immer inhaftierten Linken zu
kämpfen, wie er in der RHD-Zeitung *„Der Rote Helfer"* vom 1. April
1926 erklärte: „Damals habe ich es den Klassengenossen und mir
selbst gelobt, […] meine Arbeit und meine Energie denen zu widmen, die in den deutschen Menschenkäfigen zurückbleiben mußten,
denen, die zum Nachfüllen der leer gewordenen Zellen weiterhin
die Opfer der politischen Justiz sein würden."[2]

Neben seiner ganz persönlichen Erfahrung sah der Dichter im
strömungsübergreifenden Ansatz der Roten Hilfe eine Möglichkeit,
alle zersplitterten Gruppierungen des „revolutionären Proletariats"
zu vereinen. Für ihn stand dabei das Bemühen im Mittelpunkt, rä-
tekommunistische Kleingruppierungen und Parteien ebenso wie libertäre Kreise für die gemeinsame Solidaritätsarbeit zu gewinnen.
Ohnehin hatte er – inspiriert von den Erfahrungen der Münchner
Räterepublik – bereits während seiner Haftzeit für ein Zusammengehen kommunistischer und anarchistischer Kräfte plädiert. Seine
Vorstellung einer nur von diesen beiden Strömungen getragenen
„Einheitsfront" stand dabei in deutlichem Kontrast zum Versuch
der RHD, gezielt in der sozialdemokratischen ArbeiterInnenschaft
um Mitglieder zu werben. Die reformistische Politik der SPD war
Mühsam schon immer zuwider, und in seinem berühmten Gedicht
„Der Revoluzzer" hatte er die kleinmütigen „Lampenputzer" ge-
schmäht. Zudem hatte er den mörderischen Repressionsapparat der
SPD-Regierung am eigenen Leib erfahren und machte sich über die
WählerInnen dieser Partei keine Illusionen.

Weiteres Konfliktpotenzial bestand in der Frage der politischen
Gefangenen in der Sowjetunion, deren Situation die Rote Hilfe als
KPD-nahe Organisation in realitätsferner Weise beschönigte. Zu-
dem stritt sie ab, dass neben monarchistischen Reaktionären auch
linke ArbeiterInnen inhaftiert seien, wohingegen Mühsam auf die
Repression nach dem Aufstand in Kronstadt und gegen die *Machno-*
Bewegung aufmerksam machte. Der Schriftsteller ließ jedoch nicht

---

[2] zit. nach Nikolaus Brauns, Schafft Rote Hilfe! Geschichte und Aktivitäten der
proletarischen Hilfsorganisation für politische Gefangene in Deutschland (1919-
1938), Bonn 2003, S. 75.

zu, dass sich an dieser Frage ein unüberbrückbarer Konflikt auftat, da in der Antirepressionsarbeit keine Grabenkämpfe geführt werden dürften. So schrieb er 1927 in *„Der Rote Helfer"*: „An den Kerkertoren, vor den Käfiggittern unserer Gefangenen hat der Bruderzwist zu schweigen, da gilt es den revolutionären Kampf aller, die ihre Genossen unter den Justizopfern wissen, aller, die aller gefallenen Revolutionäre in Dankbarkeit gedenken. Einigung des revolutionären Proletariats zu diesem Kampfe, vorerst nur zu diesem – das bedeutet Rote Hilfe."[3]

Folglich erzielte Mühsam mit der RHD die Übereinkunft, dass er seine anarchistische Haltung nicht verleugnen müsse, aber sich nicht im Rahmen der Organisation zu den sowjetischen Gefangenen äußere. Zudem lehnte er eine Beteiligung an internationalen Kampagnen ab, solange die Forderung nach einer russischen Amnestie nicht mit aufgegriffen würde, und beschränkte sich auf die Unterstützung der politischen Gefangenen in Deutschland.

Direkt nach seiner Freilassung trat Mühsam als Redner bei Demonstrationen und Veranstaltungen der Roten Hilfe auf, etwa bei einer Berliner Kundgebung am 4. Januar 1925 unter dem Motto „Heraus mit den politischen Gefangenen! Her mit der Reichsamnestie!", wo er gemeinsam mit seinem ehemaligen Mitgefangenen Fritz Sauber und dem RHD-Vorsitzenden Wilhelm Pieck sprach. Mit einem langen Beitrag war er auf der 1. Reichskonferenz der Roten Hilfe im Mai 1925 vertreten, bei der Mühsam den Strafvollzug in Bayern anhand seiner eigenen Erfahrungen schilderte. Dank seiner Bekanntheit waren die Veranstaltungen, bei denen der Anarchist referierte, sehr gut besucht. So sprach er im Frühjahr 1927 auf Einladung eines breiten linken Bündnisses in Stuttgart vor 1000 Menschen zum Thema „Deutsche Justizreaktion" und erklärte laut Polizeibericht, „die Justiz sei lediglich ein Mittel des Klassenkampfes gegen die Arbeiterklasse und nur dazu da, die Ausbeutungsmethoden der Kapitalisten zu schützen."[4]

Folglich rief er im Sinne der Roten Hilfe zu konsequenter Aus-

---

[3] *Der Rote Helfer* 4/1927, zit. nach Nikolaus BRAUNS, Schafft Rote Hilfe! Geschichte und Aktivitäten der proletarischen Hilfsorganisation für politische Gefangene in Deutschland (1919-1938), Bonn 2003, S. 75.

[4] Zit. nach Helge DÖHRING, „Syndikalist aus Überzeugung", syndikalismusforschung.info/helerich.htm

sageverweigerung gegenüber der Polizei auf, und die örtliche RHD nutzte den Auftritt zur Mitgliederwerbung.

Am bekanntesten ist Mühsams Einsatz für die Freilassung von Max Hoelz, der für seine spektakulären militanten Aktionen während des Mitteldeutschen Aufstands als „deutscher Robin Hood" gefeiert wurde. Wegen seiner eigenmächtigen Aktionen – so hatte er bereits während der Rätebewegung am Ende des Ersten Weltkriegs von FabrikbesitzerInnen „Revolutionssteuern" erpresst mit der Drohung, ihre Villen abzubrennen, und das Geld an bedürftige Familien verteilt – war er aus der KPD ausgeschlossen worden. Nach seiner Verhaftung im April 1921 inszenierte das Gericht ein absurdes Verfahren, in dem Hoelz des Mordes an einem Gutsbesitzer beschuldigt wurde, obwohl er nachweislich gar nicht vor Ort war. Die Rote Hilfe stellte ihm ihre besten Anwälte zur Verfügung und begleitete die Justizposse mit intensiver Öffentlichkeitsarbeit, konnte aber nicht verhindern, dass der populäre Aktivist im Juni 1921 zu lebenslangem Zuchthaus verurteilt wurde. Über sieben Jahre hinweg kämpfte die RHD gemeinsam mit unterschiedlichen politischen Kräften für seine Freilassung und gewann unter dem Motto „Heraus mit Max Hoelz und allen politischen Gefangenen!" zahllose prominente UnterstützerInnen. Erich Mühsam, der bereits in seinem 1920 in Haft verfassten *„Max-Hoelz-Marsch"* seiner enthusiastischen Sympathie für den Revolutionär Ausdruck verliehen hatte, setzte sich stark in der Kampagne ein, die ihm auch zu seinem größten literarischen Erfolg verhalf: Die im Rote-Hilfe-Verlag erschienene Schrift *„Gerechtigkeit für Max Hoelz!"* wurde mit einer Auflage von 45.000 Exemplaren nicht nur das meistverkaufte Buch Mühsams, sondern gehörte auch zu den beliebtesten Publikationen der Solidaritätsorganisation. Er erklärte darin: „Wir fordern Generalamnestie, nicht als Akt der Gnade, sondern als Akt der primitivsten Gerechtigkeit! Will die Reichsregierung zeigen, dass ihr die Stimme des beleidigten Volksgewissens noch das geringste gilt, dann schaffe sie als ersten Ausdruck ihrer Abkehr vom Wege der Erbarmungslosigkeit und Klassenwillkür Gerechtigkeit für Max Hoelz!"[5]

---

[5] Zit. nach Nikolaus BRAUNS, Schafft Rote Hilfe! Geschichte und Aktivitäten der proletarischen Hilfsorganisation für politische Gefangene in Deutschland (1919-1938), Bonn 2003, S. 148.

Dass der prominente Häftling 1928 endlich amnestiert wurde, ist auch dem Einsatz Erich Mühsams zu verdanken.

Während seine Aktivitäten für die Rote Hilfe stark rezipiert wurden, liefen die Bemühungen, das anarchistische Spektrum für diese Arbeit zu gewinnen, großteils ins Leere. Mühsams Einsatz für die Solidaritätsorganisation wurde vielfach als bloße Werbung für die KPD geschmäht und als unvereinbar mit anarchistischen Grundsätzen betrachtet. Am 15. Oktober 1925 wurde der Dichter wegen seiner RHD-Mitgliedschaft aus der Föderation Kommunistischer Anarchisten Deutschlands ausgeschlossen. Auch die anarchosyndikalistische Freie Arbeiter-Union Deutschlands (FAUD) lehnte eine Zusammenarbeit ab. Als Mühsam kurz nach seiner Freilassung bei einer anarchistischen Veranstaltung in Hamburg für die RHD warb, wurde die Versammlung von wütenden TeilnehmerInnen gesprengt.

Dennoch griffen libertäre Kreise punktuell die Initiative auf, insbesondere die Anarchistische Vereinigung Berlins, in der Mühsam eine zentrale Rolle spielte. In diesem Zusammenschluss war 1926 auch der junge Anarchist und Mühsam-Sekretär Herbert Wehner aktiv, der 1927 zur KPD wechselte und später in der BRD als Sozialdemokrat Karriere machen sollte. Mitte der 1920er Jahre war Wehner jedoch in der Dresdner Ortsgruppe der Syndikalistisch-Anarchistischen Jugend Deutschlands (SAJD) organisiert, die 1926 den Gesamtverband verließ und unter Mühsams Einfluss als „Anarchistische Tatgemeinschaft" geschlossen der Roten Hilfe beitrat. Da Wehner in der RHD schnell verschiedene Ämter übernahm, musste er die Syndikalistische Arbeiterföderation verlassen, die einen Unvereinbarkeitsbeschluss in ihrer Satzung verankert hatte. Seine intensive Zusammenarbeit mit Mühsam umfasste Aktionen im Rahmen der Kampagne für Max Hoelz ebenso wie die Mitarbeit an der von dem Dichter herausgegebenen Zeitschrift *Fanal*, in der ebenfalls häufig Artikel zu Repression zu finden waren.

Doch auch jenseits von Mühsams engstem Umfeld beteiligten sich anarchistische Gruppen in Form von Petitionen oder durch Teilnahme an Kundgebungen an einzelnen RHD-Kampagnen, etwa bei der Reichsamnestie 1928 oder beim Kampf gegen die Hinrichtung von Sacco und Vanzetti. Gab es schon an der Basis anarchistische

Mitglieder, so war ab Oktober 1929 mit dem Publizisten Karl Schneidt sogar ein Anarchist im Zentralvorstand der Roten Hilfe.

Ein großer Kritikpunkt an der Solidaritätsarbeit der Roten Hilfe blieb für Erich Mühsam die fehlende Thematisierung der politischen Gefangenen in der Sowjetunion. Diesen Mangel ergänzte er, indem er in seiner Zeitschrift *„Fanal"* Spendenaufrufe für die inhaftierten russischen AnarchistInnen abdruckte und Artikel dazu verfasste. Unter dem Titel *„Amnestie: auch in Russland"* schrieb er 1926: „Das Verlangen des ganzen internationalen Proletariats nach Amnestierung der politischen Gefangenen, die für den Sieg des Sozialismus gekämpft haben, darf nicht vor den Grenzen Russlands verstummen. [...] All unsre Agitation für die Rote Hilfe wird um einen guten Teil des Erfolges gebracht, die gesamte Atmosphäre des gemeinsamen Kampfes der revolutionären Arbeiterschaft wird vergiftet durch die unfassbare Starrköpfigkeit der russischen Regierung, die sich [...] noch nicht ein einziges Mal entschließen konnte, wenigstens diejenigen politischen Gefangenen zu amnestieren, deren Organisationen im Oktober 1917 auf derselben Seite der Barrikade wie die Bolschewiken für den Sieg der roten Fahne ihr Blut verspritzt haben" (in: Erich MÜHSAM, Fanal 1.1926/27, Nr. 3, Dez. 1926, S. 43 f).

Dass Mühsam diese Forderungen im *„Fanal"* äußerte, wurde von der Roten Hilfe toleriert, doch zum Eklat kam es, als er im April 1927 auf einer RHD-Bezirkskonferenz für eine Amnestiekampagne zu Russland durch die Rote Hilfe eintrat. Damit hatte er gegen die Abmachung verstoßen, diesen strittigen Punkt nicht als Repräsentant der Solidaritätsorganisation vorzubringen, und nach dem folgenden heftigen Streit mit Wilhelm Pieck lud ihn die RHD nicht mehr zu öffentlichen Auftritten ein. Anfang 1929 sah sich der Dichter schließlich zum Austritt gezwungen, als die Solidaritätsorganisation eine Werbeaktion für die KPD-Zeitung *„Rote Fahne"* startete. In der im *„Fanal"* veröffentlichten *„Absage an die Rote Hilfe"* bezeichnete Mühsam die Kampagne als „vollkommene Preisgabe der Überparteilichkeit und schwerste Brüskierung aller Mitglieder der Organisation, die etwa einer antiparlamentarischen oder gewerkschaftsfeindlichen, selbst auch nur einer kommunistisch-oppositionellen oder unabhängig-sozialdemokratischen Bewegung angehören" (in: Erich MÜHSAM, Fanal 3. 1928/29, Nr. 5, Febr. 1929, S. 120). Die Austrittserklärung stellt zugleich eine Bestandsaufnahme seines Engagements für die RHD und der dadurch entstandenen Konflikte dar. Trotzdem bedeutete dieser Schritt für den Schriftsteller nicht das Ende seines Einsatzes für die politischen Gefangenen oder den Beginn einer offenen Feindschaft mit der Roten Hilfe, und er hielt sich eine punktuelle Zusammenarbeit ausdrücklich offen.

In der zu diesem Zeitpunkt laufenden internationalen Kampagne gegen die Hinrichtung der italienischen Anarchisten Nicola Sacco und Bartolomeo Vanzetti waren unterschiedlichste politische Kräfte aktiv, darunter selbstverständlich auch die anarchistische Bewegung. Es war von daher naheliegend, dass Mühsam sich eher im Umfeld der anarchosyndikalistischen FAUD, der er sich annäherte, engagierte und bei von ihr organisierten Kundgebungen sprach. Seinen Schwerpunkt legte er jedoch auf literarisches Schaffen: Sowohl das zweiteilige Gedicht *„Sacco und Vanzetti"* als auch das dokumentarische Drama *„Staatsräson*. Ein Denkmal für Sacco und Vanzetti", das im FAUD-Verlag „Gilde Freiheitlicher Bücherfreunde" erschien, fanden große Verbreitung. Daneben setzte er sich durch praktische Antirepressionsaktionen für Verfolgte ein, indem er beispielsweise zusammen mit seinem Freund Rudolf Rocker Fluchthilfe für die spanischen Anarchisten Francisco Ascaso und Buenaventura Durruti leistete.

Trotz seines organisatorischen Bruchs mit der Roten Hilfe pflegte er weiterhin Kontakte und trat mehrfach bei ihren Veranstaltungen auf. So referierte er im Dezember 1930 in Berlin zum Strafvollzug im Gefängnis Tegel, das er zuvor mit dem RHD-Vorstandsmitglied Erich Steinfurth besucht hatte. Ebenfalls aktiven Anteil nahm er an der Kampagne zur Freilassung der afroamerikanischen Scottsboro Boys, die in Alabama in einem offen rassistischen Prozess der Vergewaltigung zweier weißer Prostituierter beschuldigt und zum Tode verurteilt worden waren. Bei einer Kundgebung der Roten Hilfe in Berlin trat Mühsam im Sommer 1932 als Redner auf und wurde bei seinem Plädoyer für die Amnestierung der Jugendlichen so emotional, dass die Polizei schließlich die Versammlung mit Gewalt auflöste.

Nach der Machtübertragung an die Nazis gehörte der Anarchist zu den frühsten Opfern und wurde direkt nach dem Reichstagsbrand verhaftet. Erneut setzte sich die inzwischen verbotene Rote Hilfe für seine Freiheit ein und machte international auf seine Situation aufmerksam, wobei seine Frau Zenzl mit eingebunden wurde. Nachdem Erich Mühsam am 9. Juli 1934 im KZ Oranienburg ermordet worden war, griff die Solidaritätsorganisation den brutalen Mord mehrfach auf. Im RHD-eigenen Tribunal-Verlag erschien Zenzls Bericht „Erich Mühsams Leidensweg", in dem sie detailliert die brutalen Misshandlungen durch die Nazis und die mörderischen Zustände in den Lagern schildert.

War Zenzl Mühsam zunächst nach Prag geflohen, folgte sie 1935 einer Einladung der russischen Roten Hilfe in die Sowjetunion, wo sie jedoch wie viele deutsche EmigrantInnen schon bald in den Strudel der stalinistischen Verfolgungen geriet. Nach mehrfachen Inhaftierungen und ständiger Überwachung konnte sie erst 1955 nach Deutschland (in die DDR) zurückkehren.

Erich Mühsams Engagement für die strömungsübergreifende Solidaritätsarbeit prägte mehrere Jahre seines Lebens. Trotz der Konflikte und seines Austritts aus der Roten Hilfe Deutschlands bleibt sein Name mit der linken Gefangenenorganisation verbunden.

Das Prinzip Nolo

Erich Mühsam zum 80. Jahrestag seiner Ermordung
(Graswurzelrevolution 390 | 8. Juni 2014)[1]

Markus Liske, Manja Präkels

Es ist nicht möglich, Leben und Werk Erich Mühsams getrennt voneinander zu betrachten. Der schüttelreimende Kabarettist lässt sich ebenso wenig vom staatsfeindlichen Freigeist trennen, wie der melancholische Poet vom politischen Häftling, der anarchistische Agitator nicht vom lebenslustigen Erotomanen und der Dramatiker nicht vom handelnden Revolutionär.

Selbst Mühsams langsames und qualvolles Sterben als eines der ersten Opfer der nationalsozialistischen Vernichtungsmaschinerie war kein Zufall. Denn er wurde nicht vorrangig seiner jüdischen Herkunft wegen ermordet, wie so viele nach ihm, sondern als Anarchist und Autor jenes umfangreichen Werkes, das er uns hinterlassen hat, ein Werk, das weder im unverwechselbaren Sound und Witz seiner Sprache noch in seinen emanzipatorischen Inhalten an Aktualität verloren hat.

Mühsams Kernthemen waren unbeschränkte Freiheit im Leben und Denken sowie der Kampf „für Gerechtigkeit und Kultur". Zwar entwickelte sich seine politische Weltsicht mit den gesellschaftlichen Brüchen, die er erlebte, aber zum revolutionären Anarchisten wurde er nicht erst mit den Jahren, er war es von Anfang an. Dafür gab es gute Gründe.

Als Mühsam am 6. April 1878 als Sohn eines jüdischen Apothekers in Berlin geboren wurde, war das deutsche Kaiserreich erst sieben Jahre alt, der entscheidende Grundstein für zwei Weltkriege und das Grauen der Naziherrschaft somit gerade erst gelegt. In der Gründung dieses Reiches hatten sich die Träume des deutschen Bürgertums erfüllt, dessen Mehrheitshaltung sich nach der gescheiterten Revolution von 1848/49 zunehmend konservativ-nationalistisch

---

[1] Textdokumentation hier mit freundlicher Genehmigung der Redaktion ‚Graswurzelrevolution' nach der Online-Fassung (https://www.graswurzel.net/gwr/2014/06/das-prinzip-nolo/).

und antisemitisch ausprägte. Noch in Mühsams Geburtsjahr wurde Bismarcks „Sozialistengesetz" verabschiedet, das zur Aufspaltung der Sozialdemokratie in die spätere SPD einerseits, und die sogenannten Linkssozialisten bzw. Anarchisten andererseits führte.

Vorrangiges Ziel der Ersteren wurde es, um nahezu jeden ideologischen Preis als Partei in den Reichstag zurückzukehren und dort staatstreu wirken zu dürfen. Letztere blieben von der Notwendigkeit einer radikalen gesellschaftlichen Neugestaltung überzeugt, die über die Teilnahme am Parlamentarismus nicht zu erreichen sei.

Das war auch Mühsams Haltung und scheint sie bereits in jungen Jahren gewesen zu sein. Zumindest wurde der angehende Schriftsteller schon als Siebzehnjähriger wegen „sozialistischer Umtriebe" vom angesehenen Lübecker Gymnasium Katharineum verwiesen.

Sich den Anweisungen seines Vaters widerstrebend fügend, absolvierte er dann noch in Parchim die Mittlere Reife und anschließend eine Apothekerausbildung, aber als er 1900 nach Berlin kam geschah das bereits in der festen Absicht, fortan als freier Schriftsteller zu leben. Mit diesem Beruf verband Mühsam allerdings nie die Vorstellung eines weltabgewandt-schöngeistigen Künstlertums, sondern vor allem den Wunsch, politisch zu wirken und die Welt zu verändern.

Seine Motivation, ja, sein ganzes Programm, dem er lebenslang treu bleiben sollte, verkündete er bereits 1902 in der anarchistischen Zeitschrift *Der arme Teufel*. Darin heißt es: „Nolo will ich mich nennen – nolo: Ich will nicht! Nein, ich will in der Tat nicht! Nein, ich will nicht mehr all die unnötigen Leiden sehn, deren die Welt so übervoll ist; mich all den Torheiten fügen, die uns die Freude rauben und das Glück; in all den Ketten hängen, die unsere Füße hindern auszuschreiten und unsere Hände zuzugreifen. Ich will nicht mehr mit ansehen, wie ungerecht und chaotisch des Lebens höchste Güter – Kunst und Wissen, Arbeit und Genuss, Liebe und Erkenntnis – verstreut liegen. Ich will nicht mehr – nolo!"

Dieser Haltung blieb Mühsam durch alle Zeitläufte treu. Sie findet sich bei dem auf Pump durch Europa reisenden Bohemien und Apologeten der „freien Liebe" nicht weniger, als beim Agitator der frühen Münchner Jahre, der versucht, unter dem Titel *„Gruppe Tat"* Zuhälter, Huren und Stricher mit Unmengen Freibier für die Sache der Revolution zu gewinnen. Und nach Beginn des Ersten Weltkriegs, als Mühsam praktisch nicht mehr publizieren kann, verlagert sich sein Engagement vollständig in die konspirativ-politische Sphäre, hin zu „unterirdischen Verbindungen", wie er es nannte.

Folgerichtig steht er im Herbst 1918 dann auf den Barrikaden, wo er (zumindest nach eigener Behauptung) am 6. November als Erster die Revolution ausruft, zu deren führenden Köpfen er bis zu seiner Verhaftung am 13. April 1919 gehören sollte.

Obgleich der kurze Traum der Münchener Räterepublik inzwischen weitgehend in Vergessenheit geraten ist und den meisten Menschen zu Erich Mühsam wenig mehr einfällt als das lustige Gedicht vom „*Revoluzzer*", sind sein Andenken und sein Werk doch bis heute lebendig geblieben. Dabei sind sich selbst besessene Mühsamianer in der Regel einig, dass „der Erich" weder der weltgrößte Dichter oder Dramatiker noch gar ein brillanter Theoretiker des Anarchismus war.

Was also ist es, das sein Werk so wichtig macht? Zum einen ist es der Mensch Mühsam, der in jeder Zeile dieses Werkes lebendig wird, der schon zu Lebzeiten eine ungeheure Anziehungskraft entfaltete und dessen bloße Existenz bis heute inspirierend wirkt.

Bereits in jungen Jahren wurde er zum Gesicht erst der Berliner dann der Münchener Boheme, gern fotografierter und karikierter Prototyp des Kaffeehausliteraten und Bürgerschrecks, dabei stets in engem intellektuellen Austausch mit fast allen literarischen Persönlichkeiten seiner Zeit. Man könnte ein Buch füllen mit den schriftlichen Erinnerungen seiner Zeitgenossinnen und Zeitgenossen an ihn, die, zuweilen garniert mit einem schmunzelnden „Ach, der Mühsam!", meist geprägt sind von tiefem Respekt oder Bewunderung für sein Engagement insbesondere für das sogenannte Lumpenproletariat sowie seine konsequent an den eigenen Idealen ausgerichtete Lebensführung.

Der Schriftsteller Martin Andersen Nexö formulierte es so: „Wie die Zukunft aussehen müsse, damit sie allen ein menschliches Dasein böte, wusste Erich Mühsam nicht; in revolutionärer Politik war er ein Kind. Aber unbewusst hatten er und Zenzl sich eine Welt geschaffen, in der man die Luft einer neuen Zeit schon atmete."

Zum anderen liegt die Bedeutung von Mühsams Werk eben darin, dass hier die Literatur nie Selbstzweck, sondern Ausdrucksform einer klaren politischen Haltung ist, womit Mühsam Anfang des 20. Jahrhunderts allerdings keineswegs allein stand. Es gab eine ganze Reihe linkssozialistischer Zeitschriften, die sich gleichermaßen Literatur und Politik verschrieben hatten, und die Münchener Räterepublik ging nicht zu Unrecht als „Literaten-Revolution" in die Geschichte ein. Neben Mühsam waren auch Schriftsteller wie Ernst Toller, der Herausgeber der Zeitschrift *Der Ziegelbrenner* Ret Marut, Oskar Maria Graf und Mühsams eigens aus Berlin angereister Mentor Gustav Landauer daran beteiligt.

Selbst der Lyriker Rainer Maria Rilke versuchte sich in jener Zeit an politischer Prosa. Mit der blutigen Zerschlagung der Räterepublik durch die von der neuen SPD-Regierung in Berlin entsandten Truppen jedoch endete der Einfluss der von Freiheitsgedanken getriebenen Künstler auf die realen politischen Verhältnisse. Landauer wurde bestialisch ermordet.

Marut floh, um wenig später in Mexiko zu B. Traven zu werden. Toller, Mühsam und zeitweilig auch Graf verschwanden hinter Gefängnismauern. Gleichzeitig erhob die neugegründete KPD einen revolutionären Alleinvertretungsanspruch, und ihre von Moskau vorgegebenen Parteidirektiven ließen keinen Raum mehr für anarchistische Poeten.

Als Mühsam im Dezember 1924 aus der Festungshaft entlassen wurde, fand er eine veränderte Welt vor. Die Schnittstelle von Literatur und Politik wurde nun von eher bürgerlichen Autoren wie Kurt Tucholsky und Carl von Ossietzky besetzt, und obwohl er sich bei Proletariat, Subproletariat und politischen Gefangenen weiterhin großer Beliebtheit erfreute, blieben seine anarchistischen Positionen fortan ohne nennenswerten Einfluss auf kulturelle Debatten.

Wie groß Mühsams Verzweiflung über diese politische und intellektuelle Isolation war, belegt sein Aufruf „*Wo ist der Ziegelbrenner?*", den er 1927 in *Fanal* veröffentlichte. Da heißt es: „Weiß keiner der Leser des Fanal, wo der Ziegelbrenner geblieben ist? Ret Marut, Genosse, Freund, Kampfgefährte, Mensch, melde dich, rege dich, gib ein Zeichen, dass du lebst, dass du der Ziegelbrenner geblieben bist, dass dein Herz nicht verbonzt, dein Hirn nicht verkalkt, dein Arm nicht lahm, dein Finger nicht klamm geworden ist."

Dennoch ist die häufig zu lesende Behauptung, Mühsam habe die Weimarer Republik „nicht verstanden", falsch.

Richtig ist, dass er sie ablehnte, aber verstanden hat er sie vielleicht besser als die meisten anderen. Für Mühsam war dieses Staatsgebilde nur ein haltloses Konstrukt, ein bizarres Zwischenspiel in einer unvollendeten Revolution, die entweder doch noch abgeschlossen oder andernfalls zwangsläufig durch den Faschismus beendet werden würde. Die Geschichte hat ihm leider recht gegeben.

Wer heute durch Mühsams Zeitschriften *Kain* und *Fanal* blättert, auch durch Karl Kraus' *Fackel* oder Ret Maruts *Ziegelbrenner*, der steht verwundert vor den freien Geistern, die sich darin offenbaren, vor ihrer Selbstgewissheit im Querdenken, ihrer literarischen Formulierungskunst und der Unbestechlichkeit ihrer Überzeugungen gegen alle Widerstände. Mühsam war dabei mit Sicherheit kein so fesselnder Erzähler wie es B. Traven werden sollte, kein so präziser Analytiker wie Kraus. Aber die Begeisterungsfähigkeit, die Liebe und der Zorn, von denen seine Texte durchtränkt sind, haben diese schon zu seinen Lebzeiten einzigartig gemacht und wirken bis heute. Er war kein Theoretiker, sondern Propagandist einer besseren Welt, und in diesem Metier war er unschlagbar, gerade weil er sich keinen Direktiven oder strategischen Erwägungen unterordnen konnte. – Genau daraus bestand seine Glaubwürdigkeit.

Schaut man dagegen auf die aktuelle Literaturlandschaft, die politischen Äußerungen moderner Literaten, die sich – sofern sie überhaupt stattfinden – meist getreulich innerhalb eines staatsbürgerlichen Status quo oder im Rahmen linker Gesinnungsmoden inklusive der zugehörigen sprachlichen Dogmen bewegen, möchte man manchmal ausrufen: „Wo ist Nolo?"

Wesenskern von Mühsams Nolo-Prinzip war es nicht nur, bestehende Systeme zu verneinen, sondern auch, mit allen in Austausch zu treten, deren Engagement auf die Errichtung einer wie auch immer gearteten besseren Welt zielte, und dabei gleichzeitig den eigenen Positionen treu zu bleiben.

Unnötig zu sagen, dass dieser selbstbewusste Ansatz, der noch heute die meisten Menschen überfordert, zu Mühsams Lebzeiten bedeutete, unter dauerhafter existentieller Bedrohung zu leben. So isolierte ihn die KPD während der Festungshaft, nachdem er – als unbeirrbarer Verächter des Parlamentarismus – es abgelehnt hatte, für die Partei zu kandidieren.

Aus dem anarchistischen Spektrum dagegen wurde ihm wegen

seiner grundsätzlichen Kontaktbereitschaft zur KPD zeitweilig sogar das Recht aberkannt, sich weiterhin als Anarchist zu bezeichnen. Gleichzeitig konnte seine isolierte Position in der Linken nichts daran ändern, dass er auf den schwarzen Listen der Nationalsozialisten einen prominenten Platz einnahm, folgerichtig am Tag nach dem Reichstagsbrand verhaftet und schließlich nach anderthalbjähriger Folter ermordet wurde.

Mit Erich Mühsams Tod begann für seine Frau Kreszentia (Zenzl) Mühsam ein lebenslanger Kampf um das Andenken ihres Mannes, wobei sie sich als würdige Nachlassverwalterin erwies. Auch sie wurde vom Nazi-Regime verfolgt, und auch sie musste sich Vereinnahmungsversuchen von kommunistischer und Kontaktschuldvorwürfen von anarchistischer Seite erwehren. Mangels Alternativen floh sie schließlich in die Sowjetunion, wo sie wenig später denunziert wurde und Lubjanka, Arbeitslager und Verbannung zu überstehen hatte, bevor sie, 19 Jahre später, in die DDR ausreisen durfte. – Dort ertrug sie es stoisch, dass man sie als „unsichere Kantonistin" unter Aufsicht stellte, hielt sich sogar an die unmenschliche „Empfehlung", dem Grab ihres Mannes in West-Berlin fernzubleiben und schrieb betont herzliche Briefe an eben jenen Wilhelm Pieck, der sie seinerzeit in Moskau als terroristische „Trotzkistin" ans Messer geliefert hatte – alles nur, damit Mühsams Werke wieder gedruckt werden konnten. Erst 1962, auf dem Totenbett, gab die achtundsiebzigjährige Zenzl widerstrebend die Urheberrechte aus der Hand.

Vor allen anderen, die sich nach 1945 für Mühsams literarischen Nachlass eingesetzt haben, ist es ihr zu verdanken, dass sein Prinzip Nolo noch heute erfahrbar ist – als Anleitung zum konsequenten Selberdenken und Mutmacher gegen alle gesellschaftlichen und szenedogmatischen Widerstände. Mag man auch nicht mit allen Positionen Erich Mühsams einverstanden sein, die Haltung, die ihnen zugrunde liegt, ist heute so nötig wie damals. So sollten wir diesen Satz verstehen: „Menschen lasst die Toten ruhn / und erfüllt ihr Hoffen!"

Markus Liske und Manja Präkels sind Herausgeber des gerade erschienenen Erich Mühsam-Lesebuchs „Das seid ihr Hunde wert!", Verbrecher Verlag Berlin, ISBN 978-3-943167-84-9. Mit ihrer Band DER SINGENDE TRESEN haben sie einige der Texte neu vertont. Die CD „Mühsam-Blues" erscheint zum Todestag des Dichters auf Setalight Records.

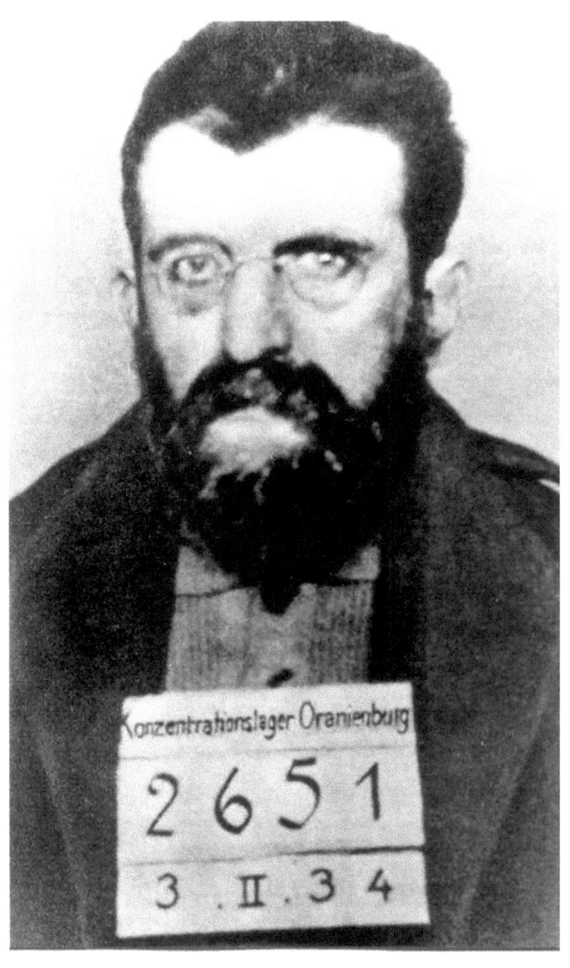

Erich Mühsam am 3. Februar 1934 als Häftling im KZ
(gemeinfreies Bild | Repro nach: www.dhm.de)

„Zwei freie Vögel"

Kreszentia und Erich Mühsam zum Gedächtnis

(Portal: anarchismus.de | 6. Juli 2024)[1]

Jan Rolletschek

Anmerkung: Dieser Text ist in gekürzter Fassung unter dem Titel *„Der geht neben einem, der bleibt da"* zuerst erschienen in: Der Rabe Ralf. Die Berliner Umweltzeitung, Jg. 35, Nr. 240, Juni/Juli 2024, S. 15.[2]

Zwei runde Jahrestage fallen dieses Jahr zusammen, die auch das Leben verwoben hat: Am 10. Juli vor 90 Jahren wurde der Publizist, Anarchist und Antifaschist Erich Mühsam (1878-1934) im KZ Oranienburg ermordet, was in diesem Jahr Anlass ist, Anfang Juli mit einer mehrtägigen Fachtagung an ihn zu erinnern.[3] Und am 28. Juli vor 140 Jahren wurde Kreszentia Mühsam (1884-1962), genannt Zenzl, seine Gefährtin und Mitstreiterin über den Tod hinaus, in dem kleinen niederbayerischen Ort Haslach geboren, wo seit kurzem eine Gedenktafel an sie erinnert.

Zwar gebürtiger Berliner, war Erich Mühsam in Lübeck aufgewachsen. Wieder nach Berlin gelangte er 1900. Durch einen „enthusiastischen Hinweis"[4] in Hans Lands Zeitschrift „Das Neue Jahrhun-

---

[1] Textquelle | Jan ROLLETSCHEK: „Zwei freie Vögel". Kreszentia und Erich Mühsam zum Gedächtnis. In: Portal | anarchismus.de, 6. Juli 2024. – https://anarchismus.de/blog/geschichte/zwei-freie-voegel-kreszentia-und-erich-muehsam-zum-gedaechtnis

[2] Für zahlreiche Hinweise danke ich Jolly sowie Rita STEININGER, die mir auch Teile ihres jüngst erschienenen Buches vorab zur Lektüre überlassen hat. Vgl. DIES., „Weil ich den Menschen spüre, den ich suche". Zenzl und Erich Mühsam, Donat-Verlag, Bremen 2024.

[3] Die Tagung „Erich Mühsam in Oranienburg" findet vom 4. bis 7. Juli 2024 in Oranienburg statt; sie wird von vielen weiteren Veranstaltungen und einer Ausstellung gerahmt. Vgl. https://www.muehsam-in-oranienburg.info/Muehsam

[4] Erich MÜHSAM, Namen und Menschen. Unpolitische Erinnerungen, Volk und Buch Verlag, Leipzig 1949, S. 34.

dert" wurde er der lebensreformerischen Neuen Gemeinschaft zugeführt, die zu jener Zeit ein Schmelztiegel literarischer, neuromantischer und sozialer Bestrebungen war. In Berlin lernte er den acht Jahre älteren Gustav Landauer kennen, lernte das Zeitungmachen von Albert Weidner, legte sich das Pseudonym „Nolo" zu und knüpfte Kontakte in die literarische Welt. Doch es hielt ihn nicht in Berlin.

Nach einigen Wanderjahren, die ihn bis nach Paris und Genua führten, ließ er sich 1908 in München nieder, wo er in den Kreisen der Boheme verkehrte und bei einem seiner Vorträge im großen Saal der Schwabinger Brauerei zum ersten Mal Kreszentia Elfinger begegnete.[5] Im Oktober 1913 kommt man sich näher und mit der Heirat am 15. September 1915 schifft Erich Mühsam sich in den „rettenden Hafen"[6] ein, den er in der Beziehung zu Zenzl allmählich erkannt hat.

Während des Krieges, erinnert sich der Schriftsteller Martin Andersen Nexö, hausen die beiden „als zwei freie Vögel"[7] hoch oben in einem Mietshaus, das von revolutionären Künstlern, Arbeitern und Soldaten frequentiert und beständig von Spitzeln umschlichen wird, versucht Erich doch mitten im Krieg, Front gegen diesen zu machen. Gemeinsam beteiligen sie sich an der Novemberrevolution, und als die Räterepublik im Frühjahr 1919 von Regierungstruppen niedergeschlagen wird, kommen beide nur knapp mit dem Leben davon. Erich wird zu 15 Jahren Festungshaft verurteilt. Zenzl geht nicht ins ihr von Nexö angebotene Exil, sondern bleibt in der Nähe ihres Mannes, protestiert gegen die schlechten Haftbedingungen und setzt sich unermüdlich für seine Freilassung und die der übrigen Gefangenen ein.

---

[5] Vgl. STEININGER 2014, S. 42 f., 48 und Erich MÜHSAM, Tagebücher, Einträge vom 2. Dezember 1911 und vom 8. Oktober 1914. Online unter: www.muehsam-tage buch.de.

[6] Ebd., Eintrag vom 3. Mai 1915.

[7] Martin ANDERSEN NEXÖ, Kultur und Barbarei, Dietz Verlag, Berlin 1957, S. 193. Vgl. Uschi OTTEN, „Was wir besitzen, kann nie verlorengehen". Die Lebensgeschichte Zenzl Mühsam[s], in: Andreas W. Hohmann (Hg.), Erich Mühsam in Meiningen. Ein historischer Überblick zum Anarchosyndikalismus in Thüringen: Die Bakuninhütte und ihr soziokultureller Hintergrund (Tagungsband), Verlag Edition AV, Lich / Hessen 2015, S. 79-90, hier S. 80 f.

Die gemeinsame Zeit in Berlin beginnt im Dezember 1924 nach Erichs Entlassung. Eine Amnestie vom 20. Dezember, die auf die Befreiung Hitlers zielte, hat auch ihn befreit. Zenzl empfängt Erich in Donauwörth und beide fahren sofort nach Berlin.[8] Ihre Ankunft am Anhalter Bahnhof am Abend des 21. Dezember wird von KPD und Roter Hilfe (RHD) für eine Willkommenskundgebung genutzt. Die „Rote Fahne" hatte zur Teilnahme aufgerufen, nun strömen Arbeiter aus verschiedenen Richtungen herbei. Die Polizei riegelt den Anhalter Bahnhof ab. Doch zu spät. Viele Arbeiter befinden sich bereits im Gebäude. Als der Zug einfährt, gelingt es einer Gruppe junger Arbeiter, in die Ankunftshalle einzudringen. Man schultert Mühsam und trägt ihn, dem man eine rote Fahne in die Hand gedrückt hat, der jubelnden Menge entgegen. Inzwischen hat die Polizei damit begonnen, die Kundgebung auf dem Askanischen Platz mit äußerster Brutalität auseinanderzutreiben. Sogar ein Maschinengewehr wird demonstrativ in Stellung gebracht, um die aufgelaufene Menge zu zerstreuen.[9]

In den nächsten Wochen ist Erich Mühsam fortwährend von Funktionären der KPD und der RHD umgeben. Mit ihnen tritt er in kurzer Folge in zahlreichen Veranstaltungen auf. Zenzl erinnert sich, mit ihrem Mann hierfür „ungefähr ein halbes Jahr in alle deutschen Städte"[10] gereist zu sein. Ein Schwerpunkt seiner Arbeit ist nun der Einsatz für die Mithäftlinge und politischen Gefangenen, deren noch über 7.000 inhaftiert geblieben sind.

Doch bereits während einer von der anarchistischen Freien Jugend einberufenen „Massenkundgebung zugunsten der politischen

---

[8] Zenzl war bereits ein Jahr zuvor nach Berlin-Charlottenburg verzogen, wo die Rote Hilfe ihr eine Stelle angeboten hatte. Nachdem sie sich 1921 u. a. in der Hungerhilfe für Sowjetrussland engagiert hatte, hatte Jelena Stassowa sie 1921 zum ersten Kongress der Roten Hilfe nach Berlin eingeladen.

[9] Vgl. den Polizeibericht in: Chris HIRTE, Erich Mühsam. „Ihr seht mich nicht feige", Verlag Neues Leben, Berlin 1985, S. 350 f. und weitere Berichte aus „Die Rote Fahne", Nr. 189 vom 23. Dezember 1924, 1. Beilage, zit. in: GUSTAV LANDAUER INITIATIVE (Hg.), Erich Mühsam – Notizbücher, Bd. 1: 1926-1928, 2. korr. Aufl., Berlin 2023, S. 6.

[10] Kreszentia MÜHSAM, Der Leidensweg Erich Mühsams, Harald-Kater-Verlag, Berlin 1994 [1935], S. 21.

Gefangenen" am 28. Dezember, der ersten größeren Veranstaltung, bei der auch Mühsam spricht, treten die Differenzen zwischen der KPD und den anarchistischen Organisationen deutlich hervor. Als der anarchistische Redner Ernst Friedrich auf die in der Sowjetunion verfolgten und inhaftierten Anarchist:innen und Sozialrevolutionär:innen zu sprechen kommt, schallen ihm aus dem Publikum Schlussrufe entgegen.[11] Um die Plattform der RHD für seine Unterstützungsarbeit nutzen zu können, geht Mühsam auf den „fragwürdigen Kompromiss"[12] ein, in öffentlichen Veranstaltungen der RHD das Schicksal seiner Gesinnungsgenoss:innen in der Sowjetunion nicht zu berühren. Als er diesen Kompromiss 1927 aufkündigt, wird von seiner „agitatorischen Mitwirkung keinerlei Gebrauch mehr gemacht"[13]. Mühsam wirkt auch weiterhin für die Gefangenen, jedoch nunmehr – was in der Forschung „bislang kaum gewürdigt [wurde]"[14] – hauptsächlich im Rahmen der Freien Arbeiter-Union Deutschlands (FAUD). Doch erst im Januar 1929, als jeder Anschein der Überparteilichkeit verflogen ist, tritt er aus der RHD aus.[15]

---

[11] Die Veranstaltung wurde auch von kommunistischer Seite angekündigt („Die Rote Fahne", Nr. 192 vom 27. Dezember 1924), was die Anwesenheit der Schreier im Publikum hinreichend erklärt. Vgl. GUSTAV LANDAUER INITIATIVE 2023, Bd. 1, S. 12.

[12] Ebd.

[13] Erich MÜHSAM, Absage an die Rote Hilfe, in: Fanal. Anarchistische Monatsschrift, Jg. 3, Nr. 5, Februar 1929, S. 119-120, hier S. 120. In anderen Zusammenhängen, in anarchistischen Veranstaltungen und im „Fanal" hat Mühsam jedoch auch schon zuvor kein Blatt vor den Mund genommen, vgl. etwa DERS., Amnestie – auch in Russland, in: Fanal. Anarchistische Monatsschrift, Jg. 1, Nr. 3, Dezember 1926, S. 43-45.

[14] GUSTAV LANDAUER INITIATIVE 2023, Bd. 1, S. 15.

[15] Einladungen in die Sowjetunion, so erinnert sich Zenzl, habe er stets mit der Aussage abgelehnt: „Bitte laßt meine Kameraden aus dem Gefängnis, dann komme ich." Wohl eingedenk seines Empfangs am Anhalter Bahnhof habe er dann hinzugefügt: „Und wenn ich einmal kommen sollte, dann bitte keinen Empfang, denn irgendwo bin ich Mensch und bestechlich. Wenn mich Tausende von Arbeitern begeistert am Moskauer Bahnhof empfangen, mich in reiner und echter Freude in die Luft schmeißen, dann bin ich bestochen. Vor begeisterten Proletariern kann ich nicht standhalten." Kreszentia MÜHSAM, Brief an Emma Goldman vom 11. Februar 1935, in: Zenzl Mühsam. Eine Auswahl aus ihren Briefen. Herausgegeben von Chris Hirte und Uschi Otten. Schriften der Erich-Mühsam-Gesellschaft, Heft 9, Lübeck 1995, S. 66 f., hier S. 66.

Auch was die Bildung einer Einheitsfront gegen den erstarken-
den Nationalsozialismus anbelangt, lässt Erich Mühsam keine Gelegenheit aus, sich zu Wort zu melden. Bereits im Januar 1929 warnt
er zudem vor der Vorbereitung eines faschistischen Staatsstreichs[16];
immer wieder weist er auf die sich häufenden Anzeichen hin, dass
„die Staatsmaschinerie in Deutschland dem Faschismus überliefert
werden soll"[17] und malt die Errichtung einer faschistischen Diktatur
an die Wand – „wenn die Auflösung aller Arbeiterkoalitionen von
irgendeinem Hitler, Frick oder anderem Biest verhängt wird, wenn
die standrechtlichen Erschießungen, die Pogrome, Plünderungen,
Massenverhaftungen das Recht in Deutschland darstellen"[18]. Noch
am 21. Juli 1932 ruft er in einem von Berliner Arbeitern verbreiteten
Flugblatt zum Generalstreik auf. Die Gewerkschaften indes vertrös-
ten das Proletariat auf die bevorstehende Reichstagswahl – bei der
die NSDAP, zehn Tage später, stärkste Kraft werden wird.
„Dadurch verlor die Republik ihre letzte Chance", erinnert sich der
Anarchist Augustin Souchy, „und dem Nationalsozialismus wurde
der Weg frei gemacht."[19]

Erichs Leidensweg

Die Situation für die Mühsams wird nun immer bedrohlicher. Jo-
seph Goebbels selbst hetzt im Dezember 1932 gegen Erich als gegen
einen der sogenannten „Geiselmörder" von München. Eine Lüge,
welche dieser mit der Bemerkung quittiert, dass dies „die Vorberei-

---

[16] Erich MÜHSAM, Der Faschismus im Anmarsch, in: Fanal. Anarchistische Monatsschrift, Jg. 3, Nr. 4, Januar 1929, S. 88-90.

[17] Fanal, 2. Rundbrief, November 1931, zit. nach: Heinz HUG: Erich Mühsam. Untersuchungen zu Leben und Werk. Glashütten im Taunus: Verlag Detlev Auvermann 1974, S. 103.

[18] Erich MÜHSAM, Aktive Abwehr. In: Die Weltbühne, Jg. 27, Nr. 50 vom 15. Dezember 1931, S. 880 f., hier S. 880; wieder in: Erich MÜHSAM, „War einmal ein
Revoluzzer". Verstreute Schriften 1917-1932, Herausgegeben von Peter Teichert,
Edition Esprit Libertaire Nr. 8, Verlag Die freie Gesellschaft, Hannover/Marburg
1985, S. 86 f.

[19] Augustin SOUCHY, Erich Mühsam. Ritter der Freiheit (Typoskript 81 S.), hier S.
55, zit. nach: HUG 1974, S. 63. Die Flugblatt-Aktion scheint nur durch Souchy
überliefert zu sein.

tung für [s]eine Ermordung"[20] sei. Daraufhin, draußen schneit es schon, schlagen die Nazis ihnen die Scheiben ein. Zenzl ist krank. Die finanzielle Lage der beiden ist äußerst prekär. Trotzdem bringen sie „zwei oder drei Flüchtlinge"[21] bei sich durch. Ihre eigene Flucht aber verzögert sich, obwohl sie fast täglich Todesdrohungen erhalten.[22]

Schließlich wird die Flucht nach Prag für den 26. Februar [1933] geplant, doch die Abreise wegen noch ausstehender Honorare um ein paar Tage verschoben.[23] Als in der Nacht zum 28. Februar der Reichstag brennt, wird Erich Mühsam aus dem Bett heraus verhaftet und sein „Leidensweg" durch die Haftanstalten des NS-Staates beginnt.[24]

Im KZ lässt Goebbels sein Foto mit der Aufschrift „Der Geiselmörder Mühsam" unter den Wachmannschaften von SA und SS verteilen[25], was die ohnehin eskalierende Brutalität gegen den Juden und politischen Gegner auf die Spitze treibt. Fast täglich wird er auf die furchtbarste Art gemartert. Man verprügelt und demütigt ihn, brennt ein Hakenkreuz in seinen Bart, lässt ihn sein eigenes Grab

---

[20] Kreszentia MÜHSAM, Erich Mühsams Vermächtnis: Rettet die Opfer des Faschismus!, in: Aufruf, Jg. 4, Nr. 21 vom 1. August 1934, S. 544-546, hier S. 544, zit. nach: HUG 1974, S. 74.

[21] Rudolf WITTENBERG, Erinnerung, in: Die neue Weltbühne, Jg. 3, Nr. 29 vom 19. Juli 1934, S. 909-911, hier S. 910, zit. nach: HUG 1974, S. 62.

[22] Rudolf ROCKER, Der Leidensweg von Zensl Mühsam, Verlag: Die freie Gesellschaft, Frankfurt am Main 1949, S. 2; K. MÜHSAM 1994 [1935], S. 24.

[23] „Für eine Reise ins Ausland fehlte es an Geld. Mühsam gab sich alle Mühe, das Geld aufzutreiben. Aber erst am Montag, den 27. Februar 1933, konnten wir soviel zusammenbringen, daß wenigstens mein Mann sich eine Fahrkarte nach Prag beschaffte. Er wollte am 28. in der Frühe abfahren." (ebd.); K. MÜHSAM, Brief an Mollie Flechiné vom 14. September 1934, in: DIES. 1995, S. 58-60, hier S. 59.

[24] Vgl. ebd. und K. MÜHSAM 1994 [1935], S. 24. Die Stationen sind: am 28. Februar Polizeipräsidium Alexanderplatz und Gefängnis Lehrter Straße, am 31. März zurück ins Polizeipräsidium, am 6. April Verlegung ins KZ Sonnenburg, am 1. Juni zurück ins Polizeipräsidium, am 7. Juni Verlegung ins Gefängnis Plötzensee, am 8. September ins KZ Brandenburg und am 2. Februar 1934 ins KZ Oranienburg.

[25] K. MÜHSAM 1934, S. 544, zit. nach HUG 1974, S. 74; vgl. auch: K. MÜHSAM 1994 [1935], S. 46. Zenzl Mühsams „Leidensweg"-Broschüre ist auch die hauptsächliche Quelle der folgenden Schilderungen, ferner: K. MÜHSAM 1995 und ROCKER 1949, S. 3-11.

ausheben und simuliert seine Hinrichtung; man dreht ihm beide Daumen aus, lässt ihn Schmutzwasser auflecken und den Abort mit den bloßen Händen ausheben, quält ihn auf jede nur erdenkliche Weise. Erfindungsreich in Grausamkeiten versuchen die SS-Mannschaften einmal, einen großen Menschenaffen auf ihn zu hetzen. „In seiner Todesangst aber", so berichtete Zenzl später über diesen Vorfall, „klammerte sich der Affe an Mühsam, suchte Schutz bei ihm und küßte ihn. Mein Mann sagte später wörtlich zu mir: ‚Ich wußte gar nicht, daß Affen so liebenswürdig sein können.' Weil der Affe den menschlichen Bestien nicht zu Willen war, wurde er vor den Augen Mühsams gequält und schließlich erschossen."[26] Die Misshandlungen, denen Erich ausgesetzt ist, sind schwer zu fassen, noch schwerer ist zu fassen, dass er dennoch standhaft bleibt. Als man ihn und drei Mithäftlinge an die Wand stellt, auf sie anlegt und sie auffordert, das Horst-Wessel-Lied zu singen, singen sie die „Internationale".

Am 2. Februar 1934 wird Erich Mühsam ins KZ Oranienburg verlegt. Nach dem „Röhmputsch" am 30. Juni werden auch hier die SA-Mannschaften durch solche der SS ersetzt. Erich weiß, dass es nun dem Ende zugeht. Als man ihn beinahe zu Tode gequält hat, legt man ihm nahe, seinem Leben selbst ein Ende zu setzen. Andernfalls würde man nachhelfen. Er lehnt ab. In der Nacht auf den 10. Juli 1934 wird Erich Mühsam im KZ Oranienburg ermordet und sein ‚Selbstmord' stümperhaft fingiert.

Zenzls Leidensweg

Als Erich Mühsam am 16. Juli 1934 auf dem Waldfriedhof Dahlem bestattet wird, ist Zenzl nicht unter den wenigen Trauergästen. Eine amerikanische Journalistin hat sie gewarnt, die Gestapo wolle sie direkt nach der Beisetzung ebenfalls verhaften. Zur selben Stunde, da man ihren Mann in die Erde senkt, flieht sie nach Prag. Sie ist jetzt fast 50 Jahre alt. An Erichs Leichnam hatte sie sich geschworen, der Welt über die Nazigräuel die Augen zu öffnen. Zudem kämpft sie

---

[26] K. MÜHSAM 1994 [1935], S. 37 f.

nun für die Rettung und Veröffentlichung seines Werks.[27] Beides gibt ihr jetzt die Kraft, weiterzuleben.[28]

Nachdem es ihr gelingt, Erichs Nachlass, getarnt als Diplomatengepäck, nach Prag bringen zu lassen, widmet sie sich seiner Herausgabe. In einem Brief teilt sie dem Freund und Lektor Alexander Berkman mit, man hätte ihr geraten, mit den *„Unpolitischen Erinnerungen"* zu beginnen, die Erich nach seiner Entlassung aus der Festungshaft im „Unterhaltungsblatt der Vossischen Zeitung" veröffentlicht hatte. „Des Weiteren denke ich, dass es zeitgemäß wäre, die politischen Abhandlungen gegen den wachsenden Faschismus in den letzten Heften des ‚Fanal' auszugsweise als kleine Broschüre [...] herauszugeben."[29]

Anfang 1935 erscheint im Verlag der Roten Hilfe, der sich inzwischen seinerseits im Exil befindet, ihre aufsehenerregende Broschüre über den *„Leidensweg Erich Mühsams"*. Infolge dieser Veröffentlichung wird sie ausgebürgert. Dazu selbst hätte sie geschwiegen; weil der Innenminister Wilhelm Frick ihre Schilderungen jedoch als „Lügenmärchen" bezeichnet, wiederholt sie ihre Anklage und fordert ihn öffentlich heraus, sie zu widerlegen, wobei man sein „Schweigen als lautes Schuldbekenntnis buchen"[30] werde.

---

[27] Dessen Entstehung hatte sie während der gesamten Dauer ihrer Beziehung bereitwillig unterstützt. In einem sicheren Sinn war es also auch das ihre. „[I]ch will nun einmal für irgend jemanden arbeiten, der dauernde Werte schafft. [...] Nie wird mir die Arbeit zur Last, wenn ich weiß, wie glücklich ich mit meiner Kochkunst den Dichter [...] mache, ich weiß, ich trage dann einen Teil seiner Stimmung, wenn ich es mit Freude und Stolz mache." K. MÜHSAM, Brief an Erich Mühsam vom 23. April 1920, in: DIES. 1994, S. 50 f., hier S. 50. In Zenzls Briefen finden sich zahlreiche ähnliche Äußerungen.

[28] Vgl. etwa die Briefe an Milly Witkop-Rocker, Rudolf Rocker und Emma Goldman vom Herbst 1935, in: K. MÜHSAM 1995, S. 62 ff.

[29] K. MÜHSAM, Brief an Alexander Berkman vom 25. September 1934, in: IISG Amsterdam, Alexander Berkman Papers 50, Bl. 145 f., hier Bl. 146. Der Rat zu den „Unpolitischen Erinnerungen" kam wohl von Rudolf ROCKER. Vgl.: DERS. 1949, S. 24. Wie auch an anderer Stelle (K. MÜHSAM 1995, S. 57) erwähnt sie Rocker in diesem Brief an Berkman als testamentarisch bestimmten Mitherausgeber des Nachlasses. Das „Fanal" wurde von der Anarchistischen Bibliothek Wien digitalisiert: www.a-bibliothek.org/bestand/digitalisierte-zeitschriften.

[30] Kreszentia MÜHSAM, Offener Brief an Minister Frick [1935], in: Wolfgang Teichmann (Hg.), Färbt ein weißes Blütenblatt sich rot. Erich Mühsam. Zeugnisse und Selbstzeugnisse, Buchverlag Der Morgen, Berlin 1978, S. 250-253, hier S. 251.

Als Zenzl in Prag keine Aussichten mehr sieht, lässt sie sich durch Versprechungen u. a. von Wilhelm Pieck, die Werke ihres Mannes in der Sowjetunion zu veröffentlichen, nach Moskau locken.[31] Besonders Rudolf Rocker hatte sie eindringlich vor diesem Schritt gewarnt. In der SU ist man auch keinesfalls an der Veröffentlichung der Werke Erich Mühsams interessiert, sondern will diese, im Gegenteil, gerade verhindern. Insbesondere in den Tagebüchern vermutet man wahrscheinlich Kritik am Kadavergehorsam in der KPD und ihrer Rolle während der bayerischen Rätezeit. Nach einer sechs Wochen währenden Phase seiner KPD-Mitgliedschaft im Herbst 1919, in der Mühsam „den Parteigeist von innen heraus zu bekämpfen"[32] sich anschickte, um das revolutionäre Proletariat zu einen, hatte er „diese Methode [für] einwandfrei widerlegt"[33] erklärt. Nie wieder wollte er: „den Versuch machen, die splendid isolation durch Unterschlupf in einen Schafsstall zu überwinden."[34] Auch ist man vermutlich daran interessiert, seiner Tagebücher und der verbliebenen Briefschaften habhaft zu werden, um sie in den bald beginnenden Schauprozessen gegen in Ungnade gefallene Parteigenossen zu verwerten.[35]

Zenzl wird in verschiedene Projekte involviert und mit Versprechungen hingehalten. Schließlich fasst sie den „folgenschweren Entschluss"[36], ihren Aufenthalt in Moskau zu verlängern und sich Erichs Nachlass zuschicken zu lassen. Nachdem dieser eingetroffen ist, wird sie in der Nacht vom 22. auf den 23. April 1936 das erste Mal verhaftet. Wilhelm Pieck, der diesen Schritt ausdrücklich begrüßt, denunziert sie daraufhin als „ein[en] Mittelpunkt für die trotzkistischen Verbindungen"[37] in Prag. Nachdem sich internatio-

---

[31] Zum Schicksal von Zenzl Mühsam in der Sowjetunion vgl. insbes. Reinhard MÜLLER, Menschenfalle Moskau. Exil und stalinistische Verfolgung, Hamburger Edition, Hamburg 2001 und ROCKER 1949, S. 14 ff.

[32] E. MÜHSAM, Tagebücher, Eintrag vom 14. Oktober 1919.

[33] Erich MÜHSAM, Erklärung, in: Der freie Arbeiter, Jg. 12, Nr. 22 vom November/Dezember 1919, S. 4. Vgl.: DERS., Die Einigung des revolutionären Proletariats im Bolschewismus. Herausgegeben, eingeleitet und mit Anmerkungen versehen von Philippe Kellermann, UNRAST Verlag, Münster 2015.

[34] E. MÜHSAM, Tagebücher, Eintrag vom 26. November 1919.

[35] Vgl. STEININGER 2024, S. 209 f.

[36] Ebd., S. 211.

[37] Zit. in: MÜLLER 2001, S. 274.

naler Protest erhebt und sich verschiedene, auch bekannte Persönlichkeiten für sie verwenden[38], wird Zenzl am 9. Oktober zunächst wieder auf freien Fuß gesetzt, bleibt jedoch unter strenger Beobachtung und ist deshalb nahezu völlig isoliert. Rudolf Rocker und der Bürgerrechtler Roger Baldwin setzen sich für sie ein; eine Ausreise zu ihrer Schwester in die USA ist geplant.[39] Was dazu führt, dass sie Mitte November 1938 erneut verhaftet wird.[40] Durch eine Aussage Herbert Wehners wiederum mit Trotzkist:innen in Verbindung gebracht, wird sie nun monatelang gefoltert und verhört, ohne sich jedoch ein Geständnis abpressen zu lassen. Am 11. September 1939 wird sie gleichwohl zu acht Jahren Zwangsarbeit verurteilt und tritt eine Odyssee durch das sowjetische Lagersystem an. Von der Haft gezeichnet, krank, völlig mittellos und ohne Pass spuckt dieses sie am 16. November 1946 wieder aus. Sie irrt einige Monate herum, verbringt etliche Wochen bettelnd im Bahnhof von Nowosibirsk, gelangt im März 1947 nach Moskau und wird schließlich von der Roten Hilfe mit dem Nötigsten versorgt.

Ihre Bemühungen um eine Rückkehr in die Sowjetische Besatzungszone werden jedoch von der SED-Führung hintertrieben[41], die zugleich damit beginnt, das Gedächtnis ihres Mannes zu vereinnahmen. Als auch ihre Aufenthaltsgenehmigung für Moskau ausläuft, gelingt es ihr, in einem Kinderheim im nordöstlich von Moskau gelegenen Iwanowo unterzukommen. Im Februar 1949 wird sie zum dritten Mal verhaftet und überlebt unter fürchterlichen Bedingungen in der „speziellen Verbannung"[42] bei Nowosibirsk. Erst knapp eineinhalb Jahre nach Stalins Tod darf Zenzl im Juli 1954 nach Iwanowo zurückkehren. Im März 1955 erhält sie endlich einen deutschen Pass und kommt am 27. Juni 1955 in Ost-Berlin an. Über ihre Erlebnisse in der Sowjetunion gebietet man ihr zu schweigen.

---

[38] Sogar Thomas Mann versucht, ihre Freilassung zu bewirken. Vgl. STEININGER 2024, S. 212 und OTTEN 2015, S. 85.

[39] ROCKER 1949, S. 22 ff.

[40] MÜLLER 2001, S. 384.

[41] Ebd., S. 408 f.

[42] Ebd., S. 402.

Umgehend bemüht Zenzl sich um Fotokopien von Erichs Nachlass, der im Maxim-Gorki-Institut aufbewahrt wird. Diese werden größerenteils auch tatsächlich übersandt, jedoch nicht an sie, sondern an das ZK der SED. Die frühe DDR kann Erich Mühsam nur als ‚Opfer des Faschismus' brauchen. Immerhin die *„Unpolitischen Erinnerungen"* konnten bereits 1949 erscheinen. Der Kulturminister Johannes R. Becher legt Zenzl alle möglichen Steine in den Weg. Dennoch erreicht sie, dass zu Beginn des Jahres 1958 eine kleine Auswahl von Erichs Gedichten veröffentlicht wird. „Die Auflage war außerordentlich niedrig."[43] Eine umfassende Würdigung seines Werks sollte Zenzl nicht mehr erleben. Aber die wirtschaftliche Not ist nun vorüber und sie ist nicht mehr derart isoliert: „Ganz besonders herzlich kümmern sich Helene Weigel und Bert Brecht um mich."[44] Sie ist von alten Freunden umgeben und kann eine Wohnung in der Binzstraße 17 in Pankow beziehen[45], wo seit dem 20. März 2024 eine neue Gedenktafel an sie erinnert.

Eine ähnliche Tafel, die auf Betreiben des „AG Spurensuche" bereits 2015 eingeweiht worden war, wurde immer wieder mit schwarzbrauner Farbe beschmiert und 2022 schließlich entwendet. „Das Vergangene ist nicht tot; es ist nicht einmal vergangen", hat William Faulkner 1951 geschrieben. „Wir trennen es von uns ab und

---

[43] „Da aber jetzt der größte deutsche Dichter der Neuzeit vor kurzem seinen Sessel im Olymp […] eingenommen hat, munkelt man, daß eine zweite Auflage herauskommen soll." K. MÜHSAM, Brief an Fritz Picard vom 28. Januar 1959, in: DIES. 1995, S. 83 f., hier S. 84. Der mit Zenzl befreundete Buchhändler Picard hatte geklagt, dass die Bücher Mühsams nicht greifbar seien. Der „größte deutsche Dichter" Johannes R. Becher war am 11. Oktober 1958 verstorben.

[44] K. MÜHSAM, Brief an Hans und Minna Mühsam sowie Charlotte und Leo Landau vom 16. Januar 1956, in: DIES. 1994, S. 81 f., hier S. 82.

[45] Jedoch ist sie nicht nur von Freunden umgeben. Unter Ausnutzung ihrer Hilfsbereitschaft (angebl. „Zimmersuche für gute Genossen") installiert man Anfang 1960 eine Stasi-Filiale in ihrer Wohnung. Um sie einzuschüchtern und zu kontrollieren, nötigt das Ministerium für Staatssicherheit die schwerkranke 76jährige Frau zur „zur Verfügungstellung eines Zimmers […] zur Durchführung dienstlicher Aufgaben und zur Übernachtung eines Genossen" (Verpflichtungserklärung zit. in: MÜLLER 2001, S. 426). Auswirkungen dieser „neuerlichen stalinistischen Umstellung" (OTTEN 2015, S. 89) sind seelische Depressionen und eine weitere Verschlechterung ihres Gesundheitszustandes.

stellen uns fremd"[46], fügte Christa Wolf später hinzu. Der Sieg über den Faschismus steht heute wieder in Frage.

Zenzl und Erich Mühsam sind ihren Weg gemeinsam gegangen: „Erich war imstande, mein Leben auszufüllen – weit über den Tod hinaus", schrieb Zenzl 1937 in einem Brief. „Ich weiß, dass der Mensch nicht einfach stirbt, keiner. Jeder hinterlässt einen leichten Schatten. Aber Erich, der steht neben einem, der geht neben einem, der bleibt da."[47] Gut so, wir werden ihn brauchen.

Jan Rolletschek ist Kulturwissenschaftler. Er lebt in Berlin und ist u. a. in der Gustav Landauer Initiative (gustav-landauer.org) organisiert. | Nachfolgende Abbildung: Stolperstein für Erich Mühsam in der Lübecker Mengstraße (Kresspahl, Wikimedia.org).

---

[46] Christa WOLF, Kindheitsmuster, Aufbau-Verlag, Berlin und Weimar 1978, S. 9.
[47] Kreszentia Mühsam an Charlotte Landau-Mühsam, Brief vom Oktober 1937, in: Erich MÜHSAM, Das seid ihr Hunde wert! Ein Lesebuch, herausgegeben von Markus Liske und Manja Präkels, Verbrecher Verlag, Berlin 2014, S. 322.

BIBLIOGRAPHISCHER ANHANG

Schablonenkunst „Erich Mühsam" an einem Haus in Berlin, 2019
(Keinom | commons,wikimedia.org)

Selbständige Veröffentlichungen von
Erich Mühsam | Werkeditionen

HILFSMITTEL

Heinz Hug / Gerd W. Jungblut: *Erich Mühsam (1878 – 1934).*
Bibliographie. Vaduz: Topos Verlag 1991. [235 Seiten]

MÜHSAM 1903a = Erich Mühsam: *Die Homosexualität.* Ein Beitrag zur Sittengeschichte unserer Zeit. (Streitschrift). Berlin: Lilienthal 1903. [43 Seiten; zweite & dritte Auflage bei Singer, Berlin.] | Neu. München: Belleville 1996.

MÜHSAM 1903b = [Erich Mühsam (?):] *Die Eigenen.* Ein Tendenzroman für freie Geister. Von Emil F. Ruedebusch. Berlin: Räde Verlag 1903. [Unter Vorbehalt: ungeprüft bibliographiert zu Mühsam nach wikipedia.org; Mitwirkung ?]

MÜHSAM 1904a = Erich Mühsam: *Billys Erdengang.* Eine Elephantengeschichte für artige Kinder. (Mit Hanns Heinz Ewers). Illustriert von Paul Haase. Berlin: Globus 1904. [32 Seiten] | Reprint. Leipzig: Faber & Faber 2005.

MÜHSAM 1904b = Erich Mühsam: *Die Wüste.* Gedichte 1898–1903. Berlin: Eißelt 1904. [99 Seiten]

MÜHSAM 1905a = [Erich Mühsam (?):] *Lebt die Liebe*! Aphorismen von Emil F. Ruedebusch und Helmar Lerski. Schmargendorf-Berlin: Verlag „Renaissance" 1905. [Unter Vorbehalt: ungeprüft bibliographiert zu Mühsam nach wikipedia.org; Mitwirkung?]

MÜHSAM 1905b = Erich Mühsam: *Ascona.* Eine Broschüre. Locarno: Carlson 1905. [59 Seiten] | Reprint. Berlin: Guhl 1978.

MÜHSAM 1905c = Erich Mühsam: *Die Psychologie der Erbtante.* Eine Tanthologie aus 25 Einzeldarstellungen zur Lösung der Unsterblichkeits-Frage. Zürich: Verlag von Caesar Schmidt 1905. [101 Seiten] | Reprint. Berlin: Guhl 1980.

MÜHSAM 1906 = Erich Mühsam: *Die Hochstapler.* Lustspiel in vier Aufzügen. München: Piper 1906. [143 Seiten]

MÜHSAM 1907 = Arnold Gahlberg (Hg.): *Utopja* [= Aufsätze von Erich Mühsam & Gustav Landauer]. Przemysl 1907. [40 Seiten]

MÜHSAM 1908 = Erich Mühsam: *Die Jagd auf Harden.* Berlin: Neuer Biographischer Verlag 1908. [48 Seiten]

MÜHSAM 1909 = Erich Mühsam: *Der Krater.* Berlin: Morgen Verlag 1909. [152 Seiten]

MÜHSAM 1911 = Erich Mühsam: *Kain-Kalender für das Jahr 1912.* München 1911.

MÜHSAM 1912 = Erich Mühsam: *Kain-Kalender für das Jahr 1913.* München 1912.

MÜHSAM 1914a = Erich Mühsam: *Die Freivermählten.* Polemisches Schauspiel in drei Aufzügen. München: Kain Verlag 1914. [54 Seiten] | Reprint. Berlin: Guhl 1976.

MÜHSAM 1914b = Erich Mühsam: *Im Nachthemd durchs Leben*. Ein süddeutsches Weihebühnen-Festspiel (mit Reinhard Koester und Carl Georg von Maassen). Manuskriptdruck. München 1914. [23 Seiten]

MÜHSAM 1914c = Erich Mühsam: *Wüste – Krater – Wolken*. Die Gedichte. Berlin: Cassirer 1914. [231 Seiten] [urn:nbn:de:hbz:061:1-3976]. | Reprint. Berlin 1978.

MÜHSAM 1919 = Erich Mühsam: *1919. Dem Andenken Gustav Landauers*. (Gedichtet im Gefängnis, 8.-10. Mai 1919). Berlin: Hirsch 1919. [16 Seiten] | Reprint. Berlin: Guhl 1978.

MÜHSAM 1920 = Erich Mühsam: *Brennende Erde*. Verse eines Kämpfers. München: Wolff 1920. [94 Seiten] [urn:nbn:de:0070-disa-597655] | Reprint. Berlin 1978.

MÜHSAM 1921 = Erich Mühsam: *Judas*. Arbeiter-Drama in fünf Akten. Berlin: Malik 1921. [80 Seiten] | Reprint. Berlin: Guhl 1978. [Online: projekt-gutenberg.org]

MÜHSAM 1923 = Erich Mühsam: *Das Standrecht in Bayern*. Berlin: Vereinigung Internationaler Verlagsanstalten 1923. [64 Seiten]

MÜHSAM 1925a = Erich Mühsam: *Seenot*. (= Verse und Gesänge, Heft 4). Wien Ober St. Veit: Verlag der Schriften 1925. [17 Seiten]

MÜHSAM 1925b = Erich Mühsam: *Alarm*. Manifeste aus 20 Jahren. Berlin: Der Syndikalist 1925. [100 Seiten]

MÜHSAM 1925c = Erich Mühsam: *Revolution. Kampf-, Marsch- und Spottlieder*. Berlin: Der Freie Arbeiter 1925. [55 Seiten] [urn:nbn:de:bvb:12-bsb00013264-8]

MÜHSAM 1926 = Erich Mühsam: *Gerechtigkeit für Max Hoelz*! Berlin: Rote Hilfe Deutschlands 1926. [72 Seiten] | Reprint. Berlin: Guhl 1976.

MÜHSAM 1928a = Erich Mühsam: *Sammlung 1898–1928*. Berlin: Spaeth 1928. [359 Seiten] | Reprint. Berlin: Guhl 1976. [Online-Ausgabe: zeno.org]

MÜHSAM 1928b = Erich Mühsam: *Staatsräson*. Ein Denkmal für Sacco und Vanzetti (geschrieben zum 1. Todestag, 23. August 1928). Berlin: Gilde freiheitlicher Bücherfreunde 1928. [110 Seiten] | Grafenau: Trotzdem 1992. [zeno.org]

MÜHSAM 1929 = Erich Mühsam: *Von Eisner bis Leviné*. Die Entstehung der Bayerischen Räterepublik. Persönlicher Rechenschaftsbericht über die Revolutionsereignisse in München vom 7. Nov. 1918 bis zum 13. April 1919. (Geschrieben im Festungsgefängnis zu Ansbach im September 1920). Berlin: Fanal 1929. [70 Seiten] [urn:nbn:de:bvb:12-bsb00013261-2] [zeno.org] | Berlin: Guhl 2005.

MÜHSAM 1933 = Erich Mühsam: *Die Befreiung der Gesellschaft vom Staat*. Was ist kommunistischer Anarchismus? Berlin: Fanal Verlag 1933. [48 Seiten] | Neu. z. B. Bad Schwartau: WFB 2009.

MÜHSAM 1936 = Erich Mühsam: *Handzeichnungen und Gedichte*. Herausgegeben von Leon Hirsch. Orselina (Schweiz): L. Hirsch 1936. [9 Blätter; Privatdruck] | Folgeauflagen. Leipzig: Edition Leipzig 1984; Berlin: Agora Verlag 1986.

MÜHSAM 1949 = Erich Mühsam: *Namen und Menschen. Unpolitische Erinnerungen*. Herausgegeben von Fritz Adolf Hünich. Leipzig: Volk und Buch 1949. [Das Werk erschien zunächst 1927-1929 als fortgesetzte Serie in der Vossischen Zeitung] [Neudrucke: 1977, 2000] [Online: projekt-gutenberg.org; zeno.org].

MÜHSAM 1958 = Erich Mühsam: *Ausgewählte Werke in Einzelausgaben*. (Band 1: Gedichte. Eine Auswahl. | Band 2: Unpolitische Erinnerungen). Herausgegeben von Fritz Adolf Hünich. Berlin: Verlag Volk und Welt 1958.

MÜHSAM 1960 = Erich Mühsam: *Eine Auswahl aus seinen Werken.* Auswahl, Vorwort und Erläuterungen von N. Pawlowa. Moskau: Verlag für fremdsprachige Literatur 1960. [206 Seiten]

MÜHSAM 1968 = Erich Mühsam: *War einmal ein Revoluzzer.* Bänkellieder und Gedichte. Berlin: Henschel 1968. [112 Seiten] | Reinbeck: Rowohlt 1978.

MÜHSAM 1972 = Th. Pinkus (Hg.): *Briefe nach der Schweiz.* Zürich 1972, S. 42-52.

MÜHSAM 1973 = Erich Mühsam (Herausgeber, Autor): *Fanal.* Organ der anarchistischen Vereinigung. Reprint: Fünf Jahrgänge, 1926-1931 (in 5 Bänden). Glashütten im Taunus: Auvermann 1973.

MÜHSAM 1975 = Erich Mühsam: *Bilder und Verse für Zenzl.* [= Faksimileausgabe des von Mühsam 1924 geschriebenen und gezeichneten Bilderbuchs]. Leipzig: Edition Leipzig 1975. [64 & VII Seiten]

MÜHSAM 1977-1983 = Erich Mühsam: *Gesamtausgabe. Vier Bände* (Band 1: Gedichte. Erschienen 1983. | Band 2: Dramen. Erschienen 1977. | Band 3: Prosaschriften 1. Erschienen 1978. | Band 4: Prosaschriften 2. Erschienen 1978). Herausgegeben von Günther Emig. Berlin: Europäische Ideen 1977-1983.

MÜHSAM 1977a = Erich Mühsam: *„Alle Wetter!"* Volksstück mit Gesang und Tanz [Herbst 1930, Nachlass-Text]. Berlin: Guhl 1977.

MÜHSAM 1977b = Erich Mühsam: *Fanal. Aufsätze und Gedichte* 1905-1932. Herausgegeben von Kurt Kreiler. Berlin: Wagenbach 1977. [189 Seiten]

MÜHSAM 1978-1984 = Erich Mühsam: *Ausgewählte Werke.* Herausgegeben von Christlieb Hirte. Drei Bände (Band 1: Gedichte, Prosa, Stücke. | Band 2: Publizistik 1902–1919, Unpolitische Erinnerungen. | Band 3: Streitschriften. Literarischer Nachlaß). Berlin: Volk und Welt 1978-1984. [732; 832; 835 Seiten]

MÜHSAM 1978a = [Erich Mühsam:] *Färbt ein weißes Blütenblatt sich rot …* Erich Mühsam. Ein Leben in Zeugnissen und Selbstzeugnissen. Herausgegeben von Wolfgang Teichmann. Berlin: Verlag Der Morgen 1978. [352 Seiten]

MÜHSAM 1978b = Erich Mühsam (Herausgeber, Autor): *Kain – Zeitschrift für Menschlichkeit* [1911-1914, 1918/19]. Reprint: Drei Bände. Vaduz: Topos 1978.

MÜHSAM 1978c = Erich Mühsam: *Briefe an Zeitgenossen.* Herausgegeben und eingeleitet von Gerd W. Jungblut. Zwei Bände. Berlin: Verlag Klaus Guhl 1978. [274 & 149 Seiten]

MÜHSAM 1978d = Erich Mühsam: *Der Geist der Freiheit* (= anarchistische texte, 13). Mit einem Nachwort von Alexander Anders. Berlin: Libertad 1978. [28 Seiten]

MÜHSAM 1978e = Erich Mühsam: *Der Loreleyerkasten.* Eine satirische Revue. Auswahl und Nachwort von Wolfgang Teichmann. Berlin: Eulenspiegel Verlag 1984. [191 Seiten]

MÜHSAM 1978f = Erich Mühsam: *Scheinwerfer oder Färbt ein weißes Blütenblatt sich schwarz.* Politische Essays, Gedichte, Briefe, Flugblätter. (Beiträge von U. Linse u.v.a.). Herausgegeben von Fidus [Kurt Kreiler]. Berlin: Verlag Klaus Guhl 1978. [174 Seiten]

MÜHSAM 1979 = Erich Mühsam: *Ascona.* Vereinigte Texte aus den Jahren 1905, 1930 und 1931. Herausgegeben von Peter Schifferli. Zürich: Sanssouci 1979.

MÜHSAM 1980 = Erich Mühsam: *Lampenputzer.* Mit Zeichnungen von Wolfgang Sesterhenn. Berlin: Verlag Klaus Guhl 1980. [83 Seiten]

MÜHSAM 1981 = Erich Mühsam: *Die Freiheit als gesellschaftliches Prinzip* u. a. Beiträge. (= Reihe Konstruktiv, 10). Berlin: AHDE Verlag 1981. [80 Seiten]

MÜHSAM 1982 = Erich Mühsam: *Der Bürgergarten* – Zeitgedichte. Ausgewählt von Wolfgang Teichmann. Berlin/Weimar: Aufbau-Verlag 1982. [184 Seiten]

MÜHSAM 1983 = Erich Mühsam: *Ich bin verdammt zu warten in einem Bürgergarten.* (Band 1: Gedichte, Stücke, Prosa. | Band 2: Literarische und politische Aufsätze). Hg. von Wolfgang Haug. Darmstadt: Luchterhand 1983. [183 & 197 Seiten]

MÜHSAM 1984a = Erich Mühsam: *„In meiner Posaune muß ein Sandkorn sein!"* Briefe 1900–1934. Zwei Bände. Herausgegeben von Gerd W. Jungblut. Vaduz: Topos 1984. [XXVI & 927 Seiten]

MÜHSAM 1984b = Erich Mühsam: *Trotz allem Mensch sein.* Gedichte und Aufsätze. Herausgegeben und mit einem Nachwort von Jürgen Schiewe und Hanne Maussner. (= Reclams Universal-Bibliothek, 8238). Stuttgart 1984. [192 Seiten]

MÜHSAM 1984c = Erich Mühsam: *Zur Psychologie der Erbtante.* Satirisches Lesebuch 1900–1933. Herausgegeben und mit einem Nachwort von Wolfgang Teichmann. Berlin: Eulenspiegel 1984. [371 Seiten]

MÜHSAM 1986a = Erich Mühsam: *Auswahl.* (= Poesiealbum 224). Herausgegeben von Chris Hirte. Berlin. Neues Leben 1986. [16 Seiten]

MÜHSAM 1986b = Erich Mühsam: *Wie ich dich liebe*! Berlin: Verlag Klaus Guhl 1990. [62 Seiten]

MÜHSAM 1989 = Erich Mühsam: *Gesammelte Aufsätze*: Die Bohème. Die Einigung des revolutionären Proletariats im Bolschewismus. Anarchismus und Revolution. Berlin: Guhl 1989. [Der Text „Die Einigung des revolutionären Proletariats im Bolschewismus" erschien zuerst, unvollständig in: „Die Aktion", Jg. 1922.]

MÜHSAM 1992 = Erich Mühsam: *Berliner Feuilleton. „Nie wieder 1931".* Ein poetischer Kommentar auf die mißratene Zähmung des Adolf Hitler. Herausgegeben von Heinz Hug. Grafrath: Boer 1992. [255 Seiten]

MÜHSAM 1994 = Erich Mühsam: *Tagebücher 1910 – 1924.* Herausgegeben von Chris Hirte. München: dtv 1994. [Online: projekt-gutenberg.org]

MÜHSAM 2003 = Erich Mühsam: *Wir geben nicht auf!* Texte und Gedichte. Herausgegeben von Günther Gerstenberg. München: Allitera 2003. [216 Seiten]

MÜHSAM 2011-2019 = Erich Mühsam: *Tagebücher.* Herausgegeben von Chris Hirte und Conrad Piens. 15 Bände. Berlin: Verbrecher Verlag 2011 bis 2019 [Freier Zugang zu allen Texten auf dem Online-Portal www.muehsam-tagebuch.de].

MÜHSAM 2014 = Erich Mühsam: *Das seid ihr Hunde wert*! Erich Mühsam-Lesebuch. Herausgegeben von Markus Liske und Manja Präkels. Berlin: Verbrecher Verlag 2014. [352 Seiten]

MÜHSAM 2015 = Erich Mühsam: *Die Einigung des revolutionären Proletariats im Bolschewismus* [1922]. Münster: Unrast 2015.

MÜHSAM 2023a = Erich Mühsam: *Notizbücher.* Band 1: 1926 – 1928. Berlin: Gustav Landauer Initiative 2023 [64 Seiten]; Band 2: 1929 – 1933. Ebd. 2023. [64 Seiten]

MÜHSAM 2025a = Erich Mühsam: *Das große Morden.* Texte gegen Militarismus und Krieg. Zusammengestellt von P. Bürger. Hamburg 2025. [516 Seiten]

MÜHSAM 2025b = Erich Mühsam: *Jedoch der Mut ist mein Genosse.* Texte über Kampf und Revolution. Hamburg 2025. [312 Seiten]

Literatur über Erich Mühsam
und seine Zeit | Auswahl

HILFSMITTEL

Hubert van den Berg: *Erich Mühsam. Bibliographie der Literatur
zu seinem Leben und Werk.* Leiden: Alpha 1992. [116 Seiten]

ALBERT 2015 = Gleb Albert: *Es ist immerhin zu befürchten, dass Mühsam in Russland
enttäuscht wird.* Zu Erich Mühsams verhinderter Russlandreise 1925. In: Jahr-
buch für Forschungen zur Geschichte der Arbeiterbewegung. Heft III/2015.

ARCHIV BIBLIOGRAPHIA JUDAICA 2009 = Artikel ‚*Mühsam, Erich*‘. In: Lexikon
deutsch-jüdischer Autoren. Band 17: Meid–Phil. Herausgegeben vom Archiv
Bibliographia Judaica. Berlin u. a.: De Gruyter 2009.

BAUER/SCHMIDT 1985 = Franz J. Bauer / Eduard Schmidt: *Die bayerischen Volksge-
richte 1918 – 1924.* Das Problem ihrer Vereinbarkeit mit der Weimarer Reichs-
verfassung". In: Zeitschrift für bayerische Landesgeschichte. Band 58, München 1985.

BOHNE 2024 = Andreas Bohne: „*… so dünkt mich Kolonialpolitik vollends unmenschliches Verbrechen.*" Erich Mühsam und der deutsche Kolonialismus. In: Rosa
Luxemburg Stiftung – Online, 10.07.2024. https://www.rosalux.de/news/id/
52291/so-duenkt-mich-kolonialpolitik-vollends-unmenschliches-verbrechen

BORCHARDT 1915 = Julian Borchardt: *Vor und nach dem 4. August 1914. Hat die
deutsche Sozialdemokratie abgedankt?* Berlin-Lichterfelde 1915.

BOSL 1969 = *Bayern im Umbruch. Die Revolution von 1918, ihre Voraussetzungen, ihr
Verlauf und ihre Folgen.* Herausgegeben von Karl Bosl. München/Wien 1969.

BRANDENBURG 1966 = Hans Brandenburg: „*Schwabing nach der Jahrhundertwende*".
In: Hermann Proebst / Karl Ude (Hg.): Denk ich an München. Ein Buch der
Erinnerungen. München 1966.

BUSHAN 1998 = Sasha Bushan: „*Stehend reitend auf zwei Gäulen*". Der Schriftsteller
und Anarchist Erich Mühsam. In: Helmut Bauer / Elisabeth Tworek (Hg.):
Schwabing. Kunst und Leben um 1900. München 1998.

DÖHRING 2005 = Helge Döhring: *Syndikalist aus Überzeugung.* Erich Mühsams
Entscheidung erfolgte nach gründlicher Abwägung zugunsten der FAUD.
In: Syndikalismus – Geschichte und Perspektiven. Bremen: FAU-Bremen
2005.

DÖHRING 2020 = Helge Döhring: *Die „Anarchistische Vereinigung" 1923-1933.* Geschichte und Dokumente, Band III der Reihe zum organisierten Anarchismus
in Deutschland. Bodenburg: Verlag Edition AV 2020.

DUDEK 2004 = Peter Dudek: *Ein Leben im Schatten. Johannes und Herman Nohl –
zwei deutsche Karrieren im Kontrast.* Bad Heilbrunn 2004.

EISENBART 1996 = Constanze Eisenbart: *Erich Mühsam. Anarchismus als Traum von Menschlichkeit und Gerechtigkeit.* In: Hans Diefenbacher (Hg.): Anarchismus. Zur Geschichte und Idee einer herrschaftsfreien Gesellschaft. Darmstadt: Primus 1996.

EISNER 2025a = Kurt Eisner: *Texte wider die deutsche Kriegstüchtigkeit.* Zusammengestellt von Peter Bürger – mit einem einleitenden Essay von Volker Ullrich. (= edition pace | Regal: Pazifisten *&* Antimilitaristen aus jüdischen Familien, Bd. 6). Hamburg: BoD 2025.

EISNER 2025b = *Kurt Eisner als Revolutionär und Ankläger des deutschen Militarismus.* Ein Lesebuch – eingeleitet durch die Darstellung des Weggefährten Felix Fechenbach. Herausgegeben von Peter Bürger. (= edition pace | Regal: Pazifisten *&* Antimilitaristen aus jüdischen Familien, Bd. 7). Hamburg: BoD 2025.

EISNER 2025c = Kurt Eisner: *Revolte für den Frieden.* Nachlese, Erinnerung und Kontroversen – Mit Beiträgen von Helmut Donat und Lothar Wieland. Herausgegeben von Peter Bürger. (= edition pace | Pazifisten *&* Antimilitaristen aus jüdischen Familien, Bd. 8). Hamburg: BoD 2025.

ERICH-MÜHSAM-GESELLSCHAFT 1989-2025 = Schriften der Erich-Mühsam-Gesellschaft, Lübeck 1989 – 2025 (Hefte 1 - 51). | Verzeichnis: https://www.muehsam.de/appl/bibl_select.php

ERICH-MÜHSAM-GESELLSCHAFT 1990 = Erich-Mühsam-Gesellschaft (Hg.): *Erich Mühsam – Revolutionär und Schriftsteller.* Lübeck 1990.

ERICH-MÜHSAM-GESELLSCHAFT 2000 = *Erich Mühsam und andere im Spannungsfeld von Pazifismus und Militarismus.* Zehnte Erich-Mühsam-Tagung in Malente, 14.-16. Mai 1999. (= Schriften der Erich-Mühsam-Gesellschaft, 16). Lübeck 2000. [94 Seiten; nur der erste Beitrag von Kurt Kreiler zu ‚Erich Mühsam im Ersten Weltkrieg'; auch zur aktuellen Kriegsdebatte 1999.]

EWERS 1906/2006 = Hanns Heinz Ewers (Hg.): *Führer durch die moderne Literatur.* 300 Würdigungen der hervorragendsten Schriftsteller unserer Zeit. Herausgegeben unter Mitwirkung der Schriftsteller Victor Hadwiger, Erich Mühsam, René Schickele und Walter Bläsing. Berlin: Globus 1906. | Reprint. Hannover: Revonnah 2006.

FÄHNDERS 2009 = Walter Fähnders / Henning Zimpel (Hg.): *Die Epoche der Vagabunden.* Texte und Bilder 1900-1945. (= Schriften des Fritz-Hüser-Instituts, Band 19). Essen: Klartext Verlag 2009.

FRÖLICH 1920/1971 = P. Werner [= Paul Frölich]: *Die Bayrische Räterepublik.* Tatsachen und Kritik. Petrograd: Verlag der Kommunistischen Internationale 1920. | Frankfurt a. M. 1971.

GERSTENBERG 2004 = Günter Gerstenberg: *Erich Mühsam. „Wo kommen Sie her? Wer ist die Dame? Was wollen Sie?"* In: Geschichte quer. Zeitschrift der bayerischen Geschichtswerkstätten, Nr. 12, Aschaffenburg 2004.

GÖTZ VON OLENHUSEN 2000a = Albrecht Götz von Olenhusen: *„Il poeta bello" oder Der Mann, der immer dabei war. Der Anarchist, Literat und Psychologe Johannes Nohl (1882-1963) und Erich Mühsam, Otto Gross und Hermann Hesse.* In: Dehmlow, Raimund / Heuer, Gottfried (Hg.): 1. Internationaler Otto Gross-Kongress, Bauhaus-Archiv Berlin 1999. Marburg an der Lahn 2000, S. 101-110.

GÖTZ VON OLENHUSEN 2000b = Albrecht Götz von Olenhusen: *Psychoanalyse und Anarchismus. ‚Die Eroberung des Luftreiches'. Otto Gross, Erich Mühsam und Johannes Nohl 1904-1919.* In: Schriften der Erich-Mühsam-Gesellschaft, Band 19. Lübeck 2000, S. 84-100.

GRAF 1982 = Oskar Maria Graf: *Wir sind Gefangene.* Ein Bekenntnis [1927]. München 1982.

GRIESE 2019 = Volker Griese: *Erich Mühsam – Chronik: Leben, Werk, Wirkung.* Norderstedt: BoD 2019. [479 Seiten]

GUMBEL 1922 = Emil Julius Gumbel: *Vier Jahre politischer Mord.* Berlin 1922.

HAMANN 2005 = Christoph Hamann: *Die Mühsams – Geschichte einer Familie.* (= Jüdische Memoiren. Band 11). Teetz: Hentrich & Hentrich 2005.

HARDEKOPF 1919 = Ferdinand Hardekopf: *Mühsam.* In: Die weißen Blätter, 6. Jg., Heft 9 (September 1919), S. 401-404.

HARDEKOPF 1934 = Ferdinand Hardekopf: *Erich Mühsam. Der Dichter und Märtyrer des Mitleids.* In: Pariser Tageblatt vom 10. Juni 1934.

HAUG 1979 = Wolfgang Haug: *Erich Mühsam. Schriftsteller der Revolution.* Reutlingen: Trotzdem Verlag 1979. | Folgeauflagen 1984 und 1998.

HEIßERER 1993 = Dirk Heißerer: *Wo die Geister wandern. Eine Topographie der Schwabinger Bohème um 1900.* München 1993.

HILLE 2010 = Peter Hille: *Sämtliche Briefe. Kommentierte Ausgabe.* Herausgegeben von Walter Gödden und Nils Rottschäfer. Bielefeld 2010.

HILLMAYR 1974 = Heinrich Hillmayr: *Roter und Weißer Terror in Bayern nach 1918. Ursachen, Erscheinungsformen und Folgen der Gewalttätigkeiten der revolutionären Ereignisse nach dem Ende des Ersten Weltkriegs.* München 1974.

HIRTE 1985 = Chris Hirte: *Erich Mühsam. Ihr seht mich nicht feige.* (Biographie). Berlin: Verlag Neues Leben 1985.

HIRTE 1996 = Chris Hirte: *Mühsams falsche Freunde – Die Akademie der Künste und der Testamentsschwindel.* In: Andreas W. Mytze (Hg.): europäische ideen, Heft 100, Dransfeld: mylet druck 1996, S. 42-53.

HIRTE 1997 = Chris Hirte: ‚*Mühsam, Erich.'* In: Neue Deutsche Biographie (NDB). Band 18. Berlin: Duncker & Humblot 1997, S. 296-298. Die Online-Version: https://www.deutsche-biographie.de/pnd118584758.html#ndbcontent [Veröffentlicht unter folgender Lizenz: CC BY-NC-ND 4.0].

HIRTE 2009 = Chris Hirte: *Erich Mühsam. Eine Biographie.* Herausgegeben und mit einem Vorwort versehen von Stephan Kindynos. Freiburg: Ahriman 2009.

HÖXTER 1929 = John Höxter: *So lebten wir! 25 Jahre Berliner Bohème.* Berlin: Biko-Verlag 1929.

HOHMANN 2025 = Andreas Hohmann (Hg.): *„Sich fügen heißt lügen".* Erich Mühsam in Oranienburg – Tagungsband. Bodenburg: Verlag Edition AV 2025.

HUG 1974a = Heinz Hug: *Erich Mühsam. Untersuchungen zu Leben und Werk.* Glashütten im Taunus: Verlag Detlev Auvermann 1974.

HUG 1974b = Heinz Hug: *Erich Mühsam. Leben und Werk.* Gütersloh: Archiv Verlag 1974. [Lizenzausgabe]

HUG/JUNGBLUT 1991 = Heinz Hug / Gerd W. Jungblut: *Erich Mühsam (1878–1934). Bibliographie.* Vaduz: Topos 1991.

JUNGBLUT 1984 = Gerd W. Jungblut: *Erich Mühsam. Notizen eines politischen Werdegangs.* Schlitz 1984.

KAUFFELDT 1983 = Rolf Kauffeldt: *Erich Mühsam. Literatur und Anarchie.* Stuttgart: UTB / Fink, München: Fink 1983.

KAUFFELDT 1989 = Rolf Kauffeldt: *Erich Mühsam [–] zur Einführung.* Hamburg: Junius Verlag 1989.

KISSEL/WITT 1974 = Gisela Kissel / Hiltrud Witt (Hg.): *Stenographischer Bericht über die Verhandlungen des Kongresses der Arbeiter- Bauern- und Soldatenräte. Vom 25. Februar bis 8. März 1919.* Glashütten im Taunus: Auvermann 1974.

KÖGLMEIER 2001 = Georg Köglmeier: *Die zentralen Rätegremien in Bayern 1918/19. Legitimation – Organisation – Funktion.* München 2001.

KRAMER 2011 = Hilde Kramer: *Rebellin in München, Moskau und Berlin.* Autobiographische Fragment 1900-1924. Herausgegeben von Egon Günter und Thies Marsen. Berlin 2011.

KREILER 1978 = Kurt Kreiler: *Die Schriftstellerrepublik.* Zum Verhältnis von Literatur und Politik in der Münchner Räterepublik. Berlin: Klaus Guhl 1978.

KREUZER 1971 = Helmut Kreuzer: *Die Boheme.* Analyse und Dokumentation der intellektuellen Subkultur vom neunzehnten Jahrhundert bis zur Gegenwart. Stuttgart 1971.

KRISTL 2004 = Wilhelm Lukas Kristl: *Erich Mühsam (6.4.1878 – 10.7.1934). Des Königreichs Anarchist.* In: Alfons Schweiggert / Hannes S. Macher (Hg.): Autoren und Autorinnen in Bayern. 20. Jahrhundert. Dachau: Bayerland Verlag 2004, S. 92-94.

LINSE 1969a = Ulrich Linse: *Organisierter Anarchismus im deutschen Kaiserreich von 1871.* Berlin 1969.

LINSE 1969b = Ulrich Linse: *Die Anarchisten und die Münchner Novemberrevolution.* In: Karl Bosl (Hg.): Bayern im Umbruch. Die Revolution von 1918, ihre Voraussetzungen, ihr Verlauf und ihre Folgen. München und Wien 1969.

LISKE 2019 = Markus Liske: *Sechs Tage im April. Erich Mühsams Räterepublik.* Berlin: Verbrecher Verlag 2019.

LUEKEN 2014 = Sabine Lueken: *Der scharfe Blick.* Erich Mühsam in den Erinnerungen seiner Nachbarn. Eine Spurensuche in Berlin-Britz zum 80. Todestag. In: junge Welt (Berlin), 10.07.2014.

MANN 1949 = Viktor Mann: *Wir waren fünf. Bildnis der Familie Mann.* Konstanz: Südverlag 1949.

MEYER-LEVINE 1972 = Rosa Meyer-Leviné: *Leviné. Leben und Tod eines Revolutionärs.* München 1972.

MORENZ/MÜNZ 1968 = Ludwig Morenz / Erwin Münz: *Revolution und Räteherrschaft in München. Aus der Stadtchronik 1918/1919.* München 1968.

MÜHSAM 1935 = Kreszentia Mühsam: *Der Leidensweg Erich Mühsams.* Zürich/Paris 1935. [Wien: MOPR-Verlag 1935]

MÜHSAM 1994 = Kreszentia Mühsam: *Der Leidensweg Erich Mühsams.* Herausgegeben von Dieter Brünn. Berlin: Harald-Kater-Verlag 1994.

MÜHSAM o. J. = Paul Mühsam: *Erich Mühsam.* Typoskript o. J. In: Deutsches Literaturarchiv Marbach, Nachlass Paul Mühsam. [Bibliogr. nach: GRIESE 2019]

NEXÖ 1957 = Martin Andersen Nexö: *Die braune Bestie. In memoriam Erich Mühsam.* In: Kultur und Barbarei. Berlin 1957.

PAVLOVA 1965 = Nina Pavlova: *Tvorcestvo Ericha Mjusama.* Moskva 1965.

PRÄKELS/LISKE 2014 = Manja Präkels / Markus Liske: *Das seid Ihr Hunde wert!* Ein Lesebuch. Berlin: Verbrecher-Verlag 2014.

QUIDDE 1979 = Ludwig Quidde: *Der deutsche Pazifismus während des Weltkrieges 1914–1918.* Aus dem Nachlaß Ludwig Quiddes, herausgegeben von Karl Holl und Helmut Donat. Boppard am Rhein 1979.

ROONEY 1983 = M. Rooney: Art. ‚*Kain. Zeitschrift für Menschlichkeit‘.* In: Helmut Donat / Karl Holl, Bearb.: Die Friedensbewegung: Organisierter Pazifismus in Deutschland, Österreich und der Schweiz. Hermes Handlexikon. Düsseldorf: Econ Taschenbuch Verlag 1983, S. 210-212.

ROLLETSCHEK 2024 = Jan Rolletschek: „*Zwei freie Vögel“.* Kreszentia und Erich Mühsam zum Gedächtnis. In: Portal | anarchismus.de, 6. Juli 2024. https://an archismus.de/blog/geschichte/zwei-freie-voegel-kreszentia-und-erich-mueh sam-zum-gedaechtnis

ROOS 1998 = Walter Roos: *Die Rote Armee der Bayerischen Räterepublik in München 1919.* Heidelberg 1998.

ROTTSCHÄFER 2010 = Nils Rottschäfer: *Peter Hille (1854–1904). Eine Chronik zu Leben und Werk.* Bielefeld 2010.

SCHAUPP 2018 = Simon Schaupp: *Der kurze Frühling der Räterepublik.* Ein Tagebuch der bayerischen Revolution. Münster: Unrast Verlag 2018.

SCHMOLZE 1969 = Gerhard Schmolze: *Revolution und Räterepublik in München in Augenzeugenberichten.* Düsseldorf 1969.

SCHWAB 2009 = Andreas Schwab: *Erich Mühsam.* In: Historisches Lexikon der Schweiz, 14.01.2009. https://hls-dhs-dss.ch/de/articles/042862/2009-01-14/

SELIGMANN 1989 = Michael Seligmann: *Aufstand der Räte. Die erste bayerische Räterepublik vom 7. April 1919.* Grafenau 1989.

SIEGERT 1928 = Max Siegert: *Aus Münchens schwerster Zeit. Erinnerungen aus dem Münchener Hauptbahnhof während der Revolutions- und Rätezeit.* München / Regensburg 1928.

SKROBEK 2007 = Jan Skrobek: *Waldfriedhof. Erich Mühsam.* In: Jessica Hoffmann / Anja Megel u. a. (Hg.): Dahlemer Erinnerungsorte. Berlin: Frank & Timme Verlag für wissenschaftliche Literatur 2007.

SOUCHY 1984a = Augustin Souchy: *Erich Mühsam. Sein Leben, sein Werk, sein Martyrium.* Reutlingen: Trotzdem Verlag 1984.

SOUCHY 1984b = Augustin Souchy: *Erich Mühsam. Ritter der Freiheit – ermordet im Dritten Reich am 9./10.Juli 1934.* Berlin: Transit Buchverlag 1984.

STEININGER 2024 = Rita Steininger: *Weil ich den Menschen spüre, den ich suche. Zenzl und Erich Mühsam.* Bremen: Donat-Verlag 2024.

STRUCHTEMEIER 1989 = Thea A. Struchtemeier: *Betr.: Grabstelle Erich Mühsam oder: Der zweite Tod eines heimatlosen Anarchisten.* In: Claudia Müller-Ebeling / Thea A. Struchtemeier u. a.: Vom Wesen der Anarchie und vom Verwesen verschiedener Wirklichkeiten. Berlin: Kramer 1989.

TEICHMANN 1978 = Wolfgang Teichmann (Hg.): *Färbt ein weißes Blütenblatt sich rot … Erich Mühsam*. Ein Leben in Zeugnissen und Selbstzeugnissen. Berlin 1978.

VAN DEN BERG 1992 = Hubert van den Berg: *Erich Mühsam. Bibliographie der Literatur zu seinem Leben und Werk*. Leiden 1992.

VIESEL 1980 = Hansjörg Viesel: *Literaten an die Wand*. Die Münchner Räterepublik und die Schriftsteller. Frankfurt a. M. 1980, S. 157-253.

WEDEKIND 1986 = Frank Wedekind: *Die Tagebücher. Ein erotisches Leben*. Herausgegeben von Gerhard Hay. Frankfurt a. M. 1986.

WEIDERMANN 2017 = Volker Weidermann: *Träumer. Als die Dichter die Macht übernahmen*. Köln: Kiepenheuer & Witsch 2017.

WOLLENBERG 1973 = Erich Wollenberg: *Als Rortarmist vor München. Reportage aus der Münchner Räterepublik*. Hamburg 1973.

ONLINE-PORTALE I INTERNETRESSOURCEN

Akademie der Künste (Berlin): Erich-Mühsam-Archiv I
https://archiv.adk.de/bigobjekt/25100

Erich Mühsam-Gesellschaft e.V. (Lübeck) I https://erich-muehsam.de

Fanal-Archiv: Mühsam-Texte 1927/28 I
https://www.anarchismus.at/anarchistische-klassiker/aus-fanal

Gedenkstätte Deutscher Widerstand I https://www.gdw-berlin.de/vertiefung/
biografien/personenverzeichnis/biografie/view-bio/erich-muehsam/

Gutenberg-Bibliothek I www.projekt-gutenberg.org/
autoren/namen/muehsam.html

Internet Archive I https://archive.org [Suchfunktion]

Literaturportal Bayern I https://www.literaturportal-bayern.de/
autorinnen-autoren?task=lpbauthor.default&pnd=118584758

Online-Edition der Zeitschrift „Fanal" I https://a-bibliothek.org/
2014/12/31/fanal-1-jahrgang-192627-online/

Portal ‚Anarchismus' – Österreich I https://www.anarchismus.at/
anarchistische-klassiker/erich-muehsam

Portal ‚DadAWeb' I http://dadaweb.de/wiki/Mühsam,_Erich

Portal ‚Erich Mühsam' (Irina & Conrad Piens) I
https://www.muehsam.de/appl/index.php

Tagebuch-Edition im Verbrecher Verlag, Berlin – Onlineausgabe I
www.muehsam-tagebuch.de/tb/index.php

Zeno-Bibliothek I www.zeno.org/Literatur/M/Mühsam,+Erich

schalom-bibliothek

Pazifisten & Antimilitaristinnen
aus jüdischen Familien

Zwei Jahrtausende lang hat das rabbinische Judentum die Friedensbotschaft der Hebräischen Bibel und der Propheten Israels mit Blick auf die *Eine Menschheit* erschlossen: „Schwerter zu Pflugscharen!" Seit der Aufklärung sind Frauen und Männer aus jüdischen Familien – „Säkulare", Orthodoxe sowie Angehörige von Reformsynagogen – vor allem aufgrund der überlieferten Absage an die Gewaltgottheiten als herausragende Fürsprecher*innen des „Ewigen Friedens" (Kant) hervorgetreten. Ohne ihre Beiträge hätte es im späten 19. Jahrhundert – namentlich im deutschsprachigen Raum – auf Schritt und Tritt an Geburtshilfe für die organisierte Friedensbewegung, den Völkerrechtsgedanken und die Menschenrechts-Arbeit gefehlt. Auch ein bedeutsamer Strom des *kulturell–religiösen* Zionismus betrachtete das Friedenswirken als Kernauftrag des Judentums.

Die noch im Aufbau befindliche Schalom-Bibliothek soll diesen Reichtum an geistiger Kraft und Schönheit vermitteln, aber auch eine in den Gegenwartsdebatten fast immer ausgeblendete Spielart von ‚Antisemitismus' in Erinnerung rufen: die *antipazifistische Judenfeindschaft*.

Kooperationspartner:
Lebenshaus Schwäbische Alb e.V.
Ökumenisches Institut für Friedenstheologie
Portal: friedenstheologie.de | Portal: tolstoi-friedensbibliothek.de

https://schalom-bibliothek.org/

Ernst Toller
Nie wieder Friede

Eine bittere Komödie über Militarismus
und Antipazifismus aus dem Jahr 1936.

Norderstedt: BoD 2014. – ISBN: 978-3-7583-8246-8
(Paperback; 140 Seiten; 7,80 Euro)

Über Nacht haben Militarismus und Kriegsertüchtigung wieder die Kontrolle über das öffentliche Leben übernommen. Noch gestern hatte man den Ewigen Frieden in der Verfassung beurkundet und sich stolz gebrüstet, bei den ‚Lehren aus der Geschichte‘ alle anderen zu überflügeln. Doch jetzt bläst dieselbe Fraktion zur Hetze gegen die ‚Lumpenpazifisten‘, bringt Militainment zur besten Sendezeit und setzt eine gigantische Aufrüstung der Waffenarsenale ins Werk. Die angestrebte Weltmeisterschaft gilt nunmehr dem Sektor der Totmach-Industrien.

Ernst Tollers bittere Komödie *„Nie wieder Friede"* (1934/36) klärt uns auf, wie so etwas möglich ist. Das falsche Friedensplakat trug auf seiner Rückseite immer schon die Parole für neue Kriegsabenteuer: „Man muß es nur umdrehen." Ob Kosmopolitismus oder nationale Weltgeltung, ob Freiheitspredigt oder autoritäre Staatspolitik, ob Krieg oder Frieden – das entscheidet sich stets an der jeweiligen Lageeinschätzung der Besitzenden und Herrschenden. Zu folgen ist den Einflüsterungen der Kriegsprofiteure.

Wer wird beim Experiment zur Kriegstauglichkeit der Erdenbewohner gewinnen: Soldatenkaiser Napoleon oder Franziskus aus Assisi? Der Verfasser des hochaktuellen Bühnenstücks war linker Pazifist mit jüdischer Herkunft. Damit passte er gleich dreimal ins Feindbildvisier der Nazis. 1933 setzte NS-Deutschland Toller auf die allererste ‚Ausbürgerungsliste‘ und warf seine Werke ins Feuer. Nach neun Jahrzehnten sollten wir die „verbrannten Bücher" wieder unter die Leute bringen, denn der Militarismus scheint unausrottbar zu sein.

Zu den Beigaben dieser friedensbewegten Edition gehören acht Kapitel aus Tollers Autobiographie „Eine Jugend in Deutschland" (1933), die Schluß-Szene des Dramas „Hinkemann" (1923) und eine Warnung des Schriftstellers vor dem deutschen Faschismus aus der ‚Weltbühne‘ vom Oktober 1930.

Ein Band der *edition pace,*
herausgegeben von Peter Bürger

Johann von Bloch
Die wahrscheinlichen politischen und wirtschaftlichen Folgen eines Krieges zwischen Großmächten

Neuedition der Übersetzung von 1901 mit Begleittexten von
B. Friedberg, Manfred Sapper und Jürgen Scheffran

(*Regal: Pazifisten & Antimilitaristen aus jüdischen Familien* 1)
Norderstedt: Bod 2024. – ISBN: 978-3-7597-2313-0
(edition pace – Paperback; 176 Seiten; 9,90 Euro)

Der russische Staatsangehörige und Eisenbahnmagnat Johann von Bloch (1836-1902), aufgewachsen in Polen als Sohn einer ärmlichen jüdischen Handwerkerfamilie, veröffentlichte 1898 in sechs Bänden sein in mehrere Sprachen übersetztes monumentales Werk über den modernen Krieg im Industriezeitalter – ein „Klassiker der Friedensforschung" (M. Sapper). Der vorliegende Band enthält eine erst nach der Jahrhundertwende erschienene kleine Arbeit *„Die … Folgen eines Krieges zwischen Großmächten"* (Übersetzung: Berlin 1901) sowie drei ausführliche Begleittexte zu Blochs pazifistischem Wirken.

Im Juli 1919 schrieb Dr. B. Friedberg in der jüdischen Monatsschrift Ost und West rückblickend: Die Anstifter des Weltkrieges „werden sie sich nicht damit entschuldigen können, sie wären nicht gewarnt worden; denn Gott wird zu ihnen sprechen: Habe ich nicht Propheten zu euch geschickt, die euch zur Umkehr und zum Frieden mahnten … Es war etwas ganz Neues, bis dahin Unerhörtes, als im Jahr 1899 aus den Reihen der *Wirklichkeitsmenschen*, der Führer und Organisatoren des europäischen Wirtschaftslebens dem Völkerfrieden ein mächtiger Fürsprecher, dem Kriege ein heftiger und unerbittlicher Gegner erstand, nämlich *Johann von Bloch*, der wirkliche Urheber der *Haager Friedenskonferenzen*."

In seinen Studien zum Krieg der Zukunft „wollte Bloch nicht nur beschreiben, er wollte den Gang der Geschichte auch beeinflussen. … Die Analysen Blochs wurden mit geradezu unerbittlicher Präzision im Ersten Weltkrieg bestätigt. Viele Überlegungen zum Krieg wie zum Frieden bleiben bis heute aktuell. Die Vernichtungswirkung der Waffentechnik wurde gegenüber dem Ersten Weltkrieg ins Unermessliche gesteigert und führte zum Totalen Krieg, der ganze Gesellschaften erfasste … Damit Krieg unmöglich wird, gilt es …, die zum Kriege drängenden Sachzwänge zu vermeiden und alternative Entscheidungsspielräume zu schaffen. Hierzu gehört, den Bedingungen für einen neuen großen Krieg entgegen zu wirken …" (*Jürgen Scheffran*).

Rudolf Goldscheid

Menschenökonomie, Weltkrieg und Weltfrieden

Ausgewählte Schriften 1912 – 1926.
Herausgegeben von Peter Bürger, in Kooperation
mit dem Lebenshaus Schwäbische Alb

(*Regal: Pazifisten & Antimilitaristen aus jüdischen Familien* 2)
Norderstedt: Bod 2024. – ISBN: 978-3-7597-7885-7
(edition pace – Paperback; 268 Seiten; 11,90 Euro)

Der Österreicher Rudolf Goldscheid (1870-1931) zählte zu den Pionieren der Soziologie im deutschsprachigen Raum und votierte für einen demokratischen Sozialismus. Der vorliegende Band erschließt zentrale pazifistische Texte aus seiner Forschungswerkstatt. Für Goldscheid waren Vernunft und Menschlichkeit keine Gegensätze, sondern notwendige Entsprechungen. Nur unter dem Vorzeichen des Friedens und eines neuartigen Internationalismus lässt sich eine Zukunft des homo sapiens überhaupt denken:

„Nichts kurzsichtiger, als zu glauben, in dem Ringen um Vermeidung von Kriegen handle es sich nur um eine politische oder gar lediglich um eine parteipolitische Angelegenheit. Hier stehen wir vielmehr vor der alles Politische weitaus überragenden Grundfrage unserer Gattung überhaupt. Zu so gewaltiger Größe hat die Entwicklung des wissenschaftlichen und organisatorischen Genius die Kriegstechnik entfaltet, dass die Kulturmenschheit sich nur vor Selbstmord zu bewahren vermag, wenn sie dafür sorgt, die selbstgeschaffene Höllenmaschine nicht in Funktion geraten zu lassen. Das sicherste Mittel hierzu ist natürlich ihr systematischer Abbau. Zu diesem schreiten heißt aber, die Friedenstechnik in noch viel vollkommenerer Weise ausbauen wie bisher die Kriegstechnik, heißt also mit glühendstem Eifer die allgemeine pazifistische Wehrpflicht verfechten, sich mit Leib und Seele in den Dienst des allumfassenden Vaterlandes friedlicher Kultur stellen. – Nie wieder Krieg, nie wieder Völkermord, nie wieder planmäßige, bestialisch organisierte Massenschlächterei !“ (R. Goldscheid: Friedenswarte, 1924)

Moritz Adler

Wenn du den Frieden willst, bereite Frieden vor

Texte wider den Krieg 1868 – 1899.
Herausgegeben von Peter Bürger, in Kooperation
mit dem Lebenshaus Schwäbische Alb

(*Regal: Pazifisten & Antimilitaristen aus jüdischen Familien* 3)
Norderstedt: Bod 2024. – ISBN: 978-3-7597-9450-5
(edition pace – Paperback; 272 Seiten; 11,99 Euro)

Der vorliegende Quellenband zum „Regal: Pazifisten & Antimilitaristen aus jüdischen Familien" erschließt Schriften des Österreichers Moritz Adler (1831-1907). Schon im Alter von 20 Jahren verschrieb dieser Kritiker des preußischen Bellizismus sich der Friedensidee und veröffentlichte dann 1868 eine der Zeit weit vorauseilende Europa-Vision unter dem Titel „Der Krieg, die Kongressidee und die allgemeine Wehrpflicht". In einem Sendschreiben an den Chirurgen Professor Theodor Billroth verglich er 1892 systematische Maßnahmen für eine verbesserte Medizinversorgung des Kriegsapparates mit der Bereitstellung neuer Kanonen für den institutionalisierten Massenmord.

Im Rahmen seiner zahlreichen Beiträge für Bertha von Suttners Zeitschrift „Die Waffen nieder!" schrieb Adler im November 1898: „Ist es nicht beschämend unlogisch, dass jede Großmacht zwei mit hunderten Millionen ausgestattete Ministerien für den Krieg zu Lande und zur See besitzt, für den Krieg, den man in den Thronreden und Botschaften zu hassen behauptet; und nicht eine einzige Million für den Frieden aufwendet, den man doch liebt und um die Wette preist, und den man offenbar auf dem direkten Wege, durch ein verschwindendes Opfer für ihn, weit sicherer, dauerhafter und edler haben könnte, als auf dem indirekten Wege über Krieg, permanente Rüstung, Spionage und Diplomatie. Denn dass die Ministerien des Äußeren nichts anderes als Affiliierte der Kriegsministerien sind, die den letzteren hauptsächlich ihren Bedarf an Rüstungspressionen … beizustellen haben, das lehrt gerade die neueste Geschichte und Tagesgeschichte auf jedem ihrer Blätter. Ein Ministerium für Frieden und Fortschritt würde uns mit der Zeit vom Ministerium des Krieges erlösen …"

Eduard Loewenthal

Der Krieg ist abzuschaffen

Friedensbewegte Schriften für das Europa der Völker
und einen Weltstaatenbund, 1870 – 1912.
Herausgegeben von Peter Bürger, in Kooperation
mit dem Lebenshaus Schwäbische Alb

(*Regal: Pazifisten & Antimilitaristen aus jüdischen Familien* 4)
Norderstedt: Bod 2024. – ISBN: 978-3-7583-5069-6
(edition pace – Paperback; 252 Seiten; 11,99 Euro)

Eduard Loewenthal (1836-1917) stammte aus einer jüdischen Familie in Württemberg und musste aufgrund seiner publizistischen Arbeit wiederholt staatliche Repressionen erleiden. Er ist im 19. Jahrhundert als scharfer Kritiker des Militarismus, Verfechter einer obligaten internationalen Friedensjustiz und Pionier der damals im deutschen Sprachraum noch kaum entwickelten Friedensbewegung hervorgetreten. Der vorliegende Band enthält seine Friedensschriften aus den Jahren 1870 – 1903 sowie die autobiographische Darstellung *„Mein Lebenswerk"* (1912).

„Krieg gegen den Krieg …, dann werden wir Tausende von Millionen, die jetzt zur Beschaffung von Werkzeugen des Todes verwendet werden, für die Wohlfahrt des Volkes, für Zwecke des Lebens und echter Humanität verwenden können, dann wird Vereinigung der Völker und eine Friedenssicherheit eintreten" (E. Loewenthal, Dezember 1868).

„Das Ministerium des *Kriegs-* oder *Mord-Kultus* hat dem Untertanen den Glauben beizubringen, dass das *Kasernenleben* mit dem *Zuchthausleben* nicht zu vergleichen sei, dass der Untertan, sobald er des Königs Rock trägt, nicht mehr sich selbst, sondern mit Leib und Leben dem König gehöre, dass er *nicht mehr selbst denken und wollen*, sondern *nur gehorchen* darf *bzw. muß.* ‚Stramm wie ein Corporal und stumm wie ein Leichnam' ist das erste Gebot für den preußischen Gladiator. Dafür bekommt er auch seine schöne Uniform und ‚ein Gewehr, das er kann mit Pulver laden und mit einer Kugel schwer'. Überlebt er seine Soldatenzeit, so ist in ihm auch ein gehorsamer königstreu dressierter Pudel, wollte sagen Bürger erzogen, der … im Sinne der Regierung spricht und stimmt" (E. Loewenthal, 1871).

Eduard Bernstein

Der Friede ist das kostbarste Gut

Schriften zum Ersten Weltkrieg –
Mit einem Essay von Helmut Donat

Herausgegeben von Peter Bürger, in Kooperation
mit dem Lebenshaus Schwäbische Alb

(*Regal: Pazifisten & Antimilitaristen aus jüdischen Familien* 5)
Norderstedt: Bod 2024. – ISBN: 978-3-7693-1268-3)
(edition pace – Paperback; 353 Seiten; 14,99 Euro)

Im einleitenden Essay zu dieser Sammlung von Schriften zum Ersten Weltkrieg schreibt Helmut Donat: „Eduard Bernstein scheute sich nie, unpopuläre Ansichten klar und deutlich zu vertreten oder Irrtümer öffentlich einzugestehen. Zunächst der allgemeinen Kriegsbegeisterung erlegen, bezeichnete er später den 4. August 1914 als den ‚schwärzesten Tag seines Lebens‘. Obwohl er sich mit dieser Haltung selbst in sozialdemokratischen Kreisen keine Freunde machte, war die Erkenntnis, dass die deutsche Regierung in hohem Maße für den Ersten Weltkrieg verantwortlich war, für sein weiteres Handeln von überragender Bedeutung. Er fühlte sich von dem Regierungspersonal hintergangen und betrogen, auch von der eigenen Partei, die sich auf die Seite der herrschenden Kreise geschlagen und mit dem ‚System‘, dem sie eigentlich keinen Groschen bewilligen wollte, einen ‚Burgfrieden‘ geschlossen hatte. ‚Fast seherisch‘, so der spätere Reichspräsident Paul Löbe, ‚muten die Reden Bernsteins an, in denen er auf die verhängnisvollen Wirkungen der deutschen Flottenpolitik hinwies – zuletzt noch im Mai 1914 –, in denen er die deutsche Regierung warnte, sich von der Habsburgischen Politik Österreichs ins Schlepptau nehmen zu lassen.‘ Die Zustimmung der Partei am 4. August 1914 im Reichstag zu den Kriegskrediten sei ‚ein Unheil für unser Volk, ein Unheil für die Kulturwelt‘ gewesen. Und bereits Anfang September 1914 erklärte er: ‚Die deutsche Regierung ist die Hauptschuldige am Kriege, wir sind eingeseift worden, die Bewilligung der [Kriegs-]Kredite war ein Fehler‘.“

Kurt Eisner

Texte wider die deutsche Kriegstüchtigkeit

Zusammengestellt von Peter Bürger – mit einem
einleitenden Essay von Volker Ullrich

(*Regal*: *Pazifisten & Antimilitaristen aus jüdischen Familien* 6)
Hamburg: Bod 2025. – ISBN: 978-3-7693-5730-1
(edition pace – Paperback; 448 Seiten; 16,99 Euro)

Im April 1915 bemerkte der Linkspazifist und spätere bayerische Ministerpräsident Kurt Eisner (1867-1919) mit Blick auf den Weltkrieg: „Nur deshalb
wirken bei uns alle Ereignisse als über uns hereinbrechende Plötzlichkeiten
und Überraschungen, weil die allgemeine Öffentlichkeit sich für die Zirkel
nicht interessiert, in denen die deutsche Politik tatsächlich organisiert wird."
Seine hier in zwei Abteilungen zusammengeführten Aufsätze, Reden und
Dichtungen wider die deutsche Kriegstüchtigkeit aus den Jahren 1893-1918
zeigen, dass Eisner selbst zu jenen gehörte, die schon früh vor dem Militarismus im Kaiserreich und einem bevorstehenden Weltkrieg gewarnt haben.
Mit großer Klarheit durchschaute er – aus eigener Profession – insbesondere
die Rolle der militärgläubigen Medien und des „Kriegerjournalismus".

Die Auswahl der Sammlung erhellt jedoch andererseits Entwicklungen und
Irrwege. Anfang August 1914 schrieb Eisner zunächst gar, „dass es den Ver-
nichtungskrieg gegen den Zarismus gilt, den wir gepredigt, solange es eine
deutsche Sozialdemokratie gibt." Erstaunlich lange versuchte er später auch
noch als Gegner des „Burgfriedens" und Aufklärer wider die regierungs-
amtliche Kriegslüge die Zustimmung der Sozialdemokratie zu den Kriegskrediten irgendwie zu rechtfertigen. Erst 1917 erfolgte ein endgültiger Bruch
mit jener SPD, die getreu der ihr von den Mächtigen zugewiesenen Aufgaben das Herrschafts- und Militärsystem weiterhin stützte. Vor allem eine
schonungslose Analyse der deutschen Kriegsschuld machte Kurt Eisner im
Zuge der bayerischen Revolution zur Zielscheibe der Hetze von Vorwärts-
Redaktion, bürgerlicher Presse und Rechtsextremisten – was schließlich
zum Mordattentat vom 21. Februar 1919 führte.

Eingeleitet wird der vorliegende Band mit einem Essay des Historikers Volker Ullrich: „Kurt Eisner, der glänzende Journalist und streitbare Sozialist,
war einer der ganz Großen der deutschen Arbeiterbewegung".

Kurt Eisner als Revolutionär und Ankläger des deutschen Militarismus

Ein Lesebuch – eingeleitet durch die Darstellung
des Weggefährten Felix Fechenbach

Herausgegeben von Peter Bürger, in Kooperation
mit dem Lebenshaus Schwäbische Alb

(*Regal: Pazifisten & Antimilitaristen aus jüdischen Familien* 7)
Hamburg: Bod 2025. – ISBN: 978-3-7693-6836-9
(edition pace – Paperback; 464 Seiten; 17,99 Euro)

Dieser Band zur Schalom-Bibliothek ist dem *Revolutionär* Kurt Eisner (1867-1919) gewidmet, der Anfang 1918 die Münchener Munitionsarbeiter erfolgreich zum Streik ermutigt und nach monatelanger Haftzeit als politischer Gefangener unverdrossen danach trachtet, das System der deutschen Kriegerkaste zu überwinden. Im Zuge eines ganz und gar unglaublichen, weithin gewaltfreien Umsturzgeschehens wird dieser scharfe Kritiker des militärgläubigen Establishments der SPD erster Ministerpräsident des „Freistaates Bayern".

In vier Abteilungen versammelt das Lesebuch Texte von Kurt Eisner und mehreren Zeitgenossen. Ein Auswahl von Essays vermittelt, dass Eisner mitnichten ein „reformistischer Schöngeist" oder Träumer gewesen ist. Die einleitende Gesamtdarstellung stammt aus der Feder des Weggefährten Felix Fechenbach (1933 von den Nazis ermordet), der zu Beginn des Jahres 1918 auf Seiten der Jugend am linkspazifistischen Protest in München beteiligt war und nach der Revolution als Sekretär des Ministerpräsidenten gewirkt hat. Als Quellen treten Eisners Aufrufe und Reden bis zum Tag der Ermordung hinzu.

In der letzten Abteilung „Zeitgenossen über Kurt Eisner" sind mit Gustav Landauer, Kurt Tucholsky, Theodor Lessing und Ernst Toller vier weitere Autoren vertreten, die selbst den Attacken antipazifistischer Judenfeinde ausgesetzt waren. – Besondere Aufmerksamkeit verdient zudem eine Gedenkrede Heinrich Manns vom 16. März 1919: „Der erste wahrhaft geistige Mensch an der Spitze eines deutschen Staates erschien Jenen, die über die zusammengebrochene Macht nicht hinwegkamen, als Fremdling und als schlecht." Deshalb also musste Kurt Eisner – so oder so – beseitigt werden.

Kurt Eisner
Revolte für den Frieden

Nachlese, Erinnerung und Kontroversen

Zusammengestellt von Peter Bürger – mit Beiträgen
von Helmut Donat und Lothar Wieland

(*Regal*: *Pazifisten & Antimilitaristen aus jüdischen Familien* 8)
Hamburg: Bod 2025. – ISBN: 978-3-8192-2747-9
(edition pace – Paperback; 404 Seiten; 16,99 Euro)

Mit diesem dritten Band liegt die friedensbewegte „Trilogie" zum Pazifisten, Revolutionär und bayerischen Ministerpräsidenten Kurt Eisner (1867-1919) für die Schalom-Bibliothek nunmehr vollständig vor. Nach der umfangreichen Sammlung von *„Texten wider die deutsche Kriegstüchtigkeit"* aus den Jahren 1893-1918 folgte das Lesebuch *„Kurt Eisner als Revolutionär und Ankläger des deutschen Militarismus"*, eingeleitet durch eine erstmals 1929 erschienene biographische Darstellung von Felix Fechenbach. Aus dem Anspruch, möglichst alle für eine pazifistische Re-Lektüre bedeutsamen Arbeiten bzw. Primärquellen zusammenzuführen, erwuchs sodann die Bearbeitung der hier unter dem Titel *„Revolte für den Frieden"* dargebotenen Nachlese zu drei Abteilungen: 1. Zeit des Kaiserreichs bis zum Weltkrieg (1891-1914) – 2. Kriegszeit: vor dem Bruch mit der Mehrheits-SPD (1914/1915) – 3. Antikriegs-Streik und Revolution (1918/19).
Die Darbietung des 1918 im Gefängnis vollendeten Bühnenwerks *„Die Götterprüfung – Eine weltpolitische Posse in fünf Akten"* (vollständiger Text) und einiger anderer Dichtungen soll dem Lesepublikum exemplarisch die Bedeutung der künstlerischen Formen des Aufstandes gegen Militarismus und Krieg vor Augen führen.
Erschütternd ist, was Helmut Donat in einer abschließenden Abteilung zur Erinnerung an Kurt Eisner – zur Geschichte eines schwierigen oder sogar verweigerten Gedenkens – mitteilt. Bedacht werden zudem in einem Beitrag des verstorbenen Historikers Lothar Wieland die vor einem Jahrhundert ausgetragenen Kontroversen. Das hat mit gelehrter Staubwedelei rein gar nichts zu tun. Die Konstruktion einer Scheidung von sogenannter „Verantwortungsethik" und „Gesinnungsethik" (Max Weber) erfüllt noch immer ihre ideologische Funktion: Jene, die sich dem allgegenwärtigen Irrationalismus der Kriegsertüchtiger nicht fügen, heißen – wie ehedem – „Narren" und „Unheilspropheten" – oder alt- wie neudeutsch: „Lumpenpazifisten".

Erich Mühsam

Das große Morden

Texte gegen Militarismus und Krieg

Zusammengestellt von Peter Bürger

(*Regal: Pazifisten & Antimilitaristen aus jüdischen Familien* 9)
Hamburg: Bod 2025. – ISBN: 978-3-8192-6558-7
(edition pace – Paperback; 516 Seiten; 18,99 €)

„Zeitwende! Das Wort führt jetzt jeder Esel im Munde, dem die Zeit noch niemals etwas gewendet hat. Das Schicksalsjahr 1915! Voll Stolz und Selbstgefühl wird dieser 1. Januar begrüßt. Dass er bestimmt ist, eine Epoche fortzusetzen, die die Vernichtung von Millionen Schicksalen bedeutet, fällt den Hanswürsten nicht ein" (Erich Mühsam: Tagebucheintrag, 1. Januar 1915).

Eine Minderheit unter den linken Friedenstauben, die den Kurs angeben möchte, präsentiert sich heute überaus handzahm und liebenswürdig. Höflich appelliert man an die Regierenden des Erdkreises, die Ausgaben für das Militärische doch bitteschön allüberall um Zehntel zu senken. Kaum ist der weise Ratschlag ausformuliert, haben die Welt-Kriegsertüchtiger dem globalen Rüstungsbudget schon wieder eine weitere Billion hinzugefügt. Angesichts der staatstragenden Zähmungen, die nur noch mehr Traurigkeit verbreiten, kann das hier vorgelegte Lesebuch als Ermutigung zur Streitbarkeit gelesen werden. Es führt starke Texte gegen Militarismus und Krieg aus der Feder des anarchistischen Schriftstellers Erich Mühsam (1878-1934) zusammen. Berücksichtigt werden Gedichtbände, Essays, Tagebucheinträge, Nachlass-Schriften (*Abrechnung*, 1916/17) und ein unvollendeter Roman (*Ein Mann des Volkes*, 1921-1923).
Am Vorabend des Ersten Weltkrieges diagnostizierte der Dichter: „Mit zwei Milliarden Mark muss jährlich die Henne gefüttert werden, die unter dem Namen ‚Deutsche Wehrmacht‘ … herumgackert. Jetzt ist sie mit einer Extramilliarde noch fetter aufgeplustert worden und beansprucht infolgedessen fortan noch erheblich mehr Getreidekörner aus den Äckern des deutschen Volkes als bisher. Der Geflügelzüchter Michel … merkt nicht, dass das meschuggene Huhn ihm nichts als Kuckuckseier in den Stall legt. Eines guten Tages aber wird es ihm schmerzlich fühlbar werden, wenn nämlich der zärtlich gepflegte ‚bewaffnete Friede‘ an Überfütterung krepiert, seine Küken aber auskriechen und sich die missgestalteten Kreaturen als Krieg, Hunger und Pestilenz über das Land ergießen" (Februar 1914).

Karl Kraus

Zum ewigen Gedenken

Texte zu Krieg und Frieden

Zusammengestellt von Bruno Kern

(*Regal*: *Pazifisten & Antimilitaristen aus jüdischen Familien* 11)
Hamburg: Bod 2025. – ISBN: 978-3-8192-7878-5
(edition pace – Paperback; 136 Seiten; 7,99 €)

Dieses Lesebuch versammelt Texte zu Krieg und Frieden aus der Feder von Karl Kraus (1874–1936), der zu den größten Satirikern der Weltliteratur überhaupt gehört. Die einzigartige Verbindung von Sprach- und Gesellschaftskritik ist das hervorstechende Merkmal seiner Satire. Gesellschaftliche Zustände entlarvt er gerade an deren sprachlichem Unvermögen, an der Phrase, deren man sich bedient.

Der Erste Weltkrieg, jene „Urkatastrophe des 20. Jahrhunderts", war für Kraus beides zugleich: eine harte Zäsur und die Bestätigung all dessen, was er bereits vorher dem Säurebad seiner Satire ausgesetzt hatte. Der politisch eher desinteressierte, bis kurz vor dem Krieg noch durchaus monarchistisch denkende Karl Kraus erschrickt angesichts der Ereignisse, erkennt, dass sie nichts mehr zu tun haben mit der konventionellen Vorstellung von Krieg, dass sich hier die Mobilmachung der Maschine gegen den Menschen bis in ihre letzte blutige Konsequenz steigert. Er wird unter diesem Eindruck zum unbedingten Pazifisten.

Die heute wieder durchaus Angst erregenden propagandistischen Töne von der „Zeitenwende", bellizistisch gleichgeschaltete Medien, die zaghafte pazifistische Stimmen nur lauthals verhöhnen, lassen einen die Verzweiflung eines Karl Kraus im August 1914 erahnen. Der heutigen „Zeitenwende" entsprach damals das Schlagwort von der „großen Zeit", das Kraus in seiner programmatischen Anrede im November 1914 schonungslos entlarvte. Dass militärische „Verteidigung" angesichts der Destruktivkräfte des Industriezeitalters nichts als ein Anachronismus ist, weil das, was vorgeblich verteidigt werden soll, im Zuge dieser Verteidigung zerstört wird, dass wir uns, um die Bedingungen des Menschseins zu retten, von jeder militärischen Logik konsequent verabschieden müssen – diese Einsicht hätten wir uns heute, im Zeitalter der Massenvernichtungswaffen und der sich gerade aus ökologischen Gründen zuspitzenden Konfliktpotenziale, dringend anzueignen.